国家社会科学基金项目“网络社会国家凝聚力的变化与重构研究”
（项目批准号：13CKS013）研究成果；
教育部高校思想政治工作创新发展中心（网络舆情）、广州城市
精神与城市形象研究基地以及广州市教育局重点学科资助。

网络社会国家凝聚力的变化与建设研究

陈联俊◎著

人民出版社

目　录

绪　论……………………………………………………………………1

第一章　网络社会国家凝聚力的变化表现 ……………………… 27

第一节　网络社会国家凝聚力的逻辑起点 ………………… 27
第二节　网络社会国家凝聚力的调查模型 ………………… 39
第三节　网络社会国家凝聚力的变化载体 ………………… 55
第四节　网络社会国家凝聚力的变化影响 ………………… 69

第二章　网络社会国家凝聚力的变化机理 ……………………… 83

第一节　网络社会国家凝聚力的变化语境 ………………… 83
第二节　网络社会国家凝聚力的变化因素 ………………… 96
第三节　网络社会国家凝聚力的变化心理………………… 109
第四节　网络社会国家凝聚力的变化机制………………… 119

第三章　网络社会国家凝聚力的变化特质……………………… 133

第一节　网络社会国家凝聚力的演变进路………………… 133
第二节　网络社会国家凝聚力的变化特点………………… 146
第三节　网络社会国家凝聚力的发展旨向………………… 159

第四章　网络社会国家凝聚力的建设维度……………………… 174

第一节　网络社会国家角色的定位分析……………………… 174
第二节　网络社会国家形象的传播塑造……………………… 189
第三节　网络社会国家认同的分化建构……………………… 202

第五章　网络社会国家凝聚力的建设路径……………………… 218

第一节　网络社会意识形态的教育范式……………………… 218
第二节　网络社会群体凝聚力变革引导……………………… 231
第三节　网络社会文化软实力强化保护……………………… 245
第四节　网络社会制度规范的治理路向……………………… 260

结　语………………………………………………………… 276
参考文献……………………………………………………… 280
后　记………………………………………………………… 300

绪 论

一、问题的提出

截至 2018 年 12 月，中国网民人数已经达到 8.29 亿，成为世界上使用互联网技术人数最多的国家。也就是说，大多数中国人已经实现了从现实空间到数字空间的双重生活转变，从而将交往活动以及自身发展与网络技术紧密联系起来。既然个体离不开网络技术，那么作为无数个体组成的国家也就必然需要重视网络技术，并利用网络技术来为个体的自由全面发展服务，从而不断增强自身的凝聚力和吸引力。

中国自改革开放以来，经济建设成就突出，在国际上的影响力不断增长。但是，我们的工作还存在许多不足，也面临不少困难和挑战，“意识形态领域斗争依然复杂，国家安全面临新情况”。[①] 互联网给意识形态领域带来的冲击和影响就是不可忽视的重要问题。在意识形态领域中，国家凝聚力建设是必不可少的组成部分。互联网的传播特性是发散和变化，国家凝聚力建设需要信息的有序和可控，以保证国家和社会秩序的稳定。那么，互联网究竟给国家凝聚力带来什么样的变化？这些变化如何发生？将会如何发展？产生什么样的社会影响？其中有哪些关键性因素？应该如何进行有效治理呢？

---

① 习近平：《决胜全面建成小康社会　夺取新时代中国特色社会主义伟大胜利——在中国共产党第十九次全国代表大会上的报告》，人民出版社 2017 年版，第 9 页。

二、基本概念与研究综述

网络社会是指建立在当代互联网络技术平台上人类交往实践活动的共同体。互联网对公民与国家之间关系的影响日益加深，如何引导公民在网络社会中思想和行为的变化，增强当代中国国家凝聚力，是新时代中国特色社会主义意识形态领域面临的全新课题。学界相关研究综述如下：

（一）网络社会理论研究

国内外学者对网络社会理论开展了大量研究。曼纽尔·卡斯特认为，“信息时代的特征正在于网络社会，它以全球经济为力量，彻底动摇了以固定空间为基础的民族国家或所有组织的既有形式。”[①]丹尼尔·贝尔在20世纪50年代后期提出了“后工业社会”概念，认为后工业社会的主要问题是发展一个适当的“基础结构”以开发数字信息的电脑通信网络，从而把后工业社会联结起来，[②]揭开了网络社会研究的序幕。麦克卢汉提出“媒介即是讯息”，“任何技术都逐渐创造出一种全新的人的环境，环境并非消极的包装用品，而是积极的作用进程”。[③]曼纽尔·卡斯特较为全面地论证了网络社会崛起带来的冲击。他指出，“网络建构了我们社会的新社会形态，而网络化逻辑的扩散实质性地改变了生产、经验、权力与文化过程中的操作和结果”。[④] 赫伯特·席勒则对信息网络技术中的控制权和利益实现问题进行了探讨，显示出企业利益形塑了信息网络的发展，并且使之成为资本主义运行的核心。尤尔根·哈贝马斯提出了公共领域变革的理念，实际上提出了信

① ［美］曼纽尔·卡斯特：《网络社会的崛起》，夏铸九、王志弘等译，社会科学文献出版社2006年版，第3页。

② ［美］丹尼尔·贝尔：《后工业社会的来临》，高铦、王宏周、魏章玲译，新华出版社1997年版，第11页。

③ ［加］马歇尔·麦克卢汉：《理解媒介——论人的延伸》，何道宽译，商务印书馆2000年版，第25页。

④ ［美］曼纽尔·卡斯特：《网络社会的崛起》，夏铸九、王志弘等译，社会科学文献出版社2006年版，第434页。

息传播领域公共舆论的理性能力塑造的重要性问题。安东尼·吉登斯认为现代性生活日益变得非嵌入化,人们对生活的选择要求超越传统社会。而且,他还对民族国家先天对信息的控制要求进行了深刻阐述,信息战争凸显出当代世界竞争中信息监控的必然结果。同时,民族国家也会利用信息网络进行公民信息的收集和管理,从而出现与公民权利的矛盾冲突。①

那么,究竟网络社会与现实社会有什么区别呢?学者们从不同视角进行理论探索。素有"网络空间哲学家"的迈克尔·海姆从哲学形而上层面审视网络技术给人类社会带来的巨大变化,提出"虚拟实在以一种更加基本的方式改变着我们与信息的关系","机器成了器具,器具提供界面,界面通往网络空间,而网络空间提供了尚待探索的虚拟世界"。② 对于网络社会的特质是什么?约翰·佩里·巴洛(John Perry Barlow)和托德·拉平(Todd Lapin)为代表的第一代网络社会理论家们认为"网络空间造就了现实空间绝对不允许的一种社会——有自由而不混乱,有管理而无政府,有共识而无特权。"③也就是说,"这个空间的社会应是完全自我组织的实体,没有统治者,没有政治干预。"④但是,随着网络技术的发展,学者们逐渐认识到网络社会并非自由天堂,"单靠自己,网络空间会变成一个理想的控制工具","在网络空间中,某只看不见的手正在建造一种与网络空间诞生时完全相反的架构。"⑤理查德·斯皮内洛进一步指出,"内在于人性、对人类繁荣必不

① 参见[英]弗兰克·韦伯斯特:《信息社会理论》(第三版),曹晋等译,北京大学出版社 2011 年版。

② 参见[美]迈克尔·海姆:《从界面到网络空间》,金吾伦、刘钢译,上海科技教育出版社 2000 年版,前言。

③ [美]劳伦斯·莱斯格:《代码 2.0:网络空间中的法律》,李旭、沈伟伟译,清华大学出版社 2009 年版,第 2 页。

④ [美]劳伦斯·莱斯格:《代码 2.0:网络空间中的法律》,李旭、沈伟伟译,清华大学出版社 2009 年版,第 3 页。

⑤ [美]劳伦斯·莱斯格:《代码 2.0:网络空间中的法律》,李旭、沈伟伟译,清华大学出版社 2009 年版,第 5 页。

可少的知性之善，在规范网络空间方面起着结构性的或指导性的作用。也就是说，它们应当指导和左右代码、法律、市场和社会规范发挥其规范作用的方式。无论在现实空间还是在网络空间，人类繁荣的价值是人类行为至高无上的规范。”[①]约斯·德·穆尔揭示了数码信息时代的电子传媒与赛博空间为人类历史的发展提供的新的可能性。[②] 国内学者们也对网络社会进行着不断的学术探索。翟振明认为，由于虚拟实在的出现，使我们与技术的关系发生了剧烈的转变。我们第一次在本体层次上直接重构我们自己的存在。由于虚拟实在使我们更加具有创造性，它也使得我们能够筹划超越我们生活的更丰富的人格。赛博空间因而是人的度规的一个栖居地，它将允许我们参与我们的整个文明的终极再创造的过程。[③] 童星、罗军认为，网络社会有着与以前所有社会形态都不相同的特点，是一种新的社会存在方式，这可以从“个人—个人”“个人—群体”“群体—群体”“人—物”四个方面得到论证。[④] 赵晓红、安维复提出，网络社会是一个真实的而非虚拟的社会，一个新的、数字化的但却以人为根基的社会，一个共享的而非精英统治的社会。[⑤] 刘少杰撰文指出，“网络空间，不是脱离实际的虚拟空间，而是广大社会成员立足日常生活世界，利用信息技术和新媒体工具开展交往实践的现实社会空间。网络空间不仅具有明显的现实性和实践性，而且还

① ［美］理查德·斯皮内洛：《铁笼，还是乌托邦——网络空间的道德与法律》，李伦等译，北京大学出版社2007年版，第6页。

② 参见［荷］约斯·德·穆尔：《赛博空间的奥德赛》，麦永雄译，广西师范大学出版社2007年版。

③ 翟振明：《有无之间——虚拟实在的哲学探险》，孔红艳译，北京大学出版社2007年版，序言。

④ 童星、罗军：《网络社会及其对经典社会学理论的挑战》，《南京大学学报（哲学·人文科学·社会科学版）》2001年第5期，第96页。

⑤ 赵晓红、安维复：《网络社会：一种共享的交往模式》，《自然辩证法研究》2003年第10期，第60页。

形成了灵活多样的群体形式,人类社会由此而展开了新的空间层面”。[①] 冯鹏志对伴随着网络社会出现的非秩序化的、病态的网络行动和网络社会现象——网络社会问题面相进行了分析,指出了网络犯罪、网络病毒、网络色情、网络黑客、网络沉溺等“数字化乐园”中的“阴影”。[②]

学界对网络社会的研究逐步深化,开始深入到网络社会中的网络民主、自我认同、社会关系、道德建设、权力场域、组织变革、实践方式、社会形态、人的发展等不同层面的变化。凯斯·桑斯坦探讨了网络对个人行为以及整个社会的影响,以大量翔实的资料与数据表现了美国民主在网络时代面临的困境。[③] 西斯·J.哈姆林克对赛博空间伦理问题进行的讨论中强调了三项原则:平等原则、安全原则和自由原则。针对由赛博空间的产生所带来的知识产权的开发和运用、全球化的技术贸易、黑客的处理和技术风险控制、数字技术面前的平等和权力等重大问题做了集中的阐释。[④] 高兆明较早地指出,网络社会使得人们在虚拟世界以一种虚拟的方式首先突破时空的局限性并进入普遍交往的境地,但它同时亦包孕着人存在的“信息在场”与“人身在场”、“网我”与“真我”、“自由个性”与“失个性化”的内在紧张,隐藏着引发人的自我认同危机之可能。[⑤] 孙伟平、贾旭东提出,我们只有站在更高的高度上,即元伦理学、价值论伦理学的高度上,重新审视“网络社会”的道德现状,以及可能导致的良性发展趋势,才可能确立起新

---

① 刘少杰:《网络空间的现实性、实践性与群体性》,《学习与探索》2017 年第 2 期,第 37 页。

② 冯鹏志:《“数字化乐园”中的“阴影”:网络社会问题的面相与特征》,《自然辩证法通讯》1999 年第 5 期,第 35 页。

③ [美]凯斯·桑斯坦:《网络共和国:网络社会中的民主问题》,黄维明译,上海人民出版社 2003 年版。

④ 参见[荷]西斯·J.哈姆林克等:《赛博空间伦理学》,李世新译,首都师范大学出版社 2010 年版。

⑤ 高兆明:《网络社会中的自我认同问题》,《天津社会科学》2003 年第 2 期,第 49 页。

的、真正合乎人性的、符合人的根本利益与需要的规范,才可能确立起得到人们认同、接受和遵循的规范。[①] 胡海概括评述了不同网络社会研究者的权力分析理论,提出以“流动”和“关系”为特征的网络社会权力观察新视角,强调了新媒体环境中关系网络的权力属性,以及流动性、技术因素对权力场域不同要素之间的影响。[②] 张明仓认为在虚拟社会出现以后,随之而来就是出现一种全新的人类实践方式:虚拟实践。以当代技术革命作为基础和动力,人类虚拟实践的范围日益扩大,其层次、水平也越来越高,虚拟实践正在以空前的力度和速度改变着人类的生存方式、交往方式、思维方式和价值观念。[③] 李振等通过对大数据时代的网络经济、社会治理、网络政治、网络教育、网络文化等方面探索网络社会的多角度特征,认为在满足不同时期、不同群体、不同阶层人民群众需求的过程中,提升社会建设水平。[④] 唐魁玉、张旭提出,大数据革命重构了科学的研究方式,通过对小数据时代与大数据时代的阐述,论述从小数据到大数据的网络社会演进,同时探讨以大数据技术为基础进行发展的人工智能与社会发展的关系。[⑤] 曾令辉运用马克思主义人学基本理论对虚拟社会人的发展实质、发展矛盾以及发展向度、规范、条件等问题进行探讨,研究了虚拟社会人的生存和发展的问题。[⑥]

对于网络空间命运共同体思想,学界总体上持肯定支持态度,并且对此思想进行深度解读和阐释。唐远清提出,习近平围绕如何认识互联网、如何治理和发展互联网等重大理论和现实问题,深化了对网络空

① 孙伟平、贾旭东:《关于“网络社会”的道德思考》,《哲学研究》1998 年第 8 期,第 14 页。

② 胡海:《“流动”与“关系”——“网络社会”权力场域分析的新起点》,《现代传播》2016 年第 10 期,第 138 页。

③ 张明仓:《虚拟实践论》,云南人民出版社 2005 年版,第 1 页。

④ 参见李振等:《大数据时代的网络社会》,学林出版社 2015 年版。

⑤ 唐魁玉、张旭:《网络社会质量的数据化基础》,《自然辩证法研究》2018 年第 8 期,第 117 页。

⑥ 参见曾令辉:《虚拟社会人的发展研究》,人民出版社 2009 年版。

间的科学认识，提出了许多具有创见的加强网络空间综合治理的思想，并从人类整体利益和共同命运的高度，为破解全球网络空间治理难题，推进全球互联网治理体系变革，贡献了中国智慧。[①] 张绍荣认为，构建网络空间命运共同体是构建人类命运共同体在网络空间发展演变的逻辑必然，其核心主旨在于践行五大发展理念，让人民共享网络发展成果形成网上网下同心圆，尊重网络主权实现不同主体良性互动；其实现策略及教育路径在于构建以互联互通为目标的网络设施共同体，以互鉴交流为导向的网络文化共同体，以秩序公平为基准的网络安全共同体，以社会主义核心价值观为引领的网络教育共同体。[②] 吴青熹提出习近平关于网络社会治理的三个维度：一是从"互联网时代的全球化"的历史高度，提出了"网络地球村"与"国家治理新疆域"的网络空间观，这对我们重新认识现实空间秩序和人类社会关系具有重要意义；二是从国家主权以及安全与发展的辩证关系出发，提出了建设"网络强国"与"网络空间命运共同体"的网络安全观，这是对互联网时代国际关系与国家战略理论的重大发展；三是创造性地提出走网络群众路线、发扬网络民主、接受网络监督、培育向上向善的网络文化的网络人民民主思想，这是新时代对中国特色社会主义民主的重大创新。[③] 林伯海、刘波认为"网络空间命运共同体"思想的内容在于平等尊重、创新发展、开放共享、安全有序四个方面，并具有丰富的理论意蕴和包容开放性、共建共享性、实践创新性等特征，对人类文明进步、国际互联网体系治理以及中国国际话语权提升都具有十分重要的现实价值与历史意义。[④]

---

① 唐远清：《习近平总书记的网络空间治理思想》，《前线》2017 年第 8 期，第 19 页。

② 张绍荣：《论习近平构建网络空间命运共同体思想》，《思想理论教育导刊》2017 年第 6 期，第 32 页。

③ 吴青熹：《习近平网络社会治理思想的三个维度》，《东南大学学报(哲学社会科学版)》2017 年第 6 期，第 15 页。

④ 林伯海、刘波：《习近平"网络空间命运共同体"思想及其当代价值》，《思想理论教育导刊》2017 年第 8 期，第 35 页。

(二)国家凝聚力研究

学界认为,凝聚力是多种因素作用的结果。不同群体的凝聚力来源有所区别,影响因素各不相同,包括人际、结构、组织和情境四个层面。凝聚力概念最早是由群体动力学派著名心理学家科特·利文(Kurt Lewin)在20世纪50年代提出的。利文认为,凝聚力概念主要应该关注个体如何知觉其自身与某个特定群体的关系。个体之所以愿意留在群体中,是因为群体能够帮助个体实现个人目标。有学者指出,凝聚力是多维的,并受群体成员之间相互合作的程度、群体对其成员的接受、群体的外部威胁以及群体成员报酬等因素的影响。凝聚力的形成和增强与个体的某些特征具有密切关系,但凝聚力一旦形成,就会对个体的态度和行为产生直接或间接的影响,对群体绩效和群体决策的影响有正负效应。国内学者在凝聚力与组织绩效的关系上大多持积极态度。①

国家凝聚力是国家软实力,体现其吸引力和向心力,通过公民的思想和行为表现对自己国家的认同感和归属感。国家凝聚力的强弱对于国家发展、民族富强和人民幸福有着重要的影响作用。学界对于国家凝聚力研究主要从以下几方面展开:

第一,国家凝聚力的基本理论。刘学谦提出,国家凝聚力是指一个国家不同民族、政党以及民众在理想、目标、利益共同的基础上,国家满足其精神、物质、政治、文化、安全等需要,所产生的内向聚合力和外向吸引力。② 而物质凝聚力、精神凝聚力、政治凝聚力、文化凝聚力和安全凝聚力是国家凝聚力的基本构成要素,这五大凝聚力之间具有相对互补关系。章忠民认为,在我国现实社会政治经济生活中,民族凝聚

---

① 参见刘敬孝、杨晓莹、连铃丽:《国外群体凝聚力研究评介》,《外国经济与管理》2016年第3期,第45—51页。

② 参见刘学谦、何新生、甄翠敏:《国家凝聚力理论与实证研究》,经济日报出版社2013年版。

力、社会凝聚力、文化凝聚力共同支撑着国家共同体的运行,并紧密地结合在一起共同构成并释放国家凝聚力。其中,政党凝聚力是核心,民族凝聚力是纽带,社会凝聚力是基础,文化凝聚力是保障。[①] 朱耀先认为,国家凝聚力具有聚合功能、化解功能、抵御功能、提振功能和激励功能。[②] 黄靖生、黄隆生探讨了民族和国家凝聚力作为一种普遍的社会心理现象,是人们在特定的社会生活环境作用下逐步形成的。这种自发的社会心理现象,构成了爱国主义群体意识的社会心理基础,当人们把对自己的民族和国家的深厚感情,上升为理性认识,使其升华为一种爱国主义精神,就会产生强大的精神动力,能转化为人们爱国主义的自觉行动,推动民族和国家的振兴和发展。[③]

第二,中华民族凝聚力研究。学界认为,民族凝聚力是以共同地域、血缘、生产方式、生活方式等为基础,在长期的历史发展中形成的,是民族存在和发展的基本稳定因素,是最为根本的文化认同。在不同历史阶段表现形式和侧重点不同。只有对外开放、广泛交流,才能不断增长民族凝聚力。在中华民族形成过程中,政治统一的力量、同一政治实体和中央政府的建立曾发挥过十分明显的作用。但是,中央政府与民族凝聚力之间不能简单地画等号。近代以来,中华民族凝聚力得到极大加强,并发挥了十分重要的作用。中华民族凝聚力既是一个历史问题,又是一个现实问题,既具有学术意义,又具有政治意义。[④] 方志钦、朱新墉认为民族凝聚力分为物质凝聚力和精神凝聚力。民族凝聚力的物质因素是第一性的,而民族凝聚力的精神因素是第二性的。以

---

① 章忠民、张亚玲:《国家凝聚力的构成及其矛盾张力探源》,《马克思主义研究》2012年第1期,第123页。

② 朱耀先:《实现中国梦必须增强国家凝聚力》,《光明日报》2013年10月4日第6版。

③ 黄靖生、黄隆生:《民族和国家凝聚力的社会心理探析》,《广西民族学院学报(哲学社会科学版)》2000年第2期,第118页。

④ 谢维:《近代中国与民族凝聚力学术讨论会综述》,《近代史研究》1994年第5期,第221—232页。

经济建设为中心,努力构筑中华民族的社会主义新大厦,改善和发展中华民族的生息条件,增强中华民族凝聚力的物质基础,应当成为全民族共同奋斗的目标。① 田旭明提出中华民族凝聚力发展的基本规律是:中华民族凝聚力基本要素共同作用律、中华民族凝聚力核心支柱中坚支撑律、中华民族凝聚力与民族整体利益相互促进律、中华民族凝聚力在与离散力对立统一中的主导作用律。② 陈载舸指出,民族凝聚力是国家凝聚力的基础,国家凝聚力是民族凝聚力的保障,两者相辅相成,互动互促。③ 马中柱认为民族凝聚力和国家凝聚力虽然具有不同的来源,但在中国,"民族凝聚力和国家凝聚力具有同一性"。④ 卢勋等人从历史的角度探讨中华民族凝聚力形成的诸种因素及其发展的内在规律。内容包括:中华各族的居住环境与多源多流;各民族的经济交流,相互促进,彼此依存等。⑤ 王希恩分析了维系中华民族凝聚力的传统因素,在于中国历史上形成的"超强社会聚合机制"。他论及中华民族强大凝聚力推究于古代中国特殊的社会结构、意识形态和民族关系。⑥ 王江燕研究了全球化问题下的民族凝聚力问题,内容涉及全球化和中华民族凝聚力的一般理论研究、全球化冲击下中华民族凝聚力的嬗变等。⑦ 周大鸣认为,文化精神或民族精神是中华民族凝聚力的核心。⑧ 吴宗英提出,中华民族凝聚力和中华民族价值观之间存在着因果关系。

---

① 方志钦、朱新墉:《论中华民族凝聚力的物质基础》,《学术研究》1992 年第 2 期,第 17—20 页。

② 田旭明:《论中华民族凝聚力发展的基本规律》,《理论导刊》2013 年第 12 期,第 80 页。

③ 陈载舸:《国家凝聚力与民族凝聚力之辨析》,《广东省社会主义学院学报》2009 年第 7 期,第 8—12 页。

④ 马中柱:《论国家凝聚力和民族凝聚力》,《岭南学刊》2009 年第 4 期,第 36—38 页。

⑤ 参见卢勋等:《中华民族凝聚力的形成与发展》,社会科学文献出版社 2007 年版。

⑥ 王希恩:《中华民族凝聚力的更新和重构》,《民族研究》2006 年第 3 期,第 1 页。

⑦ 参见王江燕:《全球化与中华民族凝聚力问题研究》,广东人民出版社 2007 年版。

⑧ 周大鸣:《论中华民族凝聚力的核心——文化精神》,《学术研究》1992 年第 2 期,第 12 页。

弘扬中华民族优秀价值观是增强中华民族凝聚力的出发点和前提,而增强中华民族凝聚力则是弘扬民族优秀价值观的落脚点和归宿。[①] 李宗桂认为,优秀文化传统是民族凝聚力形成并发挥作用的基础,也是思想内核。民族凝聚力则是优秀文化传统的结构与功能的内在要求和必然表现。[②] 解丽霞提出,文化在历时性的传承中,经过民族的不断选择与认同,积淀为共时性的民族精神,它构成了民族凝聚力的思想内核。文化变迁大致包括三种不同路径:一是文化内在精神的自然演进;二是外来文化冲击的被动变革;三是多元文化潜移的相互涵化。它是中华民族凝聚力得以深化的内在机制。[③]

第三,国外国家凝聚力建构经验。殷丽萍考察了美国政府通过一系列的爱国主义教育成功地引导了美国国民对国家的认同和忠诚,并逐渐确立了以追求国家利益为主导的行为准则和模式,以主流族裔的基督教文化为主体的核心价值体系以及以公民的权利认同为核心的政治文化。归纳了国家凝聚力形成的三点原因:情感基础在于公民对于所属国家的国家认同,灵魂在于公民对所属国家的核心价值体系的认同,政治基础在于公民对所属国家的政治认同。[④] 陈华从以色列的建国过程中辨识出了国家凝聚力产生的必要条件,包括政治实体、国土和公民以及共同的语言。李晓岗深入考察了战后美国犹太人民族凝聚力的盛衰,提出战后美国犹太人民族凝聚力的由强转弱与外部环境的宽松与否有密切关系。在民族关系上,歧视将导致弱小民族民族凝聚力的增强和对主体社会的敌视和自我封闭;而宽容将造成其民族凝聚力

① 吴宗英:《略论价值观与民族凝聚力》,《学术月刊》1992 年第 11 期,第 17—18 页。

② 李宗桂:《优秀文化传统与民族凝聚力》,《哲学研究》1992 年第 2 期,第 54 页。

③ 解丽霞:《中国文化 · 民族精神 · 文化变迁——中华民族凝聚力的文化学寻源》,《广西民族研究》2007 年第 2 期,第 1 页。

④ 殷丽萍:《美国国家凝聚力形成原因的启示》,《学校党建与思想教育》2011 年第 3 期,第 90—92 页。

的减弱，造成与主体社会的融合。[①] 刘学谦考察了日本国家凝聚力形成的原因不仅在于"由单一的大和民族组成易形成内聚力和产生强烈的民族意识"，还在于其善于学习的民族文化。[②] 他分析在苏联解体前夕，僵化、封闭、保守、教条主义与个人崇拜的思想文化模式使其精神凝聚力弱化；经济发展的缓慢、不平衡，不能满足人民日益增长的物质需要，导致物质凝聚力的丧失；高度集权的领导体制削弱了政治凝聚力以及西方和平演变的影响导致安全凝聚力的丧失。[③]

第四，当代中国国家凝聚力的形成。学者们普遍认为，中国特色社会主义道路对于当代中国国家凝聚力的形成有着至关重要的作用。中国的政治改革、社会主义核心价值体系、和谐社会建设、中国共产党领导、国家意识等都与国家凝聚力有着不可分割的关系。刘学谦指出，增强当代中国的国家物质凝聚力，必须大力提高发展的质量，妥善解决分配问题，实现共同富裕；必须高举中国特色社会主义理论的伟大旗帜，在全体人民中形成坚定、统一、稳定的理想、信仰和价值准则；必须下力气解决腐败问题，不断提高各级干部的执政能力，健全人民民主制度；必须大力弘扬社会主义先进文化，使现代优秀中国文化走向世界；必须全方位加强国家安全建设。[④] 娄杰认为，中华民族凝聚力是中华民族各成员结成统一整体的内在力量，是中华民族所具有的文化吸引力、民族向心力和社会整合力。民族心理是中华民族凝聚力的基础，民族意识是中华民族凝聚力的自觉，民族精神是中华民族凝聚力的灵魂。汉民族先进文化与其他民族优秀文化的融合创新是中华民族凝聚力的源泉，认同优秀文化的民族传统和共同主旨是中华民族凝聚力的内涵，反对外来侵略、捍卫民族独立和国家统一是中华民族凝聚力的根本。中华民族凝聚

---

① 李晓岗：《战后美国犹太人民族凝聚力的盛衰》，《历史研究》1997 年第 2 期，第 101 页。

② 参见刘学谦：《当代中国凝聚力大典》，红旗出版社 1997 年版，第 1213—1224 页。

③ 参见刘学谦：《当代中国凝聚力大典》，红旗出版社 1997 年版，第 1314—1322 页。

④ 刘学谦：《如何增强当代中国国家凝聚力》，《光明日报》2014 年 1 月 22 日第 16 版。

力的价值尺度是维护中华民族团结、促进中国国家统一、发展中国制度文化和推动中国社会进步。[①] 2016 年,人民论坛问卷调查中心发起了对中国公众凝聚力指数的调查,发现政府公信度对公众凝聚力指数有较强的预测力。在凝聚力各维度中,公众的自组织能动性受政府公信度的影响最大。相较于政府表现满意度,公众对政府表现的预期与公众凝聚力指数有更强的相关性。相较于参与度信心和公开度信心,法治化信心对公众凝聚力指数的影响更大。改善民生的成效对于公众凝聚力指数的直接影响不及政府公信度,但改善民生能有效提升政府公信度。[②] 学者们还从改革开放、科学发展、统一战线、中华文化、民族精神、突发事件、执政实践、国际交往、测量指标等方面进行了探索性研究。

(三)网络社会治理研究

安德鲁·查德威克研究了新传播技术对政党与选举、压力集团、社会运动、地方民主、公共机构和全球治理的影响。分析了持续性和争议性的政策问题,包括数字鸿沟,互联网自身的治理,监视、隐私与安全之间的张力,互联网媒体领域的政治经济学等。[③] Tara Lynne Fikes 对网络虚拟空间的电子化民主和公民参与进行了考察分析。[④] 简·梵·迪克分析了新媒体所有的技术、经济、政治、社会、文化和心理层面,监测新媒体对公共政策和私人生活的影响,比较北美、欧洲、东亚和第三世界的法律和政策行动,并对围绕着互联网和其他新媒体的大肆宣传进行批判性解读。[⑤] 弥尔顿·穆勒对互联网治理问题进行了系统的梳理

---

① 娄杰:《中华民族凝聚力的历史文化底蕴》,《中共中央党校学报》2007 年第 6 期,第 107 页。

② 《2016 年中国公众凝聚力调查报告》,《人民论坛》2016 年第 S2 期,第 76 页。

③ 参见[英]安德鲁·查德威克:《互联网政治学:国家、公民与新传播技术》,任孟山译,华夏出版社 2010 年版。

④ Tara Lynne Fikes.*Electronic Democracy and Citizen Participation*:*The Challenge of the Digital Divide.Ann Arbor*:ProQuest Information and Learning Company,2005.

⑤ 参见[荷]简·梵·迪克等:《网络社会:新媒体的社会层面》,蔡静译,清华大学出版社,2014 年版。

并构建了全新的网络——全球治理理论体系。他不仅对"网络化治理"概念、全球互联网治理机构的历史沿革以及四种驱动互联网治理变革的主要力量等问题展开分析,而且用大量生动具体的案例揭示了网络对当今社会传统治理方式所造成的巨大冲击,试图提出互联网治理的出路在于设计更为完善的网络化治理方式与成立全球性跨国治理机构。①

针对网络社会中出现的新型社会问题,国内学界对网络社会治理也提出了诸多学术理论和方法。刘文富提出,随着信息技术和互联网的发展,形成了网络空间及网络社会,出现了虚拟空间的政治现象——虚拟政治;网络社会和虚拟政治必然对现实政治生活中的国家主权、政治体制、政府管理、政治文化等方面产生重大影响;这种影响又是相互的,现实政治中的政府权力等必然反作用于网络社会,从而产生新的国家治理范式。② 何明升认为,中国网络治理的现实路径是:以网络社会存在机制为基础的规则重构,以虚实相宜为导向的网络治理安排,以及以法治网络为目标的网事秩序建设。③ 张晓提出,网络社会治理要遵循四方面逻辑。网络技术是把"双刃剑",要把握善恶博弈的尺度;数字经济聚焦于利益,要管住资本,充分发挥网络平台主体作用;网络空间内文化融合冲突,要积极做好网民心理疏导;网络为民众赋权,深度参与社会治理,形成国家、民众、市场合作治理机制,构建以人为本的治理体系。政府要从技术、经济、文化、政治四个维度出发,推动建立公平和效率、活力和秩序、民主和法治相统一的网络社会。④ 李一从网络社会运行、网络商务活动、网络政务活动、网络服务活动、网络社会交往和网络文明演进等网络社会生活的核心领域入手,详细探讨了不同层面

① [美]弥尔顿·L.穆勒:《网络与国家:互联网治理的全球政治学》,周程等译,上海交通大学出版社 2015 年版导读,第 1—2 页。

② 参见刘文富:《网络政治:网络社会与国家治理》,商务印书馆 2004 年版。

③ 何明升等:《中国经验和路径选择》,中国经济出版社 2017 年版,第 6 页。

④ 张晓:《网络社会治理的四个维度》,《中国行政管理》2017 年第 9 期,第 32 页。

网络社会治理的运作实施问题。[①] 何哲认为，要遵循网络社会的基本特点与规律、协同共治的原则、全民治理的原则、虚实结合的原则、以法治网的原则，建立“引导—协商—立法—自治”的网络社会综合治理体系。[②] 李齐等人考察政府治理变革的逻辑起点是网络社会的技术变革，信息技术的广泛应用不断改变着整个社会。网络社会中各主体权力关系和功能定位的持续改变，必然导致政府治理变革，以适应内外变化，有效实施治理。这是网络社会政府治理变革的逻辑结构。[③] 孟天广、李锋针对大数据时代来临，通过对网络问政平台公民与政府行为记录的大数据分析，考察了网络空间的公民诉求表达与政府回应性。面对日益增长的网络参政，地方政府应大力强化政府回应性建设。时空因素、议题归属和诉求表达方式是政府回应性的主要影响因素，分别反映着网络空间政治互动三要素———制度、政府和公民的演进和互动策略。[④] 夏燕从法理角度分析了现有法律在网络空间面临的巨大挑战、自身的艰难嬗变以及未来的发展趋势，试图指出网络空间的法理研究背后隐藏的路径是信息技术构建网络社会，新型社会促进法律变革。[⑤] 丁春燕从论述网络社会与法律规制的关系入手，选取了网络安全、网络政府、网络言论、网络标识、网络营销、网络金融、网络信息传播、网络纠纷解决等方面的法律规制展开研究，提出了完善中国对网络社会法律规制的建议。[⑥] 张志安从网络立法、互联网空间治理、网络生态、网络舆论、网络大数据和网络地方治理案例六个维度全面讨论了互

---

① 参见李一：《网络社会治理》，中国社会科学出版社 2014 年版。

② 何哲：《网络社会治理的若干关键理论问题及治理策略》，《理论与改革》2013 年第 3 期，第 108 页。

③ 李齐、李建呈、李松玉：《网络社会政府治理变革的逻辑结构》，《中国行政管理》2017 年第 7 期，第 49 页。

④ 孟天广、李锋：《网络空间的政治互动：公民诉求与政府回应性》，《清华大学学报（哲学社会科学版）》2015 年第 3 期，第 17 页。

⑤ 参见夏燕：《网络空间的法理研究》，法律出版社 2016 年版。

⑥ 参见丁春燕：《网络社会法律规制论》，中国政法大学出版社 2016 年版。

联网治理的深层结构和创新路径。①

鲁宽民等围绕我国网络虚拟社会发展中的实际问题，充分运用政治学、伦理学、教育学、法学和心理学等相关知识，进行了深入的探析，并在此基础上分析了积极网络虚拟环境对于公众的政治观、道德观、价值观以及思维和行为方式的影响，提出以美德、义务、责任伦理为基础，强化网络空间的健康环境建设，加强网络社会的思想政治教育和德育，加强网络社会的法制建设等。② 陈联俊对于网络社会公民意识问题进行较为系统的研究，分别深入考察了个体意识、群体意识、国家意识的变化，提出既要从通过教育、培养和熏陶来营造良好的网络社会环境，也要通过舆论、制度和组织等渠道开展实质性治理措施。③ 刘志刚从网络语言泛滥带来的文化缺失、网络恶搞现象的文化精神解读、网络低俗炒作的文化学思考、网络暴力的形成原因与社会危害、网络客现象的文化特征解析、网络空间文化治理的逻辑脉络、网络舆论的监测与引导、网络群体性事件的引导与应对、网络问政的制度化与民主化、网络文化传播领域综合治理研究等方面，对网络传播领域的文化乱象进行了解读，并对网络文化综合治理提出对策建议。④ 汤志伟以网络空间群体行为为研究对象，通过对网络空间群体类型的识别，分析不同网络群体行为的特点。结合实证研究，分别从网络群体行为的表现差异、发展阶段、演变因素等角度探究了网络空间群体行为的差异规律、时间演化规律、类型演变规律，为网络空间的政府治理提供依据，并提出了政府治理网络空间群体行为的针对性对策建议。⑤ 胡昌龙从集群行为感知、模式和规律挖掘、管理引导机制三个层次的基础行为感知和建模仿

---

① 参见张志安：《网络空间法治化：互联网与国家治理年度报告（2015）》，商务印书馆 2015 年版。

② 参见鲁宽民：《网络虚拟社会建设论略》，人民出版社 2013 年版。

③ 参见陈联俊：《网络社会青年公民意识的发生与引导》，中国社会科学出版社 2015 年版。

④ 参见刘志刚：《网络空间的文化治理》，江苏人民出版社 2014 年版。

⑤ 参见汤志伟：《网络空间群体行为规律与政府治理研究》，人民出版社 2014 年版。

真展开，详细介绍了多种移动大数据环境下的数据分析、处理工具在实际中的应用。[①] 杨蝾均从网络虚拟社群对国家主流意识形态安全的侵蚀作用和保障作用出发，认为要在检视我国主流意识形态建设的薄弱环节基础上，努力使我国主流意识形态的建设更加符合我国的文化环境和公民的实际需求，创新网络虚拟空间国家主流意识形态安全协同治理的策略和路径。

张新宝、许可指出，面对与现实空间既区分又交融的网络空间，国家主权既要坚持对网络空间的适用性，反对消解主权的"网络自身主权论"和弱化主权的"多利益攸关方治理模式"，又要根据网络空间"互联、互通、互动"的特质适时而变：在内部主权的层面上，建构基本立法权、简约行政权和类型化的司法管辖权；在外部主权的层面上，主张网络安全、平等参与、共同利用、善意合作的国际法新秩序。[②] 郭玉军对网络社会与国家主权、网络犯罪的国际法律控制与国际合作、网络社会电子商务的国际法律规制、网络社会中的国际金融法律问题等进行深度探讨。[③] 孙午生提出了中国网络社会治理的法治化策略，以及国外网络社会治理法治化的比较。[④] 鲁传颖通过重新构建多利益攸关方网络空间全球治理理论，对网络空间中互联网治理、数据治理和国家的行为规范三个层面的多个治理议题进行了研究。[⑤] 张化冰置身于以互联网为代表的新媒体环境下，针对网络空间引发的社会问题，如言论自由、隐私权、知识产权、国家安全等，对美国、德国、法国、日本、韩国、新加坡等国家的网络传播规制模式和特点进行了比较研究，从政治制度、法律体系、媒体传统等方面对网络空间管理的思路、政策和举措进行了

① 参见胡昌龙：《虚拟社会网络下集群行为感知与规律研究》，武汉大学出版社 2016 年版。

② 张新宝、许可：《网络空间主权的治理模式及其制度构建》，《中国社会科学》2016 年第 8 期，第 139 页。

③ 参见郭玉军：《网络社会的国际法律问题研究》，武汉大学出版社 2010 年版。

④ 参见孙午生：《网络社会治理法治化研究》，法律出版社 2014 年版。

⑤ 参见鲁传颖：《网络空间治理与多利益攸关方理论》，时事出版社 2016 年版。

比较分析。[①] 黎慈、孟卧杰提出国际网络社会治理中,要破除“单边主义”困境,必须在坚持主权原则的同时倡导多边主义;继续支持联合国协调网络全球治理;努力走出“囚徒困境”,重建信任体系,保证合作与协同;积极参与网络空间治理国际合作多边谈判。[②] 蔡翠红分析了网络空间的发展加深了国家政府、全球市场和全球社会的融合推动了网络空间全球治理从“自治论”到“巴尔干化论”的转变。基于全球信息环境的回归、世界政治的竞争逻辑以及网络空间日渐上升的现实挑战性,国家逐步跻身于网络空间的管控和治理。代表各种利益的行为体在国家、市场和社会互动中出现了分化和组合,网络空间出现了不同的阵营分化。指出有效治理模式将是能够平衡国家、市场和社会的多元、多层合作治理模式。[③]

此外,诸多学者分别研究了网络空间草根民主与权力监督和政策制定的互逆作用及其治理、虚拟社会治理中自媒体舆情引导、网络社会运动的时空逻辑、网络空间的话语抗争与议题协商、网络空间对话机制建设的诉求与路径、网络空间全球治理体系的价值共识与伦理责任、网络空间社会思潮发展方式、网络空间意识形态斗争的特征分析、网络空间政府舆论危机及其治理原则、网络空间主流意识形态建构的理路、网络社会道德认同的变化与引导、网络社会的时空扩展、时空矛盾与社会治理、网络社会风险规律及其因应策略、网络社会公德主体建设存在的问题及对策、网络社会公共秩序管理存在的问题及对策、网络社会管理中的双重逻辑与两难困境、网络社会政府危机信息传播管理的困境与对策、网络社会治理中的时间冲突、网络公民及其教育、网络群体意识、

---

① 参见张化冰:《网络空间的规制与平衡》,中国社会科学出版社 2013 年版。

② 黎慈、孟卧杰:《国际网络社会治理中的“单边主义”困境及其破解之道》,《理论导刊》2017 年第 6 期,第 103 页。

③ 蔡翠红:《国家—市场—社会互动中网络空间的全球治理》,《世界经济与政治》2013 年第 9 期,第 90 页。

网络权威形态、网络权利与权力、虚拟社会秩序及其治理等主题。

从学界研究现状来看,在网络社会以及国家凝聚力研究方面取得了丰硕的学术成果,极大地促进了我国网络社会健康有序的进步和发展。但是,仍然存在不足和需要推进之处。第一,网络社会国家凝聚力研究视角相对缺乏。将网络社会和国家凝聚力结合起来的研究成果较少,但是事实上互联网对于国家凝聚力的影响巨大,这个问题有着极强的现实价值和学术意义。第二,网络社会国家凝聚力实证研究不足。通过实证方法了解网络社会国家凝聚力状况,才有可能深入考察网络社会国家、社会与公民之间的互动关系,进而采取有效的治理措施。第三,网络社会国家凝聚力系统研究不强。网络社会变化随着技术发展而不断加速,学界相关研究往往呈现出零碎孤立的倾向,难以全面考察网络社会国家凝聚力本质状况和特性。基于学界基础,本书对网络社会国家凝聚力的变化和建设问题进行较为全面系统的研究。

三、理论基础和研究意义

(一)理论基础

1. 历史唯物主义理论。历史唯物主义是马克思和恩格斯创立的关于人类社会发展的科学理论。历史唯物主义认为,社会发展有其自身的特有规律。社会存在决定社会意识,社会意识反作用于社会存在,有其相对独立性。随着社会存在的变化,社会意识相应发生变化。社会基本矛盾是社会发展的根本动力,决定着社会变化和发展。社会基本矛盾是生产力和生产关系的矛盾、经济基础和上层建筑之间的矛盾。生产力决定生产关系,生产关系反作用于生产力。经济基础决定上层建筑,上层建筑反作用于经济基础。从现实意义上来说,人是一切社会关系的总和。现实的人及其活动是社会历史存在和发展的前提条件。人民群众是历史发展的创造者,社会形态变革的决定力量。科学技术作为先进生产力的重要标志,对推动社会发展起到非常重要的作用,对人类的生产、生活、思维方式的变革产生巨大影响。但是,科学技术的社会作用具有双重性。[①] 在网络社会国家凝聚力的研究中,确立历史唯物主义研究路线主要体现在:随着生产力不断发展,作为先进生产力代表的互联网技术推动社会进步和发展,并随之带动生产关系的变化,社会关系在网络空间中得以重组,社会结构从垂直型向扁平化变革,个体、社会、国家主体通过网络技术赋权获得不同的权力地位。网络社会国家凝聚力来自多方力量共同作用,不同主体作用的发挥不是自发产生的,需要进行相应的引导和规范。在网络社会中,要充分重视作为主体的人的社会关系的变化。网络社会关系的变化既给个体变化带来新空间,从而塑造个体的思想和行为,也给群体变化带来新机遇,从而塑造群体的舆论和动力。网络社会关系的变化也推动着国家治理方式的变革,要从网络空间特点出发,构筑网络社会国家凝聚力的长效动态治理机制。国家既要积极利用互联网技术进行网络治理,也要采取相应措施遏制网络技术发展中出现的负面效应。

2. 网络强国战略思想。第一,网络强国重要性。网络安全和信息化是事关国家安全和国家发展,事关广大人民群众工作生活的重大战略问题。互联网融入社会生活方方面面,深刻改变人们生产方式和生活方式。我国网民数量世界第一,已经成为网络大国。但是,我国网络发展还存在着亟待解决的问题。第二,网络舆论思想。互联网迅猛发展,深刻改变舆论生成方式和传播方式,改变媒体格局和舆论生态。互联网成为舆论斗争主战场。要加强互联网内容建设,运用网络传播规律,弘扬主旋律,激发正能量,大力培育和践行社会主义核心价值观,把握网络舆论引导的时度效,使网络舆论清朗起来。第三,网络强国路径。加强核心网络技术自主创新和基础设施建设;要丰富信息服务,繁荣网络文化;形成实力雄厚的信息经济;要有高素质网络人才队伍;要

① 参见冯契主编:《哲学大辞典·上》,上海辞书出版社 2007 年版。

开展网络国际交流合作。网络空间不是“法外之地”。网络空间和现实社会一样,既要自由,也要保持秩序。加强互联网领域立法,完善网络法律法规;要依法规划治理网络空间,维护公民合法权益,惩治网络违法犯罪行为。加强网络伦理、网络文明建设,发挥道德教化引导作用。加强互联网管理领导体制,建立法律规范、行政监督、行业自律、技术保障、公众监督、社会教育相结合的互联网管理体系,形成网络治理合力。第四,网络命运共同体。网络空间是人类共同活动空间,前途命运由世界各国共同掌握。各国间要相互尊重网络主权、尊重网络发展道路、网络管理模式、网络公共政策和网络参与治理的权利。加强国际合作对话,推动全球网络治理体系变革,构建和平、安全、开放、合作的网络空间,建立多边、民主、透明的全球互联网治理体系。①

3. 网络社会理论。网络社会理论是指以曼纽尔·卡斯特为代表的学者提出网络社会出现、特性、变化和发展的思想理论体系。一是网络社会出现。信息技术为中心的技术革命,加速重造社会物质基础。网络塑造生活,同时也为生活所塑造。社会在网络与自我之间的两极对立中建造,社会结构、社会认同和社会运动在剧烈变迁。二是网络社会特性。技术与社会的关系是辩证互动。国家干预可以加速技术现代化,在技术革命中不同国家表现出不同程度的历史变异。技术革命受到先进资本主义逻辑和利益塑造。国家主义与信息主义之间的交互作用,带来不同的国家影响。新经济特性是信息主义、全球化、网络化。资本主义生产方式的再结构过程在20世纪末历史性地塑造了信息主义,信息主义精神是创造性破坏文化。新信息技术以全球性工具网络整合世界,重塑了就业结构、社会认同和自我认同。新媒体导致受众分殊化和大众媒体的兴起,虚拟社群中弱纽带的社会交往越来越普遍,构建出新的象征环境,容纳几乎所有文化表现,产生真实虚拟的文化。新

① 《习近平谈治国理政》,外文出版社2014年版,第197—199页;中共中央宣传部:《习近平总书记系列重要讲话读本(2016年版)》,学习出版社、人民出版社2016年版,第204—206页。

沟通系统彻底转变人类生活的基本向度:空间和时间。流动空间取代地方空间。无时间的时间利用技术以逃脱其存在脉络,并且选择性地挪用每个脉络迄今可以提供的价值。三是网络社会发展。作为一种历史趋势,信息时代的支配性功能与过程日益通过网络组织起来。流动的权力优先于权力的流动。在网络中现身或缺席,以及每个网络相对于其他网络的动态关系,都是我们社会中支配与变迁的关键根源。由于网络技术的出现,我们正在迈进一个真正多元、互赖的世界,因而唯有从汇集了文化认同、全球网络化与多向度政治的多元视角出发,才有可能理解和改变这样的世界。①

(二)研究意义

1. 网络社会的认知意义。网络社会作为人类社会开辟的第二生活空间,其产生与发展有着与现实社会完全不同的物质基础、逻辑特性和变化规律,从而也给人类自身如何认识和理解虚拟空间提供了崭新的认知领域。对网络社会的认识和了解不仅关系到人类对信息时代的社会关系和社会活动变化的探索,也是对人类自身生存环境的变迁带来自我身心变化的发现。在网络社会中,既要探索互联网技术如何迭代更新,更要对技术发展带来的人文环境、组织文化、制度变迁和社会矛盾的转化进行跟踪式研究。在新时代中国特色社会主义条件下,网络社会日益与人们的生产生活密不可分,对网络社会特性和规律的针对性、实效性、前瞻性研究将进一步拓展人类的认知视野和思维方向。对网络社会国家凝聚力的研究可以从国家视角进行网络空间审视,协调个体、群体和国家之间的互动关系,有效提升网络社会中人类活动的自觉能动性。同时,本书可以为了解和认识网络社会中信息流动与社会互动之间的关系提供新的观察思路,重新反思网络信息嬗变为社会带来的正反面效应,进而更好地利用网络技术为国家服务。

① 参见[美]曼纽尔·卡斯特:《网络社会的崛起》,夏铸九、王志弘等译,社会科学文献出版社2006年版。

2. 网络治理的现实意义。网络社会成为当代人活动的重要场域，需要与时俱进，从实际出发，帮助公民面对新媒体环境，重新建构自己的国家意识，促进主体权利义务意识的发展。互联网技术的出现极大地挑战了现实社会治理的秩序和规则，改变了国家权力和公民权利之间的博弈空间，提出了诸多国家治理的崭新课题。要破解网络社会中国家治理的难题，突出网络社会中国家能力建设，确立国家价值的主导地位，理顺国家关系的先后次序，找到国家发展的全新目标，必须要对网络社会国家凝聚力进行全方位考察。只有对涉及网络社会中国家凝聚力的变化语境、变化逻辑、变化要素、变化载体进行深入考察，挖掘其中变化机理和变化特点，发现网络社会中国家角色，传播良好的国家形象，塑造网络社会的国家认同，才有可能从教育、传播、制度、文化等多层面进行全方位治理。随着新时代中国特色社会主义建设的推进，中国已经从网络大国逐步迈向网络强国，在这个过程中，既要积极推动网络技术的不断领先进步，更要探索适合中国网络发展的治理模式，将互联网技术积极应用到国家建设之中，最大限度地发挥出网络空间优势，将现实社会与网络社会相互结合起来，从经济、政治、文化、社会、外交、军事等多方面展开网络空间战略，为中国发展源源不断地提供智力支持和决策参考。

3. 意识形态的安全意义。网络社会中意识形态渗透及影响力越来越大，以美国为首的西方国家相继成立了网络司令部等专门机构进行网络空间争夺战，制定相应的网络空间战略规划，配备网络空间专门技术人才队伍，强化网络空间话语权、领导权和控制权。要在激烈的网络意识形态竞争中占据先机，就必须要深入研究网络社会意识形态的变化规律和应对策略。随着中国改革开放进程的加快，综合国力上升，国际地位提高，对加强文化软实力的要求越来越迫切。文化的核心是价值观，社会主义核心价值体系建设刻不容缓，是增强新时代中国特色社会主义发展精神动力的首要举措。互联网全面融入渗透在生产生活各个领域，必须成为培育社会主义核心价值体系的主要渠道，要充分发挥互联网先进技术创新价值观传播路径和手段。加强当代中国网络社会国家凝聚力问题研究，对在网络社会创新爱国主义教育方式方法有重要学术价值。加强对虚拟空间国家凝聚力变化的研究有助于凝聚价值共识，增强国家认同，促进新时代中国特色社会主义事业的发展。

4. 人的发展的促进意义。马克思主义的价值追求是实现人的自由全面发展。网络社会的出现为人的发展提供了新的场域，从而也为人的发展提出了新课题。互联网技术发展日益呈现出智能化倾向，在诸多领域中开始与人的情感、理性和伦理关系产生相互作用，需要紧跟网络技术发展节奏，加强网络社会中道德伦理和制度变革研究，从而将人在现实社会和网络社会的发展紧密结合起来，预知人的生存困境，解决人的发展难题。本书不仅着眼于国家层面加强凝聚力的举措路径，而且深入探讨发掘利用个体和社会层面的内在动力。只有充分认识到国家发展的生机和活力来源于公民和群体，才能通过良好的教育、制度和文化充实社会基础，构建起网络社会中良性的虚拟生态环境，进而利用社会向“善”力量来不断消解技术理性带来的“恶”的影响，凸显价值理性导向作用，尽可能地将网络犯罪、网络暴力、网络谣言等不法行为扼制在萌芽状态，并依赖多方力量通过多种举措来净化网络社会，促进人的虚拟发展。

四、研究思路、观点创新和研究方法

（一）研究思路

本书以历史唯物主义的社会发展和人的全面发展理论为基础，突出网络强国思想，借鉴政治社会学、社会心理学、传播学等学科理论展开研究。首先，以互联网技术构建的虚拟空间作为研究视域，对网络社会中的虚拟社会关系以及虚拟实践活动进行分析，进而区别网络社会与现实社会公民思想和行为变化的社会基础。其次，在实证调研的基础上，一方面构建网络社会国家凝聚力的变化模型，另一方面通过理论概括和提升，分析其变化的语境、因素、心理、机制等，揭示网络社会国家凝聚力的变化进路、特点及发展旨向。最后，提出从转换国家角色、重塑国家形象、再造国家认同等维度，意识形态、网络群体、文化安全、制度规范等路径强化网络社会国家凝聚力，促进和谐网络社会的建设和治理。主要研究思路如下：

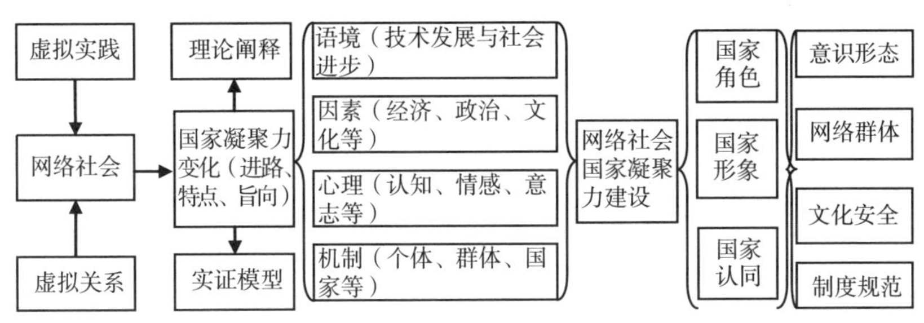

（二）观点创新

1. 基本观点：网络社会的形成是互联网技术与社会发展的相互促进，对现实社会产生了巨大影响。网络社会国家凝聚力的变化对意识形态安全、文化软实力建设、网络社会治理有重要意义。网络社会国家凝聚力的变化体现在网络信息传播与虚拟实践活动过程中，与现实社会有着明显区别。网络社会国家凝聚力的变化需要正确引导，将意识形态教育与道德教育相互结合起来，促进人与社会共同发展。网络社会国家凝聚力建设需要遵循网络社会运行规律，找到正确方向，形成综合化建构机制。

2. 创新之处：研究视域上，从公民日常工作和生活的虚拟环境研究当代中国国家凝聚力问题，既抓住信息时代发展特征，也体现了对新媒体环境下意识形态教育方向的把握；研究方法上，从互联网技术发展带来环境变化出发，发挥多学科交叉优势，吸收最新学术成果，保证研究结果的客观性和前沿性；研究观点上，注重意识形态教育与道德教育相结合，既体现国家软实力建设要求，也突出公民自身素质发展的需要。

（三）研究方法

1. 理论分析和文献考察。坚持正确的理论方向对于保证研究立场、研究过程和研究结论的可靠性至关重要。在网络社会研究中，以马克思主义理论作为理论根基，奠定坚实的理论基础。同时以马克思主义与当代中国实际相互结合的最新理论发展成果为指导，深入探索网络强国战略思想，提炼其思想理论精华，并全面考察学界研究前沿成果文献，对网络社会理论进行批判性吸收，保证研究质量水平。

2. 实证调查与规范研究。立足当代中国视角，坚持问题导向，通过问卷调查、参与观察等方式调研，依据不同类型社会群体的实证调查材料立论，用 SPSS 软件统计建构模型，结合个案研究、内容分析等方法，探究网络社会国家凝聚力的实际状况，并运用相关理论揭示内在逻辑。

3. 跨学科和比较研究。以马克思主义理论为指导，综合运用多学科理论与方法，既考察网络技术与社会结构的变化，也考察社会认知、情感、意志、行为等方面变化以及网络传播对国家凝聚力的影响。通过分析网络社会与现实社会国家凝聚力的联系与区别，进而探索互联网技术构建的虚拟世界给意识形态教育治理范式带来的变化，建构网络社会国家凝聚力的长效机制。

第一章　网络社会国家凝聚力的变化表现

网络社会国家凝聚力变化体现在人的思想观念变化上。虚拟空间人的思想变化基础是虚拟社会关系和虚拟实践，遵循信息逻辑的变化规律，在信息的变化中改变认知、情感、态度和评价，进而影响国家凝聚力的形成与发展。通过对典型社会群体抽样调查，用实证数据建构结构模型，并分析变量、缘由、关系等。从虚拟公共领域分析变化理路，考察变化影响。

第一节　网络社会国家凝聚力的逻辑起点

国家凝聚力是软实力，发生作用的领域是人的思想和情感，只有公民对国家产生内在的自豪感、认同感和归属感，才会自觉支持国家行为，促进国家发展。

一、信息逻辑

“在信息范式下，不同技术领域之间的持续聚合，起源自它们共有的信息产生逻辑。”①网络社会国家凝聚力依存于信息逻辑的产生和变化。现实逻辑的发生空间是现实社会，建立在物质生产方式基础之上，

① ［美］曼纽尔·卡斯特：《网络社会的崛起》，夏铸九、王志弘等译，社会科学文献出版社2006年版，第67页。

掌握生产资料意味着对于社会的控制权,政治权力以科层制为主要表现形式,文化传播以地域为中心扩展,社会结构身份相对固化。信息逻辑的运行空间是网络社会,建立在信息生产方式之上,掌握信息生产规律才能更加深入了解社会,政治权力以网络化为主要表现形式,文化传播呈现全球交融的一体化,社会结构相对扁平化。

"信息被当作当代生活的钥匙呈现在人们面前。"①信息逻辑的运作有独特方式,发掘出信息逻辑规律,对于研究网络社会国家凝聚力有决定性意义。"信息的价值体现为人的生存所需。"②可以说,信息需求刺激了信息产生,人对信息的需要是信息动力所在,信息需要随着社会发展不断扩展。信息一旦被人所创造,在长期的流转和传播过程中,逐渐形成了信息逻辑,也就是信息内在的运作方式。网络社会为信息逻辑提供了施展影响的范围,信息逻辑促进了网络社会的进步与发展,也可以说信息逻辑是网络社会的内核,网络社会是信息逻辑的外显。信息逻辑产生以后,反过来对人与社会产生牵引作用,呈现出渗透性、集聚性、扩散性等特点。渗透性是指信息与物质之间相互渗透的关系,信息离不开物质,物质从某种意义上也会以信息形式表现出来。集聚性是指信息之间的作用效应,信息越多,效应越明显。扩散性是指信息传播与物质流通方式不同,效率大大提高。信息逻辑在网络社会依赖什么发生作用呢?简单地说,依赖于人际传播。没有人的存在,信息就失去意义,正是在人际传播中,信息逻辑得以不断延续和强化。人际传播最大特征是信息"增值"性变化,信息不断被加工诠释,产生叠加效应。

信息逻辑运作对于国家凝聚力具有内在影响,可以从不同层次、不同角度、不同方面对国家凝聚力产生巨大作用。"主体的建构是在信

---

① [美]马克·波斯特:《信息方式——后结构主义与社会语境》,范静哗译,商务印书馆 2000 年版,第 15 页。

② 肖峰:《信息主义:从社会观到世界观》,中国社会科学出版社 2010 年版,第 393 页。

息方式中进行的,不同的信息方式形塑了不同的主体。”①信息逻辑对于公民思想观念的影响源于巨大的信息流量,充分有效的信息能够帮助公民做出理性准确的分析和判断。信息逻辑冲击公民的知识结构和思维方式,帮助公民从狭隘的思维空间中解放出来,用全球化的信息思维来观察世界,思考社会,反观自身,个体思想观念逐步摆脱现实知识传播模式框架的束缚和制约。“信息方式的出现,以及其电子媒介的交流系统,改变了我们思考主体的方式,也带来了改变社会形态的前景。”②信息逻辑遵循的是无中心、病毒式的传播路线,彻底消解了现实社会高度集中的社会分层结构。网络社会中所有的个体面对的是平等的信息传播范式,接受相同的信息流量冲击。网络社会交往成为虚实信息交融的交往模式,社会身份的差别化被信息逻辑重新解构和组合。信息逻辑在网络社会交往结构中起到颠覆性功能,为国家凝聚力的重构奠定信息基础。国家主体只有遵循信息逻辑支配下的社会发展趋势,才有可能重新建构起自身的支配性影响。信息时代,国家治理基础离不开信息,信息流转的速度和模式决定着国家治理效率的高低,信息质量成为衡量国家治理能力和水平高低的重要因素。只有以信息逻辑来开展国家治理,才能适应时代趋势。信息逻辑的影响是全方位引领式的,既有宏观的战略性指导作用,也有微观的操作性改造功能。

二、虚拟关系

信息逻辑打破了建立在物质生产方式基础之上的人际网络,重新在网络社会中建构起以信息传播为载体的社会关系,即虚拟社会关系。“人不再生活在一个单纯的物理宇宙之中,而是生活在一个符号宇宙之中。”③网络社会中的人是符号化的人,人自身的肉体呈现信息化,人

① 肖峰:《信息主义:从社会观到世界观》,中国社会科学出版社 2010 年版,第 73 页。

② [美]马克·波斯特:《第二媒介时代》,范静哗译,南京大学出版社 2001 年版,第 85 页。

③ [德]恩斯特·卡西尔:《人论》,甘阳译,上海译文出版社 2004 年版,第 35 页。

的沟通交流也以符号表达为传播方式。符号与人之间建立了直接的关联,成为人的社会交往工具。人可以不再以自身的社会实在作为交往前提,符号成为人的实在代表。符号多样化为人在网络社会中身份多样化以及人的个性化交往表达准备了条件,人可以摆脱自身的物质实体局限,跨时空的成就自身与社会的交融。从网络社会逐渐形成以后,人的存在可以分为现实存在和虚拟存在两种形式,共同对人的发展起到推动性作用。“人脑像电脑一样具有对信息的接收、储存、编码、转换、提取和传递的功能。”[①]信息逻辑中的人不仅用符号作为外在的表现形式,人的思想环境和意识条件也相应地发生了转移,网络社会中人的意识环境虚拟化,信息来源多元化,对人的大脑的作用机制发生改变,人的思想意识是现实与虚拟环境共同作用的产物。虚拟空间中人的意识条件极端丰富,个体意识与社会意识之间的融合度大大增加,个体能将自身的知识、阅历、观念等与广泛的社会群体进行交换,从而影响社会意识的进步和发展。现实中人的交往形式更多的是直接的身体交往,通过人的语言、表情、神态、肢体等进行信息传递交流,但是网络社会中的人际交往形式则转变为间接的媒介交往,所有的交往信息必须通过技术媒介进行转化,从而使得社会交往环节变得复杂化。在以互联网为主要手段的交往形式中,交往空间中的拟态环境特征越来越明显,人们对虚拟环境的认知不一定是事实的呈现,而是“拟态”的现实。人的符号化存在为网络行为的多变性提供了条件,多元化的对象形式为网络行为的扩散化准备了基点,技术化行为模式为网络行为的不稳定性埋下伏笔,工具化的价值取向为网络行为的短效性提供了价值基础,松散型的规范体制为网络行为的失范性准备了前提。网络社会行为本身的意义就是改造社会与改造自身的统一,人的网络行为超越了人的单子式存在,而将自身与社会的变迁

① 丁锦红、张钦、郭春彦:《认知心理学》,中国人民大学出版社2010年版,第13页。

联系在一起。

互联网塑造了虚拟空间，技术不仅作为工具存在，而且重塑了社会形态。“技术的发展和应用使人类生存图景不断发生改变，使人之生存越来越依赖技术。现代人的这种生存可称为技术化生存。”①虚拟社会关系就是技术关系，是人通过互联网技术建构的社会关系。这种社会关系不仅依赖于人的变化，更依赖于技术的变化和发展。“技术是一种揭示事物的形式，或者说是就存在而言而确立的一种方式。”②技术是人的创造性工具，但是技术创造凝聚了人文特色和价值倾向。互联网技术的每一次革新既是工具的改进，更是人的社会关系的解放。马克思批判工业技术在资本主义社会形态下束缚了人，产生了异化劳动现象。信息时代网络社会中的技术解放了个体力量，为个体充分释放自身的情感和欲望提供了虚拟化的空间领域，使得人与人之间的“多向度”交往成为可能。网络技术既从交往关系上解放人本身，也从人的心灵领域提供开发的可能，释放人的自由意志。人的激情、想象、灵感、创造等会被复杂的虚拟社会关系激活，成为推动社会发展的动力源泉。技术来源于人的实践活动，进而在实践中改造社会关系。“在人的在世存在中，技术实践优先于科学理论。”③网络技术在人的实践活动的功能可以分为两个方面，一方面是网络技术为人开展各种社会化活动提供的实践手段，另一方面是网络技术营造的实践空间。在工具性的网络技术应用中，社会关系的虚拟性和现实性之间互为贯通，而且网络技术越发达，社会关系越复杂。在空间性的网络技术应用中，社会关系的虚拟性成分最大化，而且网络技术越先进，社会关系简化的程度越来越高。空间性和工具性的技术应用之间相互渗透、相互影响，社会关系的简化与复杂也在不断交换之中。技术为社会服务，技术的系

① 郑元景：《虚拟生存研究》，社会科学文献出版社2012年版，第26页。

② ［法］让—伊夫·戈菲：《技术哲学》，董茂永译，商务印书馆2000年版，第130页。

③ 吴国盛：《技术哲学经典读本》，上海交通大学出版社2008年版，第9页。

统性与社会性相互关联，网络技术极大地提升了技术的系统性，与社会系统性统一起来，在虚拟空间成就了技术与社会的一体化。网络技术的系统性对虚拟社会关系而言，强化了社会经验的共享性特质。也就是说，网络技术使得个体脱离了个体环境和经历的局限，成为社会经验系统的创造者，同时在参与过程中提升了自身素养。虚拟社会关系的形成在更大程度上利用技术将个体整合进飞速发展的社会之中。技术的发展有阶段性进步，也有突破式飞跃。在阶段性进步中，技术带来的社会变化是局部的，社会关系的调整是有限的。在突破式发展中，技术带来的社会变化是全局的，社会关系的调整是根本的。互联网技术代替工业技术是全局性、根本性的变化，虚实社会关系重新建构了人的存在方式与发展空间，将主体对外部世界的探索、人类社会的深化以及人自身的反思有机地结合起来。

虚拟社会关系是技术与社会的结合，对国家凝聚力有关键性影响作用。凝聚力必须建立在一定社会交往基础之上，有什么样的社会交往关系，就有什么样的社会基础。“虚拟交往把现实的交往虚拟化了，扩大、丰富了现实交往，发展了人的本质。”①虚拟社会关系对建立在现实社会交往基础上的国家凝聚力起到冲击解构作用，打破了现实社会的控制系统。国家凝聚力需要在社会运行中得以持续和维持，变化过程是动态而长久的。虚拟社会关系与网络技术的更新换代并行不悖，变化速度与效率远超现实社会关系。国家凝聚力在虚拟社会关系中的可变因素增多，不稳定性大大增加。社会心理是衡量国家凝聚力高低的重要指标，社会心理状态稳定，民众对国家向心力强烈，国家凝聚力指数就高。“网络对社会心理的整合是指网络的发展使社会心理的变化加快，扩大了社会心理的范围，促进了社会需要层次的上升和多样化，增强了人们对科技的信任和社会进步的信念，提高了社会认知的地

---

① 李辉：《现代思想政治教育环境研究》，广东人民出版社2005年版，第54页。

位，并推动社会认知模式的发展。"[①]虚拟社会关系中社会心理状态改变，社会知觉、社会吸引、社会服从、社会价值等内在社会心理机制逐步转换，国家建构的心理场域被改变，带来深刻变化。

三、虚拟实践

虚拟社会关系的形成标志着网络社会作为新型的社会形态出现。在这种新型社会形态中，虚拟实践成为人的基本存在方式。"虚拟实践是主体按照一定的目的在虚拟空间使用数字化手段进行的双向对象化的感性活动。"[②]虚拟实践是人的物质实践在网络社会的延伸与拓展，代表实践领域的新方向。虚拟实践借助于技术实现现实化与非现实化的交融，为主体的虚拟发展奠定了活动基础。[③] 虚拟实践的前提条件是人有自觉活动的愿望和行动，自觉性存在与否关系到虚拟实践的广度和深度。虚拟实践对实践主体的要求有更大的提高，间接地促进人本身知识素质的提升与发展。虚拟实践不仅是实践活动，也是新型的实践关系，在技术实践关系中，人既可能获得进一步实践提升，也可能为技术所束缚。技术实践关系既要强调技术的中介性，更要突出人的社会性。只有将技术与社会相互结合起来，虚拟实践关系才会真正成为人的虚拟发展关系。在虚拟实践关系中，权力的归属在更大程度上取决于信息的控制与引导，无论是国家、组织和个人，信息权力决定着虚拟实践关系的平衡走向。信息权力不仅影响虚拟实践关系，更会形塑网络社会的社会秩序与社会规范，进而影响网络社会的未来发展。虚拟实践拓宽了实践思维，开辟了实践空间，推动社会关系的优化和社会结构的重组，给国家治理体系和治理能力现代化带来关键性的

---

① 韦吉锋、曹文华：《试论网络与社会心理的交互整合》，《南昌大学学报（人文社会科学版）》2005 年第 4 期，第 25 页。

② 张明仓：《虚拟实践论》，云南人民出版社 2005 年版，第 40 页。

③ 参见陈联俊：《虚拟实践：虚拟社会人的存在方式》，《学术论坛》2014 年第 3 期。

变革。

“虚拟实践的崛起，正在深刻地影响着人类的生存方式、发展方式以及日常生活方式。”①虚拟实践的出现归根结底是生产力与生产关系变革的统一，生产力的变化以计算机网络工具为标志性存在，生产关系的变化是从工业生产向信息生产转变，生产、交换、分配、消费关系发生根本性改变。“虚拟实践是物质生产实践的派生物，是人类以往实践活动合乎规律的历史与逻辑发展。”②虚拟实践中既有个体的主观能动性，也有社会的总体制约性，个体与社会之间的关系重新在虚拟空间中得以建构。第一，场域“总体化”。“总体化”概念被萨特提出以后，就有其特定的内涵解释。这里借用“总体化”概念是为了更好地说明虚拟实践存在的社会特征。萨特认为，总体化是为了人的现实存在而指向未来的运动。在网络社会中，虚拟实践的场域既包含过去、现在、未来的三个向度统一，更强调社会的未来发展性。“总体化”社会的涵盖性丰富，既有纵向的社会积累，也有横向的社会交流，为人类实现更高层次的创造性进化提供了条件。网络社会不再以地域、种族、语言、文化等为界限分割开来，虚拟实践能够在更广泛的“总体化”社会中展开，成为个体与群体获得社会资源，影响社会发展的广阔平台。第二，互动“一体化”。在“总体化”社会中，虚拟实践活动的互动性表现更为突出，活动过程中既有协调统一，也有矛盾冲突。虚拟实践互动的关键性转变是思维与观念的转变。在网络社会中，现实思维方式被虚拟思维方式所替代，现实社会观念与虚拟社会观念相交融，实践互动与思维互动的同一性得以加强。虚拟实践互动中，人、技术与社会之间构成了相互支撑的三位一体，人是主体性要素，技术是工具性要素，社会是对象性要素，三者一体化经过了现实社会漫长的发展历程，技术从“人化”向“化人”转变，代表着技术实践的先进水平以及社会实践的发展

① 张明仓:《虚拟实践论》，云南人民出版社 2005 年版，第 88 页。

② 张竑:《虚拟实践的哲学透视》，《天府新论》2018 年第 2 期，第 20 页。

趋势。第三,活动“共振化”。在虚拟实践活动中,个体实践与社会实践之间的关联程度大大提升,个体的实践活动能迅速在网络社会中引发相应的“蝴蝶效应”,进而成为社会事件的激发者。个体实践的社会意义被无形放大,人与人之间的实践活动体现出“共振化”特质。“共振化”带来的功能是多方面的,对个体来说,激发了个体的主观能动性,使其深刻体会到自身的社会价值;对社会来说,保持了社会的内在动力因素,使其不断更新自身的社会结构;对国家来说,延伸了国家的统治服务职能,使其既要在网络社会中维护主权利益,也要不断变革治理机构和治理体系。

“虚拟实践给我们的生存、发展提供着巨大的机遇,同时也带来了许多挑战和问题。”①虚拟实践的出现加深了国家凝聚力的矛盾,促进了国家变革。国家通过丰富民众物质生活水平,可以获得吸引力和向心力。物质凝聚力建立在物质利益的供给与满足之上,是国家凝聚力的基础。虚拟实践活动以信息实践为特色,信息成为沟通有无、传递价值的主要手段,物质利益的直接影响作用被无形削弱。虽然虚拟实践活动离不开物质生产实践,但是国家凝聚力形成中信息要素上升到与物质同等重要的地位。信息化引领社会化大生产成为不可逆转的趋势,每个国家都需要适应时代潮流,将国家凝聚力建立在信息化基础之上。政治凝聚力是国家通过政治制度、政治体系、政治机构等逐步建立起来的凝聚力,是国家凝聚力的核心。没有政治凝聚力的国家,不可能保证国家的稳定繁荣和长期发展。虚拟实践活动对国家政治凝聚力的分化作用明显。国家的政治价值观和意识形态受到多元化的冲击和挑战,对民众思想的控制力迅速下降。政治机构的运行机制如果不符合虚拟实践逻辑,就可能受到民众的指责和诟病。政治制度的规范措施受到虚拟实践方式的制约,社会约束力大大降低。文化凝聚力建立在

① 张明仓:《虚拟实践论》,云南人民出版社 2005 年版,第 295 页。

长期的文化传统基础之上，通过文化传承来巩固和强化，是国家凝聚力的基本条件。虚拟实践活动中，文化传统的现实路径发生转换，文化传承的现实载体消失，文化凝聚力被逐渐解构。在网络社会中，文化凝聚力的核心要素要通过虚拟实践活动有效传播，形成具有文化自觉、文化自信、文化自强的文化价值观，才有可能重新形成国家凝聚力。“虚拟实践不仅促进了人类认识方式、思维方式、生存方式、价值观念的变革，而且也正在强有力地改变着我们的生活和时代。”①社会凝聚力是指社会在自身社会系统中形成的向心力，是国家凝聚力的内在保障。虚拟实践活动中，现实社会系统被重新组合，产生不同的社会力量。尤其是在现实社会中，依赖于血缘、地缘等关系形成的社会共同体，或者阶层共同体，将会面临被解体的命运，内在凝聚力也会逐渐削弱。

四、人的存在

信息逻辑中的人既是现实的，也是虚拟的存在。无论网络社会如何发展，信息逻辑如何变换，作为本体存在的人不会消失。随着网络社会的出现，信息逻辑的改变，人的存在方式呈现出多样化特性。

（一）人的环境多样化。“网络空间能够包含许多替代世界，但是一个替代世界的替代作用则在于它所能唤起我们的替代性思想和替代性感情的能力。”②互联网出现以后，将人的存在环境从现实推向虚拟，形成了两大环境领域的对立统一。现实环境中的一切仍然存在，并以现实逻辑方式向前发展，但以信息为基础的虚拟环境则给人的存在提供了不同的空间领域。虚拟环境不仅可以转换现实环境中的物质实在，而且以其独特的信息逻辑创造出虚拟镜像，虚拟镜像可以容纳人类的想象力和创造力。网络技术发展进一步创造的环境将会是虚实交融

---

① 周甄武：《虚拟实践：人类新的实践形式》，《中国人民大学学报》2006年第2期，第40页。

② ［美］迈克尔·海姆：《从界面到网络空间》，金吾伦、刘钢译，上海科技教育出版社2000年版，第142页。

的存在环境，这种环境为人的存在提供现实与虚拟的交换空间。在这种空间中，人与环境之间的融合度进一步加深。随着人的存在环境的变化，人必须与环境之间相互协调、相互改造。在现实环境中，人摆脱不了对身体的依赖，人的实践活动通过身体来与现实环境发生关联，身体成为人适应环境，改造环境的基本手段，而人也在身体的改造过程中不断训练提升自身的技能。在虚拟环境中，身体与环境的直接接触被计算机网络技术所代替，人通过对技术的操控实现在虚拟环境中的实践活动，身体与虚拟实践活动的分离逐渐加剧。在虚实交融环境中，身体、技术与环境之间的融合度将会进一步加深。

（二）人的身份多样化。"'信息逻辑'提高了不可预知性，围绕着知识密集改革而转动的不稳定经济周期和不安全的文化环境迫使我们生活在一个'无组织'的社会。"①身份是人开展社会活动的标识，社会身份的获得需要前提条件。身份代表着个体在社会阶层中的地位和作用，为个体带来尊严、利益和荣誉等。现实社会中人的身份被现实条件所制约，难以在短时间内实现转换，身份具有相对稳定性，为个体开展持续的社会交往创造机会。网络社会的出现，为开展社会交往提供了便利的超越现实的时空环境，身份的整合与转换也成为常态，这种超越既为主体的网络社会交往创造了便捷路径，也会带来主体交往的不稳定性。在网络社会中，人的身份多样化既给主体自身，也给国家和社会带来巨大的影响。首先，身份不稳定性造成难以确定主体权利和义务的困境。主体既不能明确自身在网络社会的发展路径与方向，也无法准确知晓应该承担的义务，影响社会责任感的培养与塑造。其次，身份多变性为社会秩序的稳定带来挑战和难题。在网络社会中，主体借助网络技术可以隐瞒甚至伪造自己的现实社会身份，同时在不同的网络组织中，可以以不同的身份角色开展网络社会活动，社会信任度降低，

① ［英］弗兰克·韦伯斯特：《信息社会理论》（第三版），曹晋等译，北京大学出版社2011年版，第117页。

复杂性大大提高。第三，身份不明确造成无法开展国家层面的网络治理。随着互联网技术飞速发展，国家治理必须包括网络治理的基本内容。但是，网络治理需要有治理主体与治理对象，没有明确的网络身份，难以进行可持续性的网络社会治理。

（三）人的发展多样化。现实条件下人的发展是在一定的时间和地点，通过具体的、历史的实践活动来实现，这种发展经历人的依赖阶段、物的依赖阶段以及人的自由全面发展阶段。网络社会的出现，为人的发展提供了时代际遇。在网络社会中的人的发展为虚拟发展，“人的虚拟发展就是人在虚拟社会中人的本质的全面展开与展现，是以一种自由、自觉的虚拟方式占有自己的本质的过程”。[①] 虚拟发展中人的思维能力、实践能力、交往能力、技术能力等在不同程度上获得提升，从而对人的总体性发展起到积极作用。在信息逻辑的支配下，网络社会中人的信息化思维、立体化思维、全球化思维能力得到充分的锻炼，人的理性思维和感性思维能力能够在虚拟空间中得到不同方面的训练，延伸人的感知和理解能力。人可以通过数字化技术模拟现实实践，并运用计算机技术，对其优缺点进行科学分析，获得精确的实践评价，进而改进实践水平。虚拟实践能够完成由于人力、物力等资源条件限制，而无法完成的现实实践任务，通过虚拟现实技术突破实践障碍，极大地拓展了主体的实践范围和实践领域。虚拟交往建立在虚拟社会关系基础之上，是跨时空的数字化交往形式。虚拟交往不仅为生产和生活目标服务，交往本身在某种意义上就可以成为人的虚拟发展目的性所在。人们在虚拟交往中不仅可以获得信息、资源等实在事物价值，而且可以获得相应的情感慰藉和心灵沟通。网络社会是技术社会，每个人需要运用网络技术来实现虚拟发展，对技术的掌握和控制能力在一定程度上决定着人的虚拟发展的深度和广度。反过来说，人的虚拟发展层次

① 曾令辉:《虚拟社会人的发展研究》，人民出版社 2009 年版，第 71 页。

越高,也能够从某方面证明了技术能力的提升或增长。

"信息在本质上是一种集体货品而不是私人货品(如财产)。"①信息逻辑中的人,存在于一定的虚拟社会关系之中,从事着一定的虚拟实践活动,获得不同程度的发展。网络社会国家凝聚力的变化必须从虚拟与现实并存状态中的人去寻找问题来源,才能找到合适的解决方案。

第二节　网络社会国家凝聚力的调查模型

中国互联网络信息中心(CNNIC)调查数据显示,截至 2018 年 12 月,我国互联网普及率为 59.6%。② 互联网的影响日益加深,如何增强网络社会国家凝聚力,是新时代国家治理现代化面临的重要课题。

一、网络社会国家凝聚力的问题表现

为了深入考察网络社会国家凝聚力的实际状况,笔者在 2016 年 2—5 月,对广州市党政机关、知识分子、企业组织、在校学生以及"弱势群体"等五大社会群体进行了分层抽样调查,党政机关包括政府公务员、事业单位、群众组织,知识分子包括教师、记者、编辑,企业组织包括国企、私企、外企,在校学生包括研究生、大学生、中学生,"弱势群体"包括农民工、蚁族、低收入群体等,每个群体调查人数 360 人,发放问卷 1800 份,回收有效问卷 1585 份,有效回收率 88.1%。本次调查共计涉及价值观、归属感、参与度、排斥性等四个维度,用 10 个二级指标社会关系网、公民意识性、国家权力观、国家意识性、国家利益观、文化认同度、政府互动率、参与信心数、异见接受度、治理倾向性进行深入

① [美]丹尼尔·贝尔:《后工业社会的来临——对社会预测的一项探索》,高铦、王宏周、魏章玲译,新华出版社 1997 年版,"前言"第 15 页。

② 中国互联网络信息中心(CNNIC):《第 43 次中国互联网络发展状况统计报告》,http://www.cnnic.cn/hlwfzyj/hlwxzbg/hlwtjbg/201902/P020190318523029756345.pdf。

考察。通过运用 SPSS 22. 0 软件统计分析,结合相关访谈,主要问题如下:

(一)网络社会人际信任亟须提升,价值塑造需求迫切

在调查中,无论是总体数据,还是不同群体数据都显示,选择网络社会人际关系信任度较低的人数比例都在半数以上。网络社会关系近九成都是现实社会中的家人、朋友和同事,知识分子和党政群体的同事关系最多,而上网最多的社会活动就是获取信息和交流沟通,多数人表示互联网的社会信任度有待提升。83. 7%的人认为在网络社会中“诚信”最重要,其中超过九成的知识分子选择这个答案,其次是超半数的人认为网络社会“友善”比较重要。对于加强网络社会核心价值观教育的必要性和迫切性,83. 4%的人认为“非常重要”和“重要”,24%的人认为“非常重要”,其中党政群体的选择比例最高。近六成的人认为网络社会价值观多元,24. 4%的人认为“个人主义价值观”突出,仅14. 3%的群体认为网络社会占主导地位的是集体主义价值观,其中74. 1%的知识分子认为网络社会价值观多元化现象突出,企业群体选择个人主义价值观的比例最高。总体来看,网络社会中爱国主义、集体主义、社会主义教育存在缺失,知识分子认为应该加强爱国主义教育,“弱势群体”认为应该加强社会主义教育,体现出对网络公平正义的期待和诉求。对于公民与国家之间的关系定位,四成左右的人认为两者之间是平等关系,应该依赖于法治来进行调节。如何看待网络社会国家权力的合法性来源?最多选项的人认为来自“法律规定”和“公民赋予”。网络社会的国家权力价值何在?在多重选择中,67. 5%的人认为是“保障公民权利”,56. 1%的人选择“繁荣网络文化”,53. 1%的人选择“维护政治秩序”,51%的人选择“促进经济发展”,43%的人选择“加强社会建设”,41. 7%的人选择“完善技术服务”,其中知识分子强调保护公民权利,党政群体突出维护政治秩序,企业群体看重促进经济发展。那么,网络社会的价值教育主要对象是谁?数据显示,关键是公民的价值塑造，只有公民素养不断提升，主体性和能动性不断增长，才有可能不断增强网络社会国家凝聚力，其中既要突出个体的权利教育，也要强调公民责任教育。公民权利教育是保持网络社会活力的基础性要素，权利能够充分调动主体的内在需求动力，从而推动社会进步。公民责任教育是维持网络社会运行秩序，增进公共利益的根本要求，公民权利的边界和限度需要责任和义务来体现，网络社会中公民权利和义务并行不悖，相互促进。调查显示，在不同社会群体中，对于网络社会价值观的认知和态度有较大的区别，与利益来源、社会地位和教育经历等有着密切联系，增强不同群体在网络社会的凝聚力，需要从不同方面完善社会信任关系，巩固社会价值共识。

（二）网络社会国家意识尚待加强，中国传统优秀文化传播不足

调查发现，仅有38%的群体明确表示自己在网络社会有国家意识，其中在党政群体与知识分子中近半数的人选择有国家意识，而企业群体和弱势群体中不到三成的人认为自己有国家意识，可见互联网模糊了国家的现实界限，也确实改变了很多人的国家意识。虚拟空间的无边界性使得公民与国家的心理关联性大大削弱，动摇了对于国家实力的信念和国家理想的坚守。在网络社会国家权力和公民权利的重要性选择上，50.7%的人认为一样重要，38.1%的人认为公民权利重要，10.2%的人认为国家权力重要，知识分子中认为公民权利重要的比例最高，党政群体中认为国家权力重要的比例最高。对于中国公民在网络社会的表现，75.3%的群体表示应该改进，可见加强虚拟空间中的公民意识教育非常重要。同样，对于网络社会中国家自豪感和自信心的问题，仅有两成的人表示经常有，党政群体的自信心比例最高，反映出国家在网络社会中的优势还需要充分展示，以增进公民的自信心和自豪感。对于网络社会中国的优势实力，近半数的人选择“文化传统”，20.7%的人选择“经济实力”，14.3%的选择“政治发展”，9.8%的人选择“技术实力”，也就是说，大多数人对中国文化软实力有比较充足的信心,尤其是62%的知识分子选择中国的竞争优势是优秀文化传统。调查显示,2/3的群体认为自己有责任在网络社会中维护国家形象和尊严,76.2%的群体觉得应该在网络社会交往中维护国家利益和安全,其中党政群体和知识分子选择有责任的比例最高。国家需要重视网络社会国家意识培养,重新发掘公民心中的家国理想,不能放弃网络社会中的国家安全阵地。虽然总体上对于中国的优秀文化传统优势持肯定态度,但是超过半数的人认为中国文化没有在网络社会中发挥自身的影响力,近七成群体对中国文化将来发挥网络影响力有足够信心,三分之二以上的群体认为网络社会国家凝聚力主要来自公民和文化,知识分子与党政群体最重视公民素质和法治建设,企业和学生群体最看重经济实力。国家需要在网络社会中采取多种方式加强中国优秀传统文化传播,发挥中华优秀传统文化优势,用先进的文化来占据网络空间的话语主导权,重新树立虚拟空间的中国形象,凝心聚力,共同发展。

(三)网络社会政府影响仍要强化,公民参与效应偏低

调查显示,网络社会中政府的影响力需要进一步加强。超过六成的群体对于网络政府信息不太关心,也较少有人主动了解政府所作所为。在所有社会群体中,只有党政群体在关注政府信息、查阅政府文件、传播政府政策方面占据首位,其次是知识分子在以上各项指标中位居前列。数据说明,公民的网络政治参与积极性不高,政府政策的网络吸引力和参与性亟须提升。这种情况在网络参与的调查数据中也显现出来,仅有不到6%的群体经常参与政府网络活动,不到5%的群体经常参与政府网络组织,不到6%的群体在网络上给政府提建议或意见,不到二成群体经常在网络上支持政府立场,比例从低到高依次是“弱势群体”、企业、学生、知识分子、党政群体。可见在网络社会中政府与公民之间的互动交流远远不够,互联网本来给两者创造了良好的沟通渠道,但是没有得到很好的开发和利用。“目前我国网络政治参与总体水平不高”,“互联网使用并不意味着政治参与程度的必然提升。”①超过1/3的群体认为公民网络参与能够有效改善政府工作,近半数的党政群体和知识分子对此表示肯定。那么,公民网络参与的目的是什么？55.7%的人选择“社会责任”,10.7%的人选择“国家意识”,30.9%的人选择“个人利益”,知识分子选择社会责任比例最高,企业群体选择个人利益最多。所以,政府依靠什么来改进网络形象呢？在多重选择中,68.2%的人选择“信息公开”,63.8%的人选择“制度建设”,53.7%的人选择“政府行动”,40.6%的人选择“宣传效应”,党政群体半数的人相信宣传,74.9%的知识分子相信制度建设,也就是说在网络社会中政府赢得信任的关键因素不仅是自身宣传,更依赖于信息公开,同时要用制度约束社会,用行动来证明自己。网络社会国家凝聚力不会自发产生,需要政府付出诚意和行动,不断发展网络技术,创造公民网络参与的渠道和条件,同时还要引导公民将网络政治参与作为自己的权利和责任,才能形成良好的网络问政风气,改善政府在虚拟空间的社会形象。

（四）网络社会治理效果期待完善,多元共治体系缺位

对于网络社会国家治理效果如何,不仅需要政府的专业评估,更需要通过公民自身的感受和体会来说明。44.5%的群体认为网络社会治理亟待改善,党政群体和“弱势群体”感觉最明显;1/3的群体认为管理有序,企业群体和学生群体比例最高;22.5%的群体认为网络管理严格,知识分子中人数比例最多。在多重选择中,69.6%的群体认为网络社会治理最主要的途径是“法律约束”,64.6%的群体选择“文化熏陶”,45.8%的人选择“行政管制”,28.7%的人选择“经济刺激”,党政群体与知识分子最相信法治力量,企业和学生最强调经济作用。数据显示,沿用现实管理的传统路径来进行网络治理,将会导致效率低下,

① 何明升等:《网络治理:中国经验和路径选择》,中国经济出版社2017年版,第2—3页。

效果堪忧,需要建立有效的网络治理法治体系。在网络社会中,92.7%的人对于不同政见可以接受,20.1%的人表示自己经常在网络上阅读不同政见的消息或评论,党政群体和知识分子对不同政见接受度最高。政府要理性对待网络社会不同意见,尊重公民的思想自由权利,相信公民的理解力和判断力,秉持为人民服务的执政理念去制定政策,就能长久地赢得民众真心拥护和支持。从在网络社会传播不同价值观念、参加不同政见组织、发起抵制行为来看,仅有5.8%的人在网络上传播与主流价值不同的观念,3.1%的群体参加过不同政见组织,2.3%的群体发起过网络抵制行为,说明政府提倡的主流价值、政府组织、政府行为等得到大多数人的支持和拥护,但也存在着尚待改善的余地。那么,如何进行有效的网络治理呢?44.9%群体认为政府与公民之间需要建立信任关系,41.3%群体认为彼此要相互监督,“弱势群体”对监督的选项较高,学生群体和党政群体选择信任的比例较多,知识分子和企业群体也认为应该相互监督。60.8%的人认为进行网络社会治理主要目的是“社会和谐”,21.1%的人选择“人的发展”,7.6%的人选择“巩固政权”,7.1%的人选择“全球合作”,“弱势群体”最看重社会和谐,知识分子群体最强调人的发展,党政群体强调巩固政权。网络社会治理最主要的依靠力量是什么呢?在多重选择中,63.7%的人选择“道德教育”,51.7%的人选择“组织建设”,48%的人选择“国家治理”,45.2%的人选择“市场调节”,知识分子强调道德教育,党政群体突出国家治理,企业群体突出市场调节,学生群体相信组织建设。

二、网络社会国家凝聚力的因子模型

网络社会国家凝聚力状况需要通过指标量化加以衡量,通过因子分析得出不同影响因素比重,并进一步通过结构模型的构建来解释其中的共变关系。

（一）因子分析

本书用李克特量表法量化问卷题目对应十个二级指标，并对其进行标准化后，开展因子分析，对应参与度、排斥性、价值观、归属感四个一级指标。

1. 前提条件：在调查研究中，采用巴特利特球度检验和 KMO 检验方法对原有变量之间进行相关性研究，得知 KMO 的值 = 0. 714>0. 7，巴特利特球度检验的显著性 = 0. 000<0. 05（具有显著性）。因此，该数据适合进行因子分析。

2. 因子抽取：本书对十个二级指标进行提取公因子后，抽取 4 个因子的特征值、占方差百分数及其累加值。所得因子 1 的特征值为 3. 035，可以解释原有十个二级指标的方差的 30. 345%，其累计方差贡献率为 30. 345%。依次类推，直到抽取第 4 个因子。抽取后的四个因子解释的方差占总方差的 70. 093%，能够反映大部分的信息，四个一级指标具有较强的解释力。经过四次旋转后，累计方差贡献率没有变化，没有影响原有变量的共同度。但它旋转平方和载入的方差有所改变，这表明因子解释原有变量进行了重新分配。

3. 因子命名：给抽取后的因子进行命名，使因子具有解释变量的特征。在使用了正交法进行因子旋转后得到的因子负荷矩阵，如表 1-1。按照旋转后的因子载荷对十个二级指标进行从高到低筛选，得出：第 1 个因子，其包含的二级指标有政府互动率、异见接受度、社会关系网；第 2 个因子，其包含的二级指标有参与信心数、治理倾向性、文化认同度；第 3 个因子，其包含的二级指标有公民意识性、国家权力观；第 4 个因子，其包含的二级指标有国家利益观、国家意识性。将第 1 个因子命名为参与度；第 2 个因子命名为排斥性；第 3 个因子命名为价值观；第 4 个因子命名为归属感。通过方差贡献率可知，方差贡献率越大，因子影响率就越高。4 个因子的影响率依顺排列为：参与度、排斥性、价值观、归属感。可以看出：部分二级指标发生了变化，进入其他因子中。可以理解为:隐含的相关性上发生了变化,能归为一类。其他变量与原指标体系并无差异。

表 1-1　旋转成分矩阵 a

	成　分			
	1	2	3	4
政府互动率	0. 925	0. 089	−0. 036	0. 073
异见接受度	0. 896	0. 117	−0. 071	0. 004
社会关系网	0. 753	0. 030	0. 058	−0. 108
参与信心数	0. 150	0. 779	−0. 068	0. 071
治理倾向性	0. 080	0. 776	0. 092	−0. 204
文化认同度	0. 008	0. 763	0. 123	0. 211
公民意识性	0. 171	−0. 078	0. 857	−0. 008
国家权力观	−0. 282	0. 315	0. 606	0. 015
国家利益观	−0. 511	−0. 046	−0. 079	0. 698
国家意识性	0. 509	0. 160	0. 092	0. 654
提取方法:主成分。旋转法:具有 Kaiser 标准化的正交旋转法。				
a.旋转在 5 次迭代后收敛。				

4. 因子方程:根据因子旋转以后的得分系数,并计算各因子得分,可以构建因子方程式。F1 为参与度,F2 为排斥性,F3 为价值观,F4 为归属感。

(1)F1=0. 265×社会关系网+0. 079×公民意识性+(−0. 116)×国家权力观+0. 188×国家意识性+(−0. 162)×国家利益观+(−0. 049)×文化认同度+0. 325×政府互动率+(−0. 005)×参与信心数+0. 311×异见接受度+(−0. 035)×治理倾向性

(2)F2=(−0. 040)×社会关系网+(−0. 155)×公民意识性+0. 123×国家权力观+(−0. 013)×国家意识性+(−0. 032)×国家利益观+0. 388×文化认同度+(−0. 024)×政府互动率+0. 419×参与信心数+0. 004×异见接受度+0. 425×治理倾向性

(3)F3=0.057×社会关系网+0.775×公民意识性+0.499×国家权力观+0.081×国家意识性+(-0.061)×国家利益观+0.025×文化认同度+(-0.028)×政府互动率+(-0.148)×参与信心数+(-0.065)×异见接受度+(-0.010)×治理倾向性

(4)F4=(-0.089)×社会关系网+0.016×公民意识性+(-0.007)×国家权力观+0.649×国家意识性+0.679×国家利益观+0.151×文化认同度+0.088×政府互动率+0.012×参与信心数+0.017×异见接受度+(-0.259)×治理倾向性

F1模型表示在参与度因子中,政府互动率影响最大,其次是异见接受度,再次是社会关系网。从模型构建中,可以看出要想增强网络社会国家凝聚力,如果从公民参与的角度来看,需要不断提升公民与政府在网络社会中的互动频率和效果,增进彼此之间的相互认知和理解;需要采取适当方式对待网络社会中的异见表达,保持必要的治理分寸以维护网络参与积极性;需要重视网络社会中个体社会关系网的引导,通过社会交往模式构建来凝聚人心,促进发展。

F2模型表示在排斥性因子中,治理倾向性影响最大,其次是参与信心数,再次是文化认同度。也就是说,要想在一定程度上制约排斥性力量对网络社会国家凝聚力的影响,需要充分考虑网络社会中公民的治理倾向性,从调查结果来看,主要是法治和教育的力量;需要不断提升公民对政府的参与信心,从情感上形成内在的信任依赖感;需要采取多种手段挖掘中华优秀传统文化的价值意蕴,并进行网络传播的现代性转化,利用文化认同感来增进国家凝聚力。

F3模型表示在价值观因子中,公民意识性影响最大,其次是国家权力观。也就是说,对网络社会国家凝聚力而言,加强价值观教育最重要的是提升公民意识,改善国家权力观念。公民意识是正确认识自身与国家之间关系的前提条件,公民意识强弱直接影响经济发展、政治稳定、社会文明等。在虚拟空间中,公民意识表现是公民对网络社会中权利和责任的认知和理解,只有每个人都能自觉地意识到自己的价值作用,才会从整体上增进国家凝聚力。国家权力观也在一定程度影响公民的网络行为,既要注重公民思想启蒙,也要强调国家权力的合理性。

F4 模型表示在归属感因子中,国家利益观影响最大,其次是国家意识性。国家利益观反映出公民对国家利益的重视程度,实质上也体现了公民内在的国家归属感。在网络社会中个体利益与国家利益发生矛盾时,需要公民做出自觉性选择和判断,如果公民认为国家利益高于个人利益,无形之中已经显示出高度的国家责任心。即使互联网技术模糊了国家界限,但是公民的国家意识性仍然会影响网络社会国家向心力。也就是说,公民的国家意识越强烈,国家认同越明显,网络社会国家凝聚力就越强大。

(二)结构模型

通过因子分析,验证了网络社会国家凝聚力的指标体系。接下来建构指标体系与基本变量(性别、年龄、学历、收入、职业)结构方程模型,寻找基本变量与指标体系之间的影响。将基本变量(性别、年龄、学历、收入、职业)和十个二级指标作为测量变量,其中十个二级指标的残差设为 r1,…,r10。基本变量间的关系设为 C1,…,C10。参与度、排斥性、价值观、归属感作为内因潜在变量,残差设为 r11,…,r14,其残差变异性设为 0。结构方程模型图如下:

1. 模型修正

进行数据代入前,对量表进行缺失值的处理,并对初始化模型图进行评估修正。通过上述前期工作,得到初始标准化的路径图,但并不知道这个模型图是否符合实际的数据模型。采用 CMIN/DF、NFI、IFI、TLI、CFI、RMSEA、GFI 等七项指数进行适配,它们分别代表卡方自由度比值、规准适配指数、增值适配指数、非规准适配指数、比较适配指数、渐进残差均方和平方根、适配度指度。根据规定:卡方自由度比值一般在 1—3 之间,规准适配指数、增值适配指数、非规准适配指数、比较适

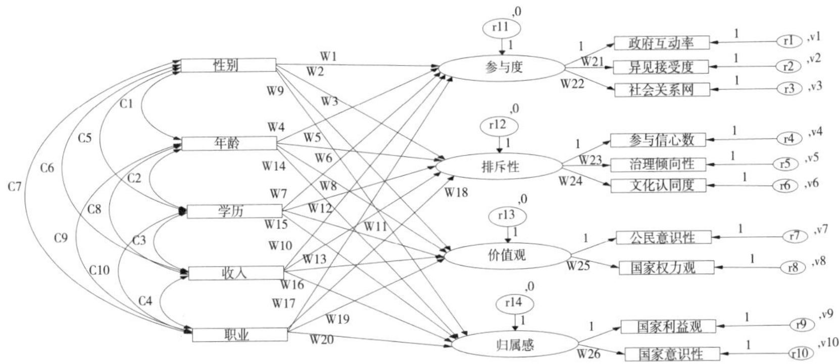

配指数、适配度指度一般大于 0.9,渐进残差均方和平方根一般小于 0.08,数据模型与假设模型是理想的适配度。通过表 1-2,对比可以看出:修正前七项指标均未达到理想适配度,表示模型的设计不理想。要使模型达到理想的程度,就要对其指标进行修正。修正后六项指标达到标准,其中卡方自由度比值未达到标准,可以理解为样本数超过 1500,卡方值越大,卡方自由度比值就大。由此认为:假设的结构方程模型可以被接受。

表 1-2　模型适配度指标数

指标	CMIN/DF	NFI	IFI	TLI	CFI	RMSEA	GFI
修正前	60. 424	0. 252	0. 255	-0. 034	0. 251	0. 207	0. 674
修正后	9. 458	0. 901	0. 911	0. 953	0. 910	0. 078	0. 972

2. 解释结论

(1)显著性、影响度解释

通过对原有假设模型进行修正,删除部分不显著路径,整理后得出表 1-3。可以从表中看出:性别对归属感无显著性影响,学历对价值观无显著性影响,收入对价值观无显著性影响,职业对排斥性和归属感无显著性影响。还可以从数据得出:职业对参与度、价值观的影响最大,从大到小依次为党政群体、知识分子、企业群体、“弱势群体”、在校学生。年龄对排斥性影响最大，35—50岁排斥性最高，即该群体参与信心数、治理倾向性、文化认同度最高。学历对归属感的影响最大。

表1-3　显著性、影响度解释

	参与度		排斥性		价值观		归属感	
	显著性	影响度	显著性	影响度	显著性	影响度	显著性	影响度
性别	有	1	有	1	有	2	无	0
年龄	有	2	有	4	有	1	有	2
学历	有	3	有	3	无	0	有	3
收入	有	4	有	2	无	0	有	1
职业	有	5	无	0	有	3	无	0
注：影响度数值越大表示影响越大。								

（2）共变性解释

在修正后的结构方程模型图中，主要共变关系有：①参与度中的政府互动率与异见接受度、社会关系网、国家权力观、国家利益观、国家意识性具有共变性。也就是说政府互动率影响广泛，能够在很大程度上影响网络社会中的异见接受度、社会关系网、国家权力观、国家利益观和国家意识性。②参与度中的异见接受度与国家利益观、国家意识性具有共变性，且与国家利益观呈负相关。即异见接受度变化，对国家利益的重视程度以及国家的向心力也会随之变化。③参与度中的社会关系网与国家意识性、国家利益观具有共变性，且与国家利益观呈负相关。即社会关系与国家意识之间相互影响，并且网络社会关系越复杂，国家利益观念越低。④排斥性中的参与信心数与治理倾向性、文化认同度、公民意识性具有共变性，显现网络社会中从治理倾向、文化认同、公民意识入手采取合适措施，可以逐步提升参与信心。⑤排斥性中的治理倾向性与文化认同度、国家权力观、国家利益观具有共变性，且与国家利益观呈负相关，显示出网络社会中治理倾向性受到文化认同度、国家权力观、国家利益观的影响较大。在不同文化传统中，网络治理倾向有着显著性差异，对国家权力和国家利益的认知不同，也会在治理倾向上有显著表现。⑥排斥性中的文化认同度与价值观中的公民意识性、国家权力观具有共变性，显示出文化认同指标与公民意识性、国家权力观之间的密切关系。也就是说，可以通过增进文化认同，进而提升公民意识，促进国家政治发展。

三、网络社会国家凝聚力调查讨论

通过实证调查和模型分析，我们能够对网络社会国家凝聚力存在的问题以及内在关系有一定的认知和理解。那么，应该注意从哪些方面加以改善呢？

（一）核心价值。通过调查，能够充分反映出在网络社会中对于核心价值的社会需求和内在动力。“作为观念的一个系统，意识形态只有在可以被表达和交流传播时才有说服力。”①要将社会主义核心价值体系作为网络社会国家凝聚力的灵魂，从国家、社会和个人不同层面来在网络社会中对其传播方式进行系统设计。第一，价值认同。价值认同是指在多元价值并存的网络社会中树立公民对社会主义核心价值体系的认同感。价值认同来源于价值旨向经得起社会实践的检验，能够让公民不断地汲取精神滋养和进步动力。网络社会的技术水平、公民参与、文化实力、法治秩序等都是价值认同的来源和支撑。第二，价值符号。网络社会中所有信息都是以符号形式进行传播影响，社会主义核心价值体系的网络传播必须要最大化地借助价值符号扩大影响。在现实社会中能够有效传递观念的价值符号需要进行转换，适应网络信息的传播系统。在转换过程中，既要承继现实社会中主体的经验、文化

① ［美］詹姆斯·罗尔：《媒介、传播、文化：一个全球性的途径》，董洪川译，商务印书馆2012年版，第19页。

和生活背景，更要考虑网络技术交流模式的变革。价值符号的塑造实质上就是营造价值情境，通过虚拟文化氛围来对主体施加价值导向。第三，价值情感。价值观念要吸引民众，需要在价值情感上有其内在的动力机制。网络社会中社会主义核心价值体系的情感动力来自于能够为民众塑造具象化的价值意义，通过网络传播情感基础，运用故事、人物、音乐、影像、游戏等大众文化的表达方式，来塑造网络社会中个体和群体的文化身份，使其自我认同上逐步接受社会主义核心价值体系。第四，价值传播。网络社会价值传播需要通过不同层面来实现，既要有精神文化层面的交流和合作，也要有经济物质层面的交换和消费。网络价值的精神互动主要通过信息交流、群体沟通、意见分享、文化融合等多种形式展开，改变个体和社会的观念构成。经济层面的交换消费要通过物质产品、技术工具的价值蕴含对社会发生影响，有效传播社会主义核心价值体系。

（二）权力机制。通过模型建构可以看出，网络社会中公民权利与国家权力之间互动模式的改变，将会与诸多因素之间相互影响。在现实社会中，国家权力与公民权利在资源、体制、信息等多方面存在着不均衡性。但是，互联网的出现，打破了两者之间的固化关系，“日常生活中的每一个空间如今都成了媒介空间”，①公民群体利用网络技术可以便捷地集聚起来，交换意见，互通信息，利用资源，动员舆论，无形之中壮大了与国家权力抗衡的社会资本。而且，更为重要的是公民个体权利思想的解放和权利意识的启蒙更加普遍，最大化地增加了国家权力的执行阻力。互联网使得公民身份的实现变得更为便捷，也就是说他们能够更直接参与到政治事务和国家治理之中，而不仅局限于追求自身利益，可以为保障公共利益提供舆论声势支援。网络治理的成效程度依赖于公民权利和国家权力之间的互动效果，而且这种互动始终

① ［美］劳伦斯·格罗斯伯格：《媒介建构：流行文化中的大众媒介》，祁林译，南京大学出版社 2014 年版，第 280 页。

保持着此消彼长的趋势，只能在一定时期内维持相对均衡状态。任何打破均衡的代价就是付出相应的交换成本，国家要维持自己在网络社会的控制权，就需要相应地满足公民权利的诉求，反过来公民要想在更大范围内实现权利，也必须相应地服从国家权力的约束。所以，网络社会国家凝聚力的实现，要从网络社会基础出发，对公民权利与国家权力之间的均衡状态进行多重机制设计，通过信息机制、利益机制、参与机制、文化机制等，对公民与国家的角色身份进行合适定位，从而规范不同主体的言行限度，形成科学有效的权力制约和协调机制，实现网络社会中权力运行的合理状态。"善治是政府与公民对社会生活的共同治理，是社会治理的最佳状态"，[①]网络社会中公民与政府之间的平等互动关系为善治的实现提供了路径，最终目标是实现公共利益最大化。

（三）公共领域。调查发现，网络社会关系构建对于增强国家意识性有着内在的促进作用。在网络社会中，网络公共领域是网络社会关系的主要构成部分，对于政府形象和国家凝聚力有着独特的作用。网络公共领域是指以新媒体技术为载体，逐渐形成的有共同业缘、地缘、学缘、趣缘等关系的社会共同体，如微信、微博、QQ、论坛、贴吧等。在网络公共领域中，群体的组合有不同的形式，无论是个体或群体的价值立场、利益选择、政治倾向、文化心理等，都会在网络公共领域中通过信息传播反映出来，而且这种传播具有极强的传染性和煽动性，能够在短时期内改变或影响群体的思想观念。政府要想通过网络公共领域来获得更大的影响力，需要通过议程设置在主流网络公共领域中公开信息，引导舆论，也要通过"意见领袖"在网络公共领域中了解动态，纠正方向。政府形象的来源是政府在网络社会中的执政理念和作为，要适应传播技术的转变，深入考察体会受众情感心理，才能具备影响广大民众的公信力。"品牌、信誉已经成为当代世界的政治、经济的核心竞争

---

① 俞可平：《论国家治理现代化》，社会科学文献出版社 2014 年版，第 123 页。

力。”①现实社会中依赖于国家、组织、财富、权力、职业等获得的自我认同被解构,身份的流动性和碎片化越来越显著,意识形态功能的发挥需要在网络社会中重新建构身份认同,使得民众即使身处信息海洋之中,也能够找到群体归属感和意义世界。在网络社会中,政府要充分解放信息生产力,发挥信息要素的主动作用,满足民众对信息资源的诉求。在信息市场的发育中,通过改进信息供给方式逐步改善信任关系,避免“塔西佗陷阱”,引导国家向心力。

(四)多元治理。调查发现,网络社会治理倾向性影响巨大,网络社会国家凝聚力的形成不仅是公民理性自觉的结果,更是多元主体博弈的选择。“当媒介变成一种表征并对‘世界是什么’作出判断,那么它们就变成了强有力的意识形态机构。”②相同的信息却可以得出不同的观点结论,这是在不同视角下议程设置的导向结果。网络社会主体自由体现在国家要有开明包容的治理观念,有充分的治理自信,在多元化的网络社会中通过法治建设来确立主体责任。首先,网络主体的全方位视角为政府改进工作提供了有力监督,是社会监督不可缺少的重要环节。“要把权力关进笼子里,一个重要手段就是发挥舆论监督包括互联网监督作用。”③也就是说,网络意见市场的自由能够在一定程度上保障公民权利、释放社会情绪、激发社会活力,这是网络社会国家凝聚力实现的必要路径。其次,在网络社会治理中,意见市场的完全自由化必然带来思想混乱和价值迷茫,甚至有可能危及国家政权稳定和政治发展,政府需要对网络舆情及时掌控,适时介入。在媒介发展愈来愈呈现私密化交流的趋势下,需要对公民进行网络媒介素养教育,帮助公民在虚拟空间中自主理性判断,动员社会群体的理性合力把握网络

① 刘康:《国家形象与政治传播》第一辑,上海交通大学出版社 2010 年版,第 13 页。

② [美]劳伦斯·格罗斯伯格:《媒介建构:流行文化中的大众媒介》,祁林译,南京大学出版社 2014 年版,第 209 页。

③ 《习近平谈治国理政》第二卷,外文出版社 2017 年版,第 337 页。

意见市场的限度。尤其是网络“意见领袖”的教育动员上，必须掌控其意见的主导力和影响力。第三，多元利益主体在网络社会中的协调依赖于法治建设。网络社会国家凝聚力的形成离不开法治体制的完善和法治思维的培养。一方面需要对网络社会中主体的社会行为明确权利保障，充分调动不同层面主体的积极主动性，激发网络社会内在活力，用法律制度划分网络权利边界，促进权利发展。另一方面需要对网络社会信息秩序进行法治规范，网络信息传播流动对于国家社会的不同领域都有巨大的影响力，必须运用法治力量来完善信息服务，规范网络行为。

网络社会国家凝聚力问题已经超越了虚拟空间，对现实社会政治价值、政治体制、政治文化乃至经济社会领域等各个方面产生无法忽视的影响，既要对其内在的变化机理进行深入探讨，也要不断加强对现实问题的对策研究，才能适应互联网技术对国家、社会和人的发展带来的机遇和挑战。

第三节　网络社会国家凝聚力的变化载体

网络社会国家凝聚力的变化有其特定的载体，这些载体与互联网技术的发展密不可分。对民众影响越大的网络领域对国家凝聚力的潜在效应就越突出。主要包括微信、微博、社交网站、QQ 直播、网络社区等多种类型的网络公共领域。

一、微信

“微信凭借低廉的网络社交成本，立体鲜活的沟通方式，私密、即时的信息传播，富有弹性的社交方式，高强度的用户黏性和病毒式的传播强度等传播特征而成为用户群体最活跃、最稳定的即时通信软件。”①微

① 刘济良、霍洁、周亚文、党晶：《论微信影响下的青少年价值观教育》，《教育研究》2018 年第 1 期，第 44 页。

信成为当代人的生活工具，深刻改变着人际交往模式，改变了网络社会国家凝聚力变化轨迹。

（一）微信的半公开性。微信与微博之间有其相通之处，但微信与微博最大的不同是，微博的交往状态基本上是公开的，任何人都可能在互联网世界中与微博主体进行互动沟通与交流，不特定性特征明显。微信则是相对封闭的社交网络，必须要经过主体的认同以后，才可能进入交往状态，“微信朋友圈是在微信平台上基于传统人际关系网络中的朋友关系形成的一个以熟人为主、私密性较高的网络虚拟社区”。① 在微信社交网络中，半公开性的社交状态实质上给互联网的个人信息扩散设定了保护圈，在一定程度上为个体提供了心理安全和情感依赖。从网络心理学的视角分析，主体在无边无际的互联网世界，容易产生信息焦虑和不安全感，要消除或减轻主体的本体性焦虑，就需要为其提供相对封闭的信息交流圈，微信这一特性满足了网络交往的心理需求，并且也为其提供了不断拓展的心理空间。

（二）微信的随机交往性。在微信交往中，最有特色的交往模式是能够随机匹配交往对象，在很大程度上满足了年轻人对于陌生人交往的渴望需求。微信通过“摇一摇”“扫一扫”“附近的人”等功能性操作能够将基于情感的交往模式，转化为基于地域的交往模式，使得交往主体利用地理上的临近性开展社会交往，为陌生人之间架起了沟通桥梁。在这种随机性交往中，主体所关注的不仅是交往对象，实质上交往模式本身就具有一定的吸引力。这种交往吸引力的社会背景由当代人的交往两极化发展状况所决定，一方面主体的交往范围在不断扩大，利用互联网可以将自己的交往延伸至全球领域，另一方面主体却不得不受制于自身工作生活，无法开展更加深入常态的社交活动。微信随机交往帮助主体克服时空局限，随时随地寻找有交往意愿的交往对象，获得情

---

① 尹金凤、胡文昭：《“仪式观”视阈下微信朋友圈的伦理功能与隐忧》，《道德与文明》2018 年第 2 期，第 126 页。

感交流和心理沟通。

（三）微信的集成性。微信的出现是网络社交软件发展的必然结果，其功能具有极大的继承性和集成性。所谓继承性就是指微信对微博、QQ 等社交软件的性能及特性的改进和吸收，内含的视频、分享、游戏、相册、聊天、短信、群聊等大部分功能都在社交软件中找到存在前身。但是，微信的突出之处是将其巧妙地集成在一起并发布出来，从而使得微信的实时沟通功能超越了其他软件，并且微信号码也可以成为商业平台，为企业和个人开展商业活动奠定基础。从网络工具层面来说，微信几乎最大限度地满足了人们的信息交流需要。在网络社会中，微信的集成性实质上是将互联网与现实生活之间的联系进一步加深，而且已经涵括了通信工具的实时通话功能。“微信呈现了群体的共同在场，创造了人类社会一种崭新的‘共在’感，在当前的中国社会状况中，构成了人们的‘在世存有’。”[①]也就是说，微信本身已经超越了工具性存在，成为网络社会中人的一种存在方式。

（四）微信的影响力。“微信的快速发展，已成为表达民意、反映民情、凝聚民智的有力方式，变成了多种意识形态交流、融合与博弈的重要渠道”。[②] 微信生活方式是一种线上群体化生活方式。通过微信朋友圈，公民个体之间逐渐将现实生活中的交流转移至网络上，并且不断地将其延伸扩大。在这种网络群体化生活中，公民促进了社会信息的公开化，对于虚实交融的生活方式有更深的理解与体验。微信沟通能够在最大限度上实现与手机交流同步，将移动互联网特性最大化发挥出来，不再受到电脑连接的技术制约。微信中的交流分享不仅是信息本身，更是其生活空间的情感联系。主体对于民族国家社会环境的情绪心理，可以通过微信主题得到体现。在微信生活方式中，公私领域的

① 孙玮：《微信：中国人的“在世存有”》，《学术月刊》2015 年第 12 期，第 5 页。

② 唐任伍、邵波：《论微信在新时代治国理政中的重要作用》，《人民论坛 · 学术前沿》2018 年第 10 期，第 81 页。

界限逐渐模糊,社会生活更加具象化。在微信生活中,能够与公民发生直接联系的信息都经过了主体的过滤和选择。也就是说,在微信场域的信息传播中,国家意识形态必须要通过公民自身的审核,才有可能成为微信群体的信息内容。这很大程度上提高了意识形态的传播要求,国家越来越成为抽象化的概念表达,需要获得最大化的情感心理共通,才能在微信传播中增强社会认同度。①

二、微博

微博的兴起与衰落有其内在的必然性。无论微博的发展类型如何变化,其在网络社会所形成的舆论场域产生了巨大的社会效应。

(一)微博的特性。“微博颠覆了传统的、单向度的话语传播体系,改变了社会舆论的生发机制,建构起了一种现代的、多元化的话语传播体系,重塑了社会舆论的生态结构。”②微博的前身是博客,博客为个体在互联网集中展示自己的思想观念、情感动态、兴趣爱好等提供了交流平台,但是仍然集中于个体自身的私人领域,与外界的互动性不足。随着技术的改进,微博迅速代替了博客,用其高度的浓缩性、广泛的主体性和极大的互动性,将互联网中的有效传播手段集中起来,以不同的形式及时向外界发布信息,并且主体涉及面广泛,可以囊括几乎所有网民,互动受众是不特定性群体。微博的出现为网络社会“人人都是麦克风”做了最充分注解,个体与社会之间的互动交往达到最直接、深入的阶段。

(二)微博的场域。微博互动中无形之间逐渐形成了新的交往场域,这种交往场域为个体提供了全新的交往体验。个体在体验中既对

---

① 参见陈联俊:《“微信”场域中的舆论生态与治理》,《首都师范大学学报(社会科学版)》2017年第4期。

② 王冠宇:《突发事件中微博的正能量传播机制探析》,《思想理论教育》2014年第11期,第87页。

自己的信息资源进行了充分挖掘,也在对他人的微博关注中分享了信息资源。分享体验的过程实质就是社会情绪酝酿和社会态度逐渐形成的过程。在这个过程中,个体的思想观念逐渐融入到社会交流之中,既吸收社会和他人的认知态度,改变自身言行,也将个体的情绪评价等直观地传递给社会。微博场域可以分为多种类型,有舆论场、志趣场、学术场、利益场等,不一而足。所有的场域形成都是由微博主体活动属性所决定的,不同微博场域对社会的影响有不同表现,微博发布人的价值倾向和社会影响力起到决定性作用。

(三)微博的影响。"微博一经出现,即被誉为'永不谢幕的新闻发布会'。"[①]网络社会国家凝聚力在不同的网络载体中的表现形态各异,微博的主体多变、多样,每个主体都能够将自身的国家意识和国家情怀通过不同的形式发布出去,产生不同的社会反响。微观主体对国家的情感越深厚、态度越鲜明、形式越生动,就越可能在微博场域中产生较大的社会影响。公民与国家之间的关系在微博场域中表现出来,大大增加了两者之间的互动对话可能性。公民可以在微博中表达诉求,政府可以及时了解民意动向。微博场域中,不同的意见和声音同时存在,尤其是公共媒体与"意见领袖",对于社会舆论的导向有着倾向性的引导作用。他们对国家发展有多元的看法和主张,这些不同意见虽然可能存在着合理性,但是对于国家政府层面的意识形态凝聚力和吸引力将会产生消解功能。"意识形态在微博上发生了变异和极化,它以惊人的深度和广度聚散信仰的能量。"[②]网络社会中的国家意识形态需要面对的不仅是不同社会制度优劣的话语对抗,更多地需要面对无数网民通过微博表达出来的日常社会生活问题,从而考验主流意识形态的

① 姜飞、侯锷:《政务微博中传播权力和传播信用的博弈》,《现代传播》2018 年第 2 期,第 137 页。

② 张爱军、王喜春:《微博"意识形态极化"现象研究》,《自然辩证法研究》2016 年第 1 期,第 71 页。

解释力和说服力。微博的技术特点与功能赋予其能够在极短的时间内不断发酵，产生裂变效应。微博话题一旦进入传播链条，就会在不同社会群体中产生连锁反应，其中的事件当事者、利益相关方、公共参与人等都会加入其中，进而对话题起到推波助澜的作用。多元化观点交锋成为微博话题的常态表现，在话题裂变中逐渐形成微博舆论场域，进而不断改变公民与国家之间的情感心理和言行活动。①

三、社交网站

“社会资本是实际的或潜在的资源的集合体，那些资源是同对某种持久性的网络的占有密不可分的。”②社交网站的兴起满足了人类群体的交往需求，将互联网从信息传递时代，推动到集成的社交时代。社交网站中个体与个体、个体与群体交往方式颠覆了现实交往模式，在某种程度上使得人际交往更加深入全面，在较短时间内展现人际特性，增加了交往的深度和广度。

（一）社交互动机制。“社交网站用户是由各种联系的个体用户组成的有机体，其行为不仅受到自身动力因素的影响，而且受到其他社会成员的影响。”③人际交往是社会存在的基本形式，社会交往模式的变化随着互动机制而变化。在网络社交网站中，人际互动的基础、内容及形式都发生了极大变化。首先，从互动基础来看，网络社交网站中的人际互动是以现实主体为基础的虚拟性交往。这种交往技术改变了现实交往的人际交流，打破了以血缘、业缘、学缘等为主的交往结构，融合了社会交往需求，加速了社会交往频率，为个体与群体之间的平等交往奠

① 参见陈联俊：《网络社会“微博”舆论场域的生成与引导》，《社会主义研究》2012 年第 6 期。

② 包亚明：《文化资本与社会炼金术——布尔迪厄访谈录》，包亚明译，上海人民出版社 1997 年版，第 202 页。

③ 邓胜利、周婷：《社交网站的用户交互动力研究》，《情报科学》2014 年第 4 期，第 72 页。

定了技术基础。其次，从互动内容来看，网络社交网站中的交往内容将现实社会中的“印象交往”与虚拟空间中的“精神交往”结合起来，全方位地呈现交往主体特征与形象，尤其将个体的现实社会生活动态纳入到交往过程之中，使得交往形态更加丰富多样化。再次，从互动形式来看，网络社交网站中的交往形式随着网络技术的发展而不断改进，逐步从最初的文字交流，发展成为融为一体的多媒体技术交往形式，现实与虚拟之间的结合度越来越高。

（二）社交信任关系。“社交网站的使用和社会信任以及政治参与度密切相关。”①在网络社交网站中，互动交往机制的变化带来信任关系的改变。现实社会的信任关系主要建立在“熟人社会”基础之上，信任关系的建构前提是相互之间的伦理文化和交往概率。在以血缘亲情为主要伦理文化的社会中，信任遵循的是“差序格局”模式，即伦理关系越亲近，信任水平越高，反之就低。交往概率越大，信任水平也会相应提高。但是，在网络社交网站中，血缘关系不再占据主要位置，信任的出发点发生变化。信任不再仅仅是熟人之间信任，其中包含着对陌生人的信任，主体对陌生人的信任心理是不稳定的动态模式。也就是说，现实社会中的信任关系被解构，主体需要在虚拟空间中重塑信任格局。个体与群体按照自己的习性喜好对社交对象进行目的性选择，增加了社交的成功率和吸引力。“网络人际传播的交流内容线索而非表达风格线索才是对印象形成最可靠且最有用的社交线索。”②网络社交信任主要建立在信息交换基础之上，信息充分透明程度越高，信任水平就会提高。在网络社交活动中，主体之间需要不断地交换信息，以维持信任水平，实现交往的正常持续化。信息交换程度降低，信任水平将逐

---

①　牛更枫、鲍娜、范翠英、周宗奎、孔繁昌、孙晓军：《社交网站中的自我呈现对自尊的影响：社会支持的中介作用》，《心理科学》2015 年第 4 期，第 939 页。

②　张放：《想象的互动：网络人际传播中的印象形成》，北京大学出版社 2017 年版，第 196 页。

渐下降,直至无法进行网络社交活动。

(三)社交扩散机制。“社交网站有助于个体维系已有的人际关系并建立新的人际关系,从而可以数倍地扩展自己的人际关系网络。”① 网络社交网站将人与人之间的交往转换为符号化的信息交流,社交活动中信息交流的主体性特征凸显。社交信息不再仅仅是个体身份信息,更突出了主体之间的生活化信息。网络社交网站将个体的日常生活与他人交相互动,改变个体的信息交换模式,进而不断扩大个体的社交网络。个体的社交情感和心理不再局限于现实社会关系,在更广泛意义上来源于网络社会关系,改变了基于现实关系的情感和心理建构。在网络社交网站中,交往过程的情感和心理变化伴随着信息传播机制而变化,既会给个体带来全新的情感体验和心理冲突,维持网络社交的新鲜感和接受度,也能使其沉溺于虚拟空间的关系建构,从而回避现实交往活动,影响现实社会人格完善和社会关系发展。网络社交网站的社交活动可以帮助个体按照网络社交需求改造自己,融入虚拟社交环境,使其不断完善自身素养,增加交往资本,增进网络群体和谐,也能促使个体利用网络技术隐藏缺陷与不足,片面展现优点与长处,骗取他人信任,加大了网络社交风险。

四、QQ 直播

互联网作为人与人交流联络的信息载体,QQ 直播类即时通信工具的影响与功能是全方位的,实质上是对网络信息的集中整合,尤其以个体为中心的信息集散表现最为突出。

(一)个体心理变化。QQ 工具中个体以自己为中心建立社交网络,心理运作机制发生变化。个体在不同的空间环境中必然形成不同的心理特性。网络社会中个体的心理情境逐步从现实转化为虚拟条

---

① 葛红宁、周宗奎、牛更枫、陈武:《社交网站使用能带来社会资本吗?》,《心理科学进展》2016 年第 3 期,第 454 页。

件，真实的世界在个体心理中以不同方式呈现出来，计算机模拟技术能够不断创造虚拟事物，进而为个体开发想象力提供路径。QQ 工具中个体以网络技术为手段，营造了脱离真实主体的心理空间，逐渐将内在心理空间虚拟化。“对 QQ 用户来说，QQ 人际传播是其主要功能，私人性是其重要特征，自我表露是其重要行为倾向。”①个体情绪变化既受环境空间影响，也受信息源的变化。QQ 工具中个体的情绪形成发生变化。现实生活中的个体情绪既有生理形成基础，也有认知系统因素。在 QQ 虚拟空间中，个体的情绪变化主要是认知系统的变化，即刺激与应激的机制变化。在现实社会中，个体的社会评价会随着个体境遇和环境而不断变化。在 QQ 虚拟空间中，个体的评价心理随着虚拟关系的构建而不同，个体在现实中的遭遇变化将会以多种转移机制反映出来。

（二）群体沟通交流。QQ 作为代表性的网络通信工具，对主体沟通最大的贡献就在于改变了群体交流信息机制。在 QQ 群体交流中，以个体为中心的不同类型群体可以同时并存，共同发展。QQ 群体类型中，地缘、血缘、学缘、业缘、趣缘等都会不同程度存在，陌生人群体与熟人群体并行不悖，相互渗透，改变了现实熟人社会结构基础。在 QQ 群体沟通中，群体之间的关系构成、内在动力、群体意识、规范约束、行为特性等都出现新型变化。“在受访者看作相对私人的空间当中（QQ），人们的自我表露要高于受访者看作相对公共的空间（人人网）里的自我表露程度。”②从关系构成上，QQ 群体关系主要取决于个体的自主性选择，个性化构成明显。但是，从内在动力上，QQ 群体中的去个性化影响突出，正是因为 QQ 群体以个体选择为基础，实质上这种群

① 姚锦云：《QQ 人际传播对高校思想政治教育的启示》，《学校党建与思想教育》2011 年第 23 期，第 55 页。

② 孙源南、权相禧：《社交网络空间认知对自我表露的影响》，《青年记者》2014 年第 8 期，第 20 页。

体已经得到个体的内在认同,在这种群体活动中,个体容易被群体的情绪和思想所感染和诱导,放弃自己的独立理性思考,顺从群体价值判断。从群体意识上,QQ 群体中的集群心理表现突出,多种维权、抗议、“扒粪”、声讨、泄愤等在现实社会可能存在于个体之中的情绪行为,都因寻求支持,不同程度地出现在 QQ 群体之中,改变群体生态和群体意识。QQ 群体中的日常规范机制依赖于个体的自律和群主的约束,群主可以将个体驱逐出群体关系,不再接纳其为群体成员。QQ 群体的行为特性是情感驱动为主,内在缘由是 QQ 群体的封闭性决定主体加入本身就体现出情感认同,而且交流越活跃的 QQ 群体,情感驱动的比例越大。

(三)信息流动脉络。“QQ 等产品本身也在某种意义上演变为一种文化符号,给使用者以心理暗示,甚至成为身份认同的某个指标。”① QQ 工具中的信息流动在无序的互联网空间形成独有的规律性倾向。在每个 QQ 工具背后,都有唯一的信息主体。QQ 主体的存在是现实社会的人,既有其独有的个性、爱好、知识背景、需求等,也有其衍生的社会关系和社会活动,决定了 QQ 信息的选择决定因素是主体性存在。不同 QQ 主体中信息流转的内容有着巨大的差别,利益、情感、价值、理性等多种元素交集汇聚,为信息的发酵创造了温床。QQ 通信工具本身虽然建立在互联网平台之上,但是由于 QQ 工具实行账号私密化管理,信息流转有相当的隐蔽性。如果没有主体之间的互动交流,QQ 信息流转基本停留在私密空间之中,他人无法通过正当途径获得相关信息。QQ 从最初纯粹的通信工具,如今发展成为网络社会中几乎涉及所有领域的传播模式,涉及网络生活的方方面面,既有经济消费领域,也有价值文化空间,影响广泛的是休闲游戏场域。无论在 QQ 哪种传播应用中,社会信息都会随之流动,既带有时代趋向,更体现个性喜好,进而带来社会生活方式的变革。

---

① 彭兰:《网络传播学》,中国人民大学出版社 2009 年版,第 118 页。

（四）社会力量驱动。“QQ 空间是一个虚拟化场域，但里面呈现的话语、言辞、观点、论断以及日志、图片、动漫、视像等都是个体意识形态的真实展露，也是对现实生活的真切映射。”[①]在 QQ 工具中，现实与虚拟关系的渗透交融，多种网络社会活动的开展，都在潜移默化中对国家凝聚力进行影响。QQ 社会关系与社会互动最大的特点是激活了个体与个体、个体与群体之间的交流动力，促使社会力量不断酝酿，形成了影响国家凝聚力的内在渠道。在 QQ 工具中，个体形成了自己的社会交往网络，个性化色彩浓厚，从不同方面为个体情感、信息、资源、意见等提供支持和援助，个体的社会无助感在 QQ 空间中得到缓解，加快个体的社会化进度，社会融合程度进一步强化。现实社会中的个体社会关系认同拓展到更广泛层面，既涵盖熟人社会关系认同，也将陌生人的关系认同纳入个体认同之中。“在腾讯 QQ 这一社交网络平台上，不论是自然形成的层级化传播现象，还是人为建构的层级性产业链，都将内容传播和产业布局高度融合，‘润物细无声’地黏合了巨量人群，铸造出超级产业巨舰。”[②]随着网络技术的发展，腾讯公司基于其强大的用户群体，不断推出满足社会不同群体需要的分类应用，促使社会群体细化程度不断加深。在 QQ 群体交往中，表面上的社交距离由于技术原因似乎加大，但事实上的交往情感更加接近。群体中的交往距离进而影响交往心理，在 QQ 群体中一方面是交往范围的扩大，群体类别的增多，信息资源更加充分，心理变化更加丰富，另一方面是 QQ 交往程度加深，个体选择性增加，社会制约性降低，自由空间更加延伸，国家在 QQ 群体中逐渐演变为个体与群体之外的独立存在，影响力逐渐削弱。

---

① 敖成兵：《QQ 空间与大学生“微我”视界》，《当代青年研究》2017 年第 6 期，第 76 页。

② 曾建平、刘爽：《论 QQ 传播的层级性受众和层级性产业》，《现代传播》2018 年第 2 期，第 131 页。

五、网络社区

“从社会学的视角来看,网络社区是指由数以亿计的网民聚集在网络虚拟空间进行频繁的交流互动而形成的具有文化认同的社会生活共同体。”①网络社区最初以纯粹的信息交流为目的,融入多重因素后,逐渐呈现鲜明的主题或特色。

(一)地域社区。地域社区主要是以现实社会中的地理位置为区分,集聚一定人群而形成的网络社区群体。地域社区中群体聚集的基础是地理因素,既可能是县市、乡镇、村落等,也可能是学校、社区、机构等,信息交流的主题宽泛,上至国际形势和国家政策,下至邻里纠纷和家长里短等。地域社区的创立依赖于利益、业务、生活等因素,不同因素对于国家凝聚力有着不同程度的影响。以利益因素创立的地域社区,主要目的是维护本地利益,在必要时候沟通信息,共同行动。利益社区虽然对地域性利益起到一定的维护作用,但容易走向地方保护主义。以业务因素创立的地域社区,主要目的是为了工作交流需要,这种社区实质上就是现实工作群体的网络化,有利于提高工作效率,改进工作方式,对于生产生活起到积极促进作用。以生活因素创立的地域社区,主要目的是方便社区群体的协作互助、情感沟通、休闲娱乐等。此类地域社区对于稳定社会秩序,缓解社会矛盾,舒缓社会压力等有一定的功能,需要进一步完善引导,以免出现价值偏向。

(二)商业社区。商业社区的出现是网络经济发展的结果,创设目的主要集中商业领域的产品、技术、管理、服务等。创设者包括生产商、销售商和消费者,生产商和销售商的目的是向社会推广产品,提升形象,扩大影响。消费者的目的是维权服务、沟通有无,交流心得等。商业社区对于信息经济发展起到推动作用,商业信息沟通越充分,信息化程度越高,经济活力越强劲。商业社区从总体来说对于国家建设和发

① 薄明华、曾长秋:《论我国时政类网络社区舆论生态及其治理》,《湖南大学学报(社会科学版)》2015 年第 6 期,第 147 页。

展有不可替代的功能，需要注意的是网络商业社区中的不和谐因素。网络商业社区发展中的欺诈现象多种多样，“钓鱼”网站、虚假销售、网络推手等已经成为网络公害，严重侵犯消费者正当权益，扰乱网络经济秩序，损害国家经济竞争力。在网络商业社区中，既有对自己产品不切实际地扩大宣传，更有采取技术手段进行以次充好、网络倾销、垄断市场、操纵价格等恶劣行径，现实社会中的不正当竞争手段经过互联网技术的改造，更加隐蔽多样，给网络社会治理带来更大困难和挑战。在虚拟的网络空间中，“黑客”随时都可能出现，尤其是在商业网站及社区中，不仅有利用技术破解密码、搜寻漏洞、攻击服务器等恶意行为，而且存在着危害国家信息安全的敌对行动。

（三）政治社区。“网络论坛的兴起离不开网络传播技术的支撑，但关键是其开放的发言与传播平台为民意表达提供了便捷通道，极大地激发了人们的表达和参与，使公众的知情与监督权获得了新的社会实践机制。”①随着网络技术与现实社会生活联系越来越紧密，大量信息资源集散于网络社区之中，需要有鲜明的主流意识形态澄清混乱的思想领域，更需要有坚定的政治观点和生动表现形式的政府社区与网络民众对话交流，及时掌握民众思想动态，化解基层矛盾，提升政府形象。此类社区效用的关键在于政府立场与民众生活的对接性程度，彼此契合度越高，影响力越大，否则可能成为自说自话的“僵尸”社区。“互联网是一个社会信息大平台，亿万网民在上面获得信息、交流信息，这会对他们的求知途径、思维方式、价值观念产生重要影响，特别是会对他们对国家、对社会、对工作、对人生的看法产生重要影响。”②网络空间中多元思潮的激荡给公民权利的觉醒创造了思想条件，个体利用互联互通的虚拟环境对政治问题展开讨论，建言献策。此类社区中，多数公民本着公共精神参与社区讨论，可以反映民意，需要及时引导，

---

① 曹劲松：《网络论坛的民意沟通与疏导》，《南京社会科学》2011年第10期，第115页。

② 《习近平谈治国理政》第二卷，外文出版社2017年版，第335页。

化解矛盾。“意识形态领域许多新情况新问题往往因网而生、因网而增，许多错误思潮也都以网络为温床生成发酵。”①网络意识形态斗争更加隐蔽而迷惑，网络社区中存在着被敌对势力掌控的领域。此类社区主流腔调是反党反社会主义，吹捧西方价值观念和制度设计，利用各种机会煽风点火，调动民众情绪，扩大矛盾，撕裂族群，激起反抗行为。对此类社区要坚决采取严厉措施加以清除，最大限度保证网络清朗空间。

（四）学术社区。“网络社区中也存在社会分层，只不过线下社区更多依据经济地位和社会等级的差异进行区分，而网络社区则更多依据思想和观点的影响力进行划分。”②在网络学术社区中，不同的研究领域显示出不同的社区风格。自然科学社区主要关注自然科学领域的学术问题与学术进展，参与者主要为对自然科学有着浓厚兴趣的公民和研究学者，社区风格理性而冷峻，对于加强学术交流，激发学术灵感，促进学术进步有积极意义。在人文社会科学研究中，学术的价值倾向比较明显，多元价值观之间的冲突难以消除，此类学术社区中的思想观念活跃，有利于学术积累和沉淀。但是，社区开放带来的思想传播效应巨大，容易出现与主流价值观不同的学术观点与意见，要分清学术讨论与恶意攻击的本质区别，“要正确区分学术问题和政治问题，不要把一般的学术问题当成政治问题，也不要把政治问题当作一般的学术问题，既反对打着学术研究旗号从事违背学术道德、违反宪法法律的假学术行为，也反对把学术问题和政治问题混淆起来、用解决政治问题的办法对待学术问题的简单化做法”，③从而既在网络社会中促进学术繁荣，增进学术活力，又警惕网络错误思潮，维护国家意识形态安全。在网络

① 中共中央宣传部：《习近平新时代中国特色社会主义思想三十讲》，学习出版社 2018 年版，第 220 页。

② 王秀丽：《网络社区意见领袖影响机制研究》，《国际新闻界》2014 年第 9 期，第 47 页。

③ 习近平：《在哲学社会科学工作座谈会上的讲话》，人民出版社 2016 年版，第 28 页。

宗教社区中，信徒众多，尤其是利用互联网工具的声光电合成技术，对宗教教义进行阐发传播，影响广泛。对于宗教类社区，从国家凝聚力心理要素出发，对邪教组织坚决依法打击和取缔，对合法宗教组织要以宗教信仰自由的方针政策处理网络宗教活动。

（五）娱乐社区。网络娱乐社区种类繁多，既有积极健康的兴趣爱好，也可能存在不良社会风气，甚至出现违法犯罪组织。娱乐是人的天性，健康娱乐社区是网络社会保持国家凝聚力的必要组成部分。通过娱乐类网络社区，社会能够在一定限度内保持合理的张力，释放社会个体的压力及紧张情绪，并为社会群体提供了放松的情感交流空间，能够在一定范围内成为社会缓冲带。而且，健康类娱乐有助于开发智力，激发竞争，进而成为促进个体发展的新路径。社会娱乐的境界和层次存在很大差别，网络娱乐社区中存在大量低俗、庸俗、媚俗类内容。“网络游戏因其商业盈利的初衷和市场化、产业化需求，部分游戏存在娱乐泛化等负面影响，使不少青少年沉迷其中，深受其害。”①网络社会的多元传播渠道加速扩散影响，不仅潜移默化改变网络文化，而且将会渗透到现实社会文化之中，对国家整体文化水平的提升有负面作用。网络文化的多元化加速不同种类娱乐社区出现，甚至可能涉及违法犯罪，诸如盗版、色情、暴力、诈骗、毒品等。此类社区中存在着巨大的利益交换，是网络文化毒瘤，会对国家与社会带来极大危害，必须从重从快铲除扼制，保护风清气正的网络环境。

第四节　网络社会国家凝聚力的变化影响

“随着网络时代的来临，世界范围内正在出现以信息本位和信息权力为主要特征的范式革命。”②网络社会国家凝聚力在信息流动与社

① 张东、代征：《网络游戏价值导向：意蕴、困境与对策》，《探索》2014 年第 2 期，第 175 页。

② 蔡文之：《网络：21 世纪的权力与挑战》，上海人民出版社 2007 年版，第 1 页。

会变动中不断变化,变化影响体现在国家主导力、社会向心力、个体发展力等方面。

一、国家主导力的变化

凝聚力变化代表主导力变动。国家主导力代表国家控制力,丧失主导力的国家可能会政权易位或政府垮台。国家需要主导力的平衡和协调,从而获得稳定持续性发展,包括国家机器的强制力、意识形态的渗透力、治理机制的约束力等。

(一)国家机器的强制力。国家机器是国家作为暴力统治工具必须具备的强制性组织机构,包括军队、警察、监狱、法庭等。这些强制性组织的存在是保证国家权威性的重要方面,维持国家的威慑力和统治力。随着互联网对国家凝聚力的解构性作用,国家机器的存在状态相应地出现调整和变换。

传统现实军队有其特定的组织编制、指挥系统及战斗规律等,网络社会的变化迫使网络军队必须适应信息化趋势进行变革,将有形的大规模作战要求转向无形的全时空的对抗模式。"信息不仅是物质资源,而且已经成为衡量权力的新尺度,并成为新的权力源。"①在信息化战争中,军队的作战目标与作战路径建立在信息化水平基础之上,对信息的监控与利用将决定军队作战能力的提升,军队之间的实力较量更大程度上依赖技术实力和信息要素。军队既要在网络社会中注重系统化战略实施,又要化整为零地开展针对性监测,起到现实社会军队无法实现的立体化功能。警察作用主要是对国家内部秩序的维护和保障,网络社会变化要求警察的功能性表现与工作方式相应变化。网络社会中的违法犯罪现象更加隐蔽和多样,诸如网络诈骗、网络暴力、网络色情、网络侵权、网络病毒等。网络警察面对的犯罪主体多元化,既可能

---

① 蔡文之:《网络:21世纪的权力与挑战》,上海人民出版社2007年版,第9页。

是现实社会中的本国主体，也可能是他国公民与组织，甚至是国家政权。由此，网络警察的工作环境复杂程度远远超过现实社会，必须从虚拟环境中的违法犯罪特点出发，既要遵循网络技术的传播逻辑，也要分析网络主体的行为逻辑，进而发挥最大作用。

“互联网不是法外之地，依法治网已成社会共识。”①监狱、法庭等对现实对象采取强制性制裁的机构在网络社会中不复存在，对违法犯罪行为进行界定和治理的法治手段发生变化。网络社会国家凝聚力变化要求网络法治顺应现实环境向虚拟环境的转变，变化形式体现在法治要求、法治体系、法治实施等多方面变化。网络社会中虚拟社会关系发生变化，法治要求必然随之变化。虽然法制约束的主体仍然是现实社会的人，但人的思想意识与行为逻辑发生改变，法治体系的内容需要作出相应的改变，对虚拟社会关系的治理起到导向性功能。在网络社会中法治实施的环境转换，决定着路径手段、方式方法的改变，法治实施的技术性作用更加凸显，法治与技术之间关系更加紧密，技术既为法治实施带来便利，同时也制约着法治作用领域。

（二）意识形态的渗透力。“作为全球传播体系的一个重要组成部分，网络媒体同样也承担了意识形态的传输功能，并且日渐成为真正意义上的意识形态机器。”②意识形态是国家精神凝聚力的组成部分，是国家间较量的软实力。国家的强盛与繁荣不仅在于经济与军事实力的稳定与发展，更在于精神文化的丰富与影响。意识形态在国家精神文明建设中起到指向性功能，既能够充分挖掘文化传统的优秀基因，发挥文化的现代价值，也可能基于现实利益考量，破坏文化传承，改变文化发展方向。网络社会中国家凝聚力的变化，必然体现在意识形态作用机制的变化。

① 张志安、吴涛：《互联网治理与国家治理：关系、影响与对策》，载于张志安主编：《网络空间法治化——互联网与国家治理年度报告（2015）》，商务印书馆 2015 年版，第 9 页。

② 杨雄：《网络时代行为与社会管理》，上海社会科学院出版社 2007 年版，第 162 页。

“计算机技术、信息网络化的快速发展和普及,使转型中的我国意识形态领域呈现复杂化的特征。”①在网络社会出现以后,意识形态的社会条件从经济环境、政治制度、文化基础等方面发生变化。意识形态的经济环境不仅受现实社会经济基础的影响,而且受虚拟社会中的网络经济因素驱动,网络经济的特性促使意识形态必须顺应其内在走向,体现服务型经济要求。意识形态的制度基础变化主要是从现实科层制向扁平结构制的转变,制度结构的变迁直接影响意识形态的存在与发展。现实社会中意识形态对政治制度的依附性较强,在网络社会中意识形态需要转化载体,重新确立不同传播路径。意识形态的文化条件是从民族文化向多元文化的转变,现实社会中的民族文化深度影响转变为网络多元文化的综合作用,建立在民族文化基础上的意识形态需要在多元文化环境中调整自身的适应性。“在网络社会中,不同背景的网络人必将面临不同的价值观念、价值判断、价值选择,不同主体之间、新旧传统之间的价值观念冲突不可避免。”②网络社会意识形态内容以现实意识形态为基础,并进行创造性转化。这种转化的进程就是意识形态再生产的过程,无论哪种领域的意识形态都要顺应信息时代要求,将自身发展与时代发展紧密联系起来。在网络意识形态再创造的过程中,要将国家意识形态与民间意识形态区分开来,国家意识形态一旦建立起来,不能随意变动,否则将会导致社会思想混乱,秩序动荡。民间意识形态需要有足够的包容性和变通性,及时接纳不同的社会思潮,并进行积极转化和改造。现实意识形态与互联网的结合,实质上就是话语传播机制和意识形态表达形式的变化。在虚拟世界中,国家意识形态内容在一定时期内不能改变,但是需要改变呈现方式,现实社会

① 黄传新:《社会主义意识形态的吸引力和凝聚力研究》,学习出版社 2012 年版,第 37 页。

② 杨立英、曾盛聪:《全球化、网络化境遇与社会主义意识形态建设研究》,人民出版社 2007 年版,第 115 页。

中的意识形态传播机制需要转变为网络意识形态传播机制，这种机制的转化和整合不仅是传播渠道的改变，更是意识形态作用机制从主体到客体，从认知到行为，从路径到方法的整体性变化。

（三）治理机制的约束力。"互联网的社会自治，也是一种自组织式的自我进化过程。"①网络社会国家凝聚力的变化不仅在国家机器以及意识形态层面上带来相应表现，也会在国家治理机制上体现影响。国家治理机制不同于国家机器存在状态，主要依赖于官僚系统及其运行机制。在国家官僚系统中，维持科层制管理的主要因素有四个方面，即利益、权力、制度及官员。利益归属决定着权力分配，进而影响制度走向及人员安排。在互联网世界中，国家凝聚力的变化会给利益结构、权力制衡、制度环境及官员素质带来一定程度的改变。

在网络社会国家凝聚力变动之中，利益群体也在不断分化。互联网打破了利益藩篱，不断组合出新的利益群体，创造出新的利益增长点。利益结构的变化，反映的是人作为利益主体对国家的依附关系的变化。网络社会中的主体不再将自身的利益实现与国家紧密联系起来，公民在更广泛意义上伸张自己的权利，打造自身的利益关系。国家与市场之间的界限逐渐扩大，网络利益关系更多时候属于市场领域范畴，国家对微观利益的干预不断减少，更加注重宏观调控和市场秩序的维护。网络社会中的国家权力内部关系发生变动，组织系统之间信息公开程度加大，交流沟通能力提升。国家权力与个体权利之间的制衡关系变化尤为明显，个体权利意识随着互联网的普及而不断提升，反过来对国家权力的监督和制约作用在不断增长。"互联网对个人价值的极度张扬必然导致自我中心主义、个人主义的膨胀与泛滥。"②网络权

① 罗昕、支庭荣：《中国网络社会治理研究报告（2017）》，社会科学文献出版社 2017 年版，第 80 页。

② 郭明飞：《网络发展与我国意识形态安全》，中国社会科学出版社 2009 年版，第 124 页。

力制衡关系中,个体可以在聚集群体力量的过程中产生巨大的舆论压力,迫使国家权力形成自我净化机制,提升国家权力的行动绩效,当然也可能会给国家带来分裂冲突的不利因素。

网络社会中制度调节的关系构成发生巨大变化,国家凝聚力的变化也就是信任关系的解体与重构。公民与国家之间信任程度将会直接关系到制度的执行绩效,信任关系的解体是诱发社会危机的潜在因素。网络社会中制度环境变化关键就是如何重新建构信任环境,增强政府的公信力,进而为公民与国家之间的关系重构奠定信任基础。"互联网因此有理由让人相信,观念市场在网络时代不再仅仅是一个空洞的渴望。"①在网络社会中不同观念都会在信息流动中产生发酵反应,国家凝聚力的变化体现在官员的思想观念的改变上,迫使官员适应虚拟空间中的政治关系,调整自身素质结构,重塑阶层社会形象。官员思想观念的改变需要经过长期的过程,这个过程是社会力量发挥影响的作用结果。

二、社会向心力的变化

"历史节奏的突然加速,计算机网络中权力的抽象化,正在瓦解现存的社会控制机制和政治表达机制。"②网络社会国家凝聚力变化不仅体现在国家治理体系上,也将在社会层面体现变化,尤其是社会向心力的变化,具体在精神同一性、价值共识度、行为规范性等方面。

(一)精神同一性。网络社会国家凝聚力变化的直接表现是社会精神文化的同一性。国家凝聚力主要依赖于精神层面的吸引力,尤其是社会内在的精神文化。每个社会共同体都会在自己长期发展中逐渐形成独有的精神文化,这种文化蕴含着社会信仰和民族品格,能够帮助

---

① 王四新:《网络空间的表达自由》,社会科学文献出版社 2007 年版,第 276 页。

② [美]曼纽尔·卡斯特:《认同的力量》,曹荣湘译,社会科学文献出版社 2006 年版,第 74 页。

社会群体不断激发内在动力，形成社会成长的精神支柱。从网络社会的信息传播来说，信息对原有精神文化的消解作用比较明显，打破了地域界限和物质形态的局限作用，融合了不同精神文化的丰富内涵，造就了新型的网络精神文化。网络精神文化在更广泛意义上体现了文化的交融性，将现实的精神元素重新组合起来，通过不同主体自身的思想与行为表现出来。“网络主体的超现实虚拟生存，突破了其日常生活空间的有限性，使主体从单一性的现实中解放出来，可以任意地拓展其虚拟生存空间。”①主体不再以自身的物质实在来传递精神状态，而以虚拟符号方式呈现内在精神。主体符号代替了主体本身，符号表达成为网络社会主体交流的基本手段。精神文化在不同的符号场域中得以展现，促进主体与社会之间相互作用。精神主体的思维方式、情感表达、行为模式都随着符号化不断发生变化，无形之中加大了精神力量的变换性。网络社会中的精神活动基础已经扩展为虚拟社会关系，虚拟社会关系的交往范围、交往场域、交往层次等呈现出复杂化和深入化的特征，主体的精神活动随着虚拟实践活动不断拓展，越来越丰富化。而且，精神活动中外部环境的投射作用明显，网络社会中精神主体的对象世界发生了变化，主体与对象世界之间的活动关系解构主体自身，重新建构自我认同。在精神活动中，主体的精神价值占据核心地位，不同的精神价值从内在影响主体的思想和行为方式。网络社会中主体的精神价值受到多元化信息的冲击，改变内在价值系统和外在形态。网络社会精神价值的改变过程与国家凝聚力的变化过程存在着紧密的关联性和耦合性。

（二）价值共识度。网络社会国家凝聚力的变化不仅表现在个体精神层面，还体现在社会的价值层面。社会价值共识“必须经年累月，借助集体记忆，借助共享的传统，借助对共同历史和遗产的认识，才能

---

① 付丽：《网络主体虚拟生存特征的文化学思考》，《学习与探索》2010年第6期，第46页。

保持集体认同的凝聚性”。[①] 价值共识建立在具体的社会的人相互交往的基础之上，主要来源于时代需要、历史传统和实践推动。在网络社会中伴随着国家凝聚力的变化，价值共识也会发生变化。在网络社会中，主体之间的地位逐渐趋向平衡，主体的符号化淡化了社会身份标志，缩小了阶层沟通的距离鸿沟，个体主体性得到充分的发挥，社会权利意识不断增长，主体关系的平等对话机会逐渐上升。个体主体可以利用技术手段迅速组合起来，达成与组织主体抗衡的均势状态。“一定意义上说，网络主体的网络存在实际上是依赖于网络他者的存在。”[②]网络社会中的多元化价值在不断发酵成熟，通过信息载体，蕴含不同价值理念的思想文化得到有效传播。在不同价值主体之间，价值冲突逐步出现，在网络公共领域中产生冲突效应，从而造就了主体的价值困境。不同价值主体在网络社会中的价值行为可能触发矛盾与分歧，引发从虚拟到现实的对抗运动。价值协商建立在和谐共赢的理念基础之上，只有充分认识价值冲突无法通过对抗得到解决，对话协商才是必经之路。网络社会中的价值协商过程主要在网络公共领域之中得以完成，网络公共领域越发达，价值协商的环境越有利。“目前网络空间全球治理体系之所以尚未建构起来，主要原因在于当前国际社会对于寻求能够被普遍接受的价值共识仍处于磨合和博弈阶段。”[③]网络社会中的价值冲突究竟会走向何方？取决于价值客体能够在多大程度上满足主体的需要。只有大部分的价值主体在网络社会中的价值需要得到满足，网络社会才能保持较为和谐稳定的秩序空间。这个过程依赖于价值整合，就是将网络社会中的价值共同点提炼出来，加以规范推

---

① ［英］戴维·莫利、凯文·罗宾斯：《认同的空间——全球媒介、电子世界景观与文化边界》，司艳译，南京大学出版社2003年版，第98页。

② 付丽：《网络主体虚拟生存特征的文化学思考》，《学习与探索》2010年第6期，第47页。

③ 杨嵘均：《网络空间全球治理体系的价值共识与伦理责任》，《中国行政管理》2017年第10期，第48页。

广，从而不断巩固社会价值共识。

（三）行为规范性。网络社会国家凝聚力的变化带来网络社会行为的改变，也对网络社会行为规范问题提出了新要求。网络行为规范是由网络技术特点以及网络社会运行机制所决定，它既是促使个体获得虚拟发展的需要，也是网络社会关系持续稳定的基础。“网络社会的匿名性、虚拟性塑造了独特的网络心理及行为规律，而网络社会的扁平化结构则会放大网络社会中的心理现象，从而容易催生网络失范行为的发生。”①网络社会中的行为心理变化既表现在信息的认知层面，也表现在行为心理结构及机能方面。网络社会行为关系更加自由开放，无论是个人主体、组织主体以及国家主体都遵循自己的行为逻辑，开展不同层面的行为活动。网络社会行为关系结构的网络化特征更加明显，无中心化的网络行为带来的主体关系的松散性，主体关系的内在精神凝聚力消散。网络社会行为关系越来越扁平化，个体与群体关系的集群性表现越来越突出，也就是受国家意识形态支配的关系力量不断削弱。网络社会行为规范中道德传统的外在制约度大大降低，依赖于熟人社会的行为监督已经无法实现，必须进一步依赖于技术手段的监控以及法治体系的调节。网络社会的个体行为在不同的网络领域中有相应的技术轨迹，从而为调节行为留下了可能性。“在技治主义语境中，以开放性、共享性、民主性、合作性、公正性、秩序性等价值共识为基础和前提，建构责任和风险共担的网络空间全球治理体系。”②网络社会主体的不同实践行为变化各不相同，政治主体的行为关系改变最为典型，原因在于政治主体行为受国家凝聚力影响最大。网络社会行为规范主要通过间接的社会舆论或群体压力影响主体网络行为。现实社会中的行为规范需要在网络社会中发生转换，适应网络社会行为关

---

① 朱廷劭、李昂：《网络社会的行为规范》，《科学与社会》2013 年第 4 期，第 28 页。

② 杨嵘均：《网络空间全球治理体系的价值共识与伦理责任》，《中国行政管理》2017 年第 10 期，第 46 页。

系变化。而且,网络群体的行为变化尤为突出,现实群体规范在虚拟空间中重新建构,原有的社会角色被虚拟符号所替代,群体关系中颠覆了现实社会约定俗成的习俗文化。

三、个体发展力的变化

网络社会国家凝聚力的变化对个体的影响是深刻的,不仅会改变个体对国家的信任和信心,带来个体社会关系的重组以及个体在国家结构中地位的改变,而且也会从多方面对个体自身的发展起到调整作用。

(一)自我认同。“当记忆从个人的大脑转向计算机的网络数据库时,这会对独特的‘凝聚力’造成什么影响呢?正是这种独特的凝聚力形成了让我们区别于其他人的个人知识,这就是自我的核心。”①在网络社会中,个体的社会知觉按照互联网思维呈现,个体对现实社会的理解与思考融化在网络社会交往之中。网络社会个体的自我认同随着国家凝聚力的变化而改变,个体精神是凝聚力的源泉与动力,凝聚力变化代表精神文化的变迁。个体在网络社会中的虚拟发展主要表现为精神发展,精神动力的社会基础是虚拟社会关系,虚拟社会关系特性影响个体社会认知与精神状况,改变个体的网络行为模式与内在逻辑。由于网络信息的海量多元化,将给个体带来自我认同的新挑战,个体的自我认知、情感、意志、行为等方面出现非现实性变化。“自我不仅在社会关系中存在,而且也是通过社会关系来认识自己,进而实现自我认同。”②虚拟社会关系的不确定性影响个体的认同重塑。现实社会关系中的认同结构随着关系的解体而发生改变,个体在社会关系中形成的社会知觉也将会在个体记忆中重新建构。认同关系的解体迫使个体对虚拟社会环境进行不同的社会学习,在虚拟社会学习中利用社会经验

① [美]尼古拉斯·卡尔:《数字乌托邦》,姜忠伟译,中信出版社2018年版,第118页。
② 李辉:《网络虚拟交往中的自我认同危机》,《社会科学》2004年第6期,第86页。

努力构建自我同一性。在现实稳定的同质性社会中,个体的社会经历能够逐渐形成自我认同。但是,在虚拟空间中,社会的异质性、断裂性以及社会经历的瞬时性等,都给自我同一性形成带来心理上的延迟。

在虚拟环境中,个体对自身的评价无法通过观察他人的直接反应来加以判断,个体社会活动由于技术中介的存在被普遍割裂,个体的社会学习方式和渠道呈现多样化特性。在社会交往中,认同心理变化表现为个体认同学习的变化,“所谓认同学习,指通过学习确立对社会规范的认同心理”。[①] 在现实社会中,个体通过对社会规范的认知、情感和行为来体现自身的认同层次。但是,在网络社会中,原有的认同要素经过虚拟环境的消解,潜在改变个体认同心理。不同的社会环境会给个体带来迥异的发展体验,虚拟环境中不断变化的信息来源带给个体的刺激感受多样。个体必须在虚拟空间中将多元化信息与自身的经验图式与知识结构进行匹配,进一步将其整合消化,形成新型发展动机。网络社会的个体发展更加凸显自身的价值需求与趣味导向,在虚拟公共领域中展现出不同的社会态度,获得相应的社会评价,为自身的发展增加社会资源。

(二)群体情感。“网络世界自身独特的结构,除具有身体不在场性之外,还具有身份的不在场性也即匿名性、互动的异步性(asynchronous)和想象力的关键作用等特性。这些特性的共同作用使得网络世界形成了独特的运行机制,进而塑造了网络世界的情感实践和情感氛围。”[②]在网络社会中,群体情感的凝聚有不同的逻辑路径,运用网络技术通过虚拟公共领域来实现沟通愿望,个体在群体的情感旋涡中既要保持主体的独立性,又要顺应群体的交往需求。

随着国家凝聚力的变化,群体成员的情感关系变化主要表现在:一

① 沙莲香:《社会心理学》,中国人民大学出版社 2006 年版,第 128 页。

② 田林楠:《网络情感是如何极化的?——一个情感社会学的视角》,《天府新论》2017 年第 2 期,第 136—137 页。

是情感记忆消融。网络社会群体成员的情感积淀已经无法建立在封闭的人际系统之中，必须将个体的情感表达与虚拟人际环境结合起来，通过形式各样的网络交流工具贯通情感渠道，形成情感场域，影响个体的情感记忆。现实社会中的情感记忆在虚拟空间中将在不同程度上被消融，使得个体重新建构自己的情感互动，维护自己的社会关系，需要从虚拟空间的情感互动特性出发，寻找情绪因素与机理，才能为个体发展创造良好的情感基础。二是情感系统分化。在现实社会中，个人的情感系统与自己的家庭、学校、工作等环境密不可分，个体的情感发展也必须在社会中得到锻炼与成长，情感系统的缺失将会给个体带来情绪智力的失调与低能。网络社会国家凝聚力的变化，体现在个体的虚拟情感环境改变上。虚拟环境中的情感系统无论从社会基础、人缘结构、文化心理等方面，都会给个体带来不同的情感体验，进而改变个体的情感能力。从情感系统的转变视角来看，长期沉浸于虚拟交往与虚拟实践的主体，经常在现实社会中表现出情绪功能失调状态。三是情感整饰延迟。情感整饰是指在社会交往中主体由于不同原因，有意识控制或改变自己情感的现象。在网络社会中，由于社会交往的技术中介性作用，个体对情感的整饰有相对充分的时空余地，能够有意识地隐藏自己的真实情感，塑造自己的情感假象。情感整饰的延迟既给个体缓解社会冲突创造了条件，也给网络情感欺骗留下了空间。四是情感动力转换。“在网络空间中，人们之间的情感互动可以在持续不断地人际互动和群体互动中得到循环增强，使具有共同身份、观点、信念价值和兴趣的人们建立起非常稳固的情感连接，分享共同的情感和意义，并转化为长期的情感——‘情感能量’。”[①]网络社会人际关系结构与功能在不断变化，影响社会情绪的波动与不稳定性。在网络舆论中，社会情绪变化因素既有群体互动的激发力量，也有个体内在的情绪动力，共同推

① 蒋晓丽、何飞：《互动仪式理论视域下网络话题事件的情感传播研究》，《湘潭大学学报（哲学社会科学版）》2016 年第 2 期，第 123 页。

动舆论发展方向。

（三）人格特性。“尊重和保护网络空间中的人格尊严应该成为网络文明和网络伦理建设的核心价值诉求。”①现实社会文明为个体人格提供了基本内核，随着网络社会国家凝聚力的变化，网络互动促进人格特性的变迁，个体人格与群体人格之间的关系也会相应变化。

网络社会个体人格变化是持续渐进的过程，网络信息平台发挥着不可替代的功能作用。在网络社会中，多元化的信息不断为个体提供思维动力和情感驱动，促使其从现实社会环境中解放出来，成就自己的人格发展。在网络信息交换中，个体人格的变化与其自发主动获取相关信息关系密切。不同的虚拟信息环境造就不同的人格特性，个体人格也会在网络社会中发挥自有的信息加工传播功能，从而塑造和改变网络信息环境。在个体与信息环境的互动中，个体的社会化发展路径发生改变。网络社会国家凝聚力变化中，人际关系交往模式从交往主体、交往中介、交往客体等不同层面发生转变，为个体人格的转换创造了新型的人际环境。网络社会人际关系建立在网络信息技术平台之上，技术中介决定着网络人际互动的随机性和不稳定性，进而为个体人格的网络交往增加了不安全的心理因素。这种不安全感渗透到网络人际互动之中，就可能导致社会信任感和交往信心度的下降。无论是网站、社区、即时通信工具、微博、微信等，都是将基于地域的现实人际交往转化为基于技术的虚拟人际交往，这种交往长期无形对个体人格中的参与性、信任度、从众化、责任感等因素带来冲击和影响。

网络社会国家凝聚力的变化，带来虚拟实践活动形态的变化。虚拟实践的变化既是技术发展的结果，也是主体主动性的表现。“网络

① 杨嵘均：《人格尊严保护：网络文明和网络伦理建设的价值内核》，《道德与文明》2017 年第 5 期，第 101 页。

自我和人格不是绝对稳定的、整体的和一贯的，而具有不确定和多元的一面。”①主体参与虚拟实践活动在不断地塑造自身的人格构成，这种塑造过程伴随着虚拟实践领域的扩展而变化。在这个过程中，主体人格开始有明显的分化倾向，即形成了现实人格与虚拟人格。虚拟人格以现实人格为基础，是指在虚拟实践过程中逐渐形成的主体人格特性和表现。在虚拟实践活动中，主体参与的领域越宽广、思维越活跃、体验越深刻，虚拟人格形成越完善。虚拟实践不仅促进了个体人格的分化与发展，而且也对群体人格形成有内在作用。在虚拟实践活动中，群体实践形式与现实实践有根本性区别。在虚拟经济、虚拟教育、虚拟政治、虚拟文化、虚拟战争、虚拟团队、虚拟外交等不同种类活动中，虚拟群体之间的关系构成打破现实实践组合，将个体从现实社会关系中解脱出来，为其提供全新的交流场域。在新型网络虚拟实践关系中，网络群体逐渐形成共同的理想追求、价值观念、思维方式和行为模式等，从而重新形塑了群体人格。

---

① 侯岩:《网络虚拟自我与人格新探》,《河南师范大学学报(哲学社会科学版)》2013 年第 4 期,第 170 页。

第二章　网络社会国家凝聚力的变化机理

网络社会国家凝聚力的变化是互联网技术基础和社会发展的共同作用,变化因素体现在网络社会中经济互联共振、政治约束机制变换、现实社会网络解体、文化凝聚力崩溃等。在网络社会中,传统国家要素失去原有意义,国家认同情感失去现实寄托,未来集体愿景瓦解等。不同需要影响人在虚拟环境中的互动,个体、群体、国家等不断加工意识环境,重塑意识认知,改变交往行为。

第一节　网络社会国家凝聚力的变化语境

"信息技术革命引发了信息主义的浮现,并成为新社会的物质基础。在信息主义之下,财富的生产、权力的运作与文化符码的创造变得越来越依赖社会与个人的技术能力。"①互联网技术打破了现实社会交往语境,重塑了全新的社会合力系统,在语境转换中信息传递与接受机制发生改变。

一、时空超越语境

"当代社会的时空压缩不仅广泛地发生在社会生活的各种层面、

① ［美］曼纽尔·卡斯特:《千年终结》,夏铸九、黄慧琦等译,社会科学文献出版社 2006 年版,第 321 页。

各种角落，并且通过网络交流和信息传递深深地反映在人们的心理结构中，只有在二者的统一中才能真实而深入地把握当代社会的时空变迁。”①虚拟时空与现实时空的分离，打破了社会的整体性和系统性存在状态，带来社会凝聚力的削弱和流失。

（一）虚实时空。在网络社会出现以前，人类社会的时空存在是单一的现实时空。在现实时空中，时间和空间的存在是唯一的，空间的特性在于其广延性，时间特性在于其持续性。辩证唯物主义把时空存在与物质运动紧密结合起来，对时空存在的无限与有限性、绝对与相对性、同时与延时性作出了充分揭示和解释，应当说是对时空观的重大发展与进步。随着网络社会的出现，传统时空观在原有基础上进一步发展。现实时空通常表现出来的是事物存在的唯一性和发展的不可逆性，也就是说事物在现实中如果在此处，就不能在彼处，如果事物向前变化，就不能回到过去状态。但是，在网络社会中，事物是以信息方式表现自身的状态，不仅可以在不同空间中出现，而且可以完整地呈现出自己的活动轨迹。虚拟与现实之间的界限被网络技术的发展逐渐打破，主体作用的发挥不局限于一时一地，依赖于信息化载体可以转换于虚实之间。

“当代社会在网络化和信息化的推动下，社会时空已经呈现了压缩与扩展的双向变化。”②虚实时空的出现没有改变现实时空的物理规律，而是人类利用先进的科学技术在现实时空之外构造出来的交往活动领域，为人与世界之间搭建的沟通渠道。个体在虚实时空中面对的是整个世界，而不仅是自己生活的现实关系。虚实时空的社会意义在于为主体创造了开放互动的社会环境，也就是说不同的社会主体不仅可以在虚实时空中观察社会，而且可以自身参与其中，改变时空信息运

① 刘少杰:《网络社会的时空扩展、时空矛盾与社会治理》,《社会科学战线》2016 年第 11 期,第 199 页。

② 刘少杰、王春锦:《网络外卖的时空压缩与时空扩展》,《学术界》2017 年第 3 期,第 75 页。

行方向，进而改变社会结构与社会进程。国家在虚实时空中的运行机制发生转变，国家不仅作为网络技术发展的推动者和参与者，同时也必须参与网络社会活动，施展自身的影响力。国家的存在不是单一的组织结构，而是复杂的组织系统，这种组织系统需要重新与虚拟时空耦合，配置社会资源，以求最大化地发挥社会效应。虚实时空不仅改变国家系统，而且改变公民与国家之间的互动关系。公民个体与国家机器之间产生了对等的信息权力，个体在虚实之间转换自己的能量，交流彼此的信息，不断给国家施加信息压力，改变国家凝聚力。

（二）多维时空。根据爱因斯坦的广义相对论，人类现实时空属于"四维时空"，即三维空间与时间轴的有机结合。虽然有学者对五维空间的存在提出大胆设想或探索，至今为止并没有一致的科学共识，对五维空间的状态及特性作出论证解释。网络社会的出现，却真实客观地为所有人展现出不同的时空存在状态。网络时空的多维特性不仅包含现实空间和时间存在，而且以网络技术为基础，以信息为基本形式，重新整合出时空运行的独有模式，为人的虚拟化发展提供了最大可能性。"对于个体而言，网络时代创造出更多的自由支配时间，社会时间更多地体现为个性化特征。"①网络时空的第一推动力就是人本身，人成为"第二宇宙"的缔造者，或者说人在第一宇宙之中创造了"第二宇宙"。网络时空中，人的本质关系的展现更加多元化和复杂化，人在虚拟时空中创造出的想象资源越丰富，就越可能使得虚拟时空的吸引力不断增长。不同时空之间的连接依赖于网络技术，技术的先进性决定着时空的多维性。

理解网络社会的多维性不能仅仅从现实时空的思维视角来看，而需要从虚拟时空所能涉及的领域来体察，才更富有现实价值与社会意义。也就是说，网络社会的多维性包含了人类社会发展的历史、现实与

① 邓志强：《网络时代社会认同的时空转换》，《人文杂志》2014年第8期，第124页。

未来，而且涉及社会领域的方方面面。从一定意义上来说，网络社会是现实社会的镜像，通过网络时空可以透视现实变化，预测现实发展。但是，网络社会不仅是对现实的多维呈现，更重要的是在现实时空基础上的延伸和拓展，带来了人的经验世界的传递和意义世界的再造。多维时空创造了多重可能性，人的虚拟活动自由得到充分发挥，进一步解放人的社会关系和思维模式，为个体穿越民族国家界限，争取人类解放提供了平台和空间。反过来说，也为网络社会国家凝聚力的形成制造了困难和障碍。

（三）共时时空。“因特网技术的发展使空间拉近与时间压缩的实质是节约了更多的社会时间，使人的发展空间得到了拓展，它体现的是人对自然历史进程的一种积极存在。”①现实时空对具体的个体来说是不同的经历与体验，此时此地正是个体在特定时空获得不同资源，开展实践活动的具体范畴。由于此时此地对主体的限制与制约，才能使得不同个体从社会中获得不同的现实经验和理解，成就个体丰富多彩的个性、能力与素质，激发出个体不同的社会创造性。网络社会利用网络技术对现实时空进行“压缩”，瞬时将世界图景推送到个体面前，个体实现了在网络社会中既在此地，也在彼地，既在此时，也在彼时的存在状态。主体的呈现方式不再是真实的身体实在，而是主体的符号表现。主体在虚拟时空中拥有了现实难以实现的能力，符号化个体从个体实体中分离出来，与无数信息一起构成了虚拟存在。现实意义的时间与空间对于虚拟个体来说，失去本来意义。从理论上来说，个体在虚拟世界中无所谓此地与彼地，虚拟主体在虚拟世界中，始终处于存在状态之中。

迈克尔·海姆说，“整体论的背景或世界是奠定我们知识和感觉

---

① 田佑中、陈磊：《论因特网时代的社会时空》，《南京政治学院学报》2001年第6期，第40页。

的基本实在”。[1] 当整个世界呈现方式改变时，随之而来的是人类知识与感觉的变化。在个体有限的生存空间中，社会关系、社会活动、教育背景等形塑了主体的观念世界，但是在无限的虚拟空间中，主体的观念世界都是虚拟世界的间接反映。虚拟时空对于个体来说，就是共时存在的。虚拟时空是人们利用技术创造出来的时空，在这个时空中人的现实性被颠覆，主体性被重新塑造。在现实时空中，人的主体性相对于客体而言，一般表现出主体与客体之间的分离和对立，但是，在虚拟时空中人的主体性与客体则是统一的，主体自身也是客体的存在。现实时空中的发展逻辑在虚拟时空中被技术逻辑所改变，虚拟时空对于人的价值意义也迥然不同。技术交往改变了现实交往之中的情感关系与心理状态，非线性的网络状态对所有人而言，都是平等的。人们在平等的共时时空之中开启自己与他人、社会与国家的对话之旅。

二、文化变换语境

爱德华·霍尔认为，现实社会中语境文化既有“高语境文化”，也有“低语境文化”，在高语境文化中非语言交流的价值与作用明显，在低语境文化中语言的交流沟通效果突出。网络社会出现以后，彻底改变了现实社会的语境文化，人们必须重新在网络社会中建构新的文化语境，以便进行顺畅的交流与沟通。

（一）技术文化。“技术文化是当代的主要文化形态，技术化是时代潮流以及众多社会问题的交会点。”[2]文化集中反映了人的创造性本质，与自然客观存在对应而言。文化就是人的生活世界，人总是在不同的文化中得以不断成长。从不同的视角分类，文化可以有不同的丰富内涵。信仰文化主要是指不同民族文化之中的精神向往，表现出内在

① ［美］迈克尔·海姆：《从界面到网络空间》，上海科技教育出版社 2000 年版，前言。

② 王伯鲁：《技术文化及其当代特征解析》，《科学技术哲学研究》2012 年第 6 期，第 62 页。

持久深沉的影响作用。科学文化是指通过理性方法进行分类化、系统化的知识体系，表现为在实践基础上对事物现象、关系、本质与规律的探索。艺术文化是指通过具体化、形象化的形式反映现实，传递情感，体现价值的文化创造。技术文化则是指人们在认知事物和探索世界中所使用的技能、工具和方法等，技术文化的特点在于操作性，将人与事物之间直接联系起来，帮助人去改变事物。随着互联网技术的不断发展，逐渐成就了网络技术文化。这种技术文化一方面是现实社会之中的存在状态，另一方面是形成了自身独有的存在领域。在这个领域中，网络技术在不断发展、壮大和延伸，而且发展速度超越了人类有史以来的所有技术创造。网络技术的创新性与成长性带来的社会领域的技术变革是全方位的，可以说，网络技术是当代技术文化的集大成者。

"技术为我们拓展了一个日益宽广和深化的世界，使我们能够接收外部世界更丰富更复杂的信息。"①网络社会的技术文化应该主要从信息主义的视角来加以理解，主客体关系都以信息为中介，失去了信息，网络社会就失去了存在价值与意义。网络技术范式整合了人、技术、信息之间的关系，进而重新进行了新的社会建构过程。"在技术理性主义盛行、物欲横流的现时代，被资本'绑架'了的高新技术及其研发活动，无论在法律上还是在道德上都是极其危险的，蕴含着巨大的社会风险。"②网络技术与人的联系越发密切，不仅是人的工具，更逐渐成为人主体功能的延伸，这种延伸呈现出双面化社会效应。如何增进网络社会中人的道德文化？这是能够保证网络社会技术文化健康发展的关键所在。网络道德文化与技术文化相辅相成、并行不悖，技术文化开辟了新型的人类存在和发展方式，道德文化是维持这种方式持续进行的社会规范。主体必须要在网络社会中处理好个人、社会与国家之间

---

① 肖峰：《信息主义：从社会观到世界观》，中国社会科学出版社 2010 年版，第 434 页。

② 王伯鲁：《技术文化及其当代特征解析》，《科学技术哲学研究》2012 年第 6 期，第 66 页。

的多重关系，既要积极利用网络技术来拓展自身的能力和水平，也要遵守网络社会交流沟通的内在逻辑要求。

（二）混合文化。“我们身陷一个意义的世界里，而这些意义都是人类文化自己生产的。”①网络社会的信息文化实质就是现实社会文化的混合化。信息在网络社会中的传播和流动过程就是文化交融的过程，人们的现实存在转化为文化存在方式。在网络文化中，没有人可以将自己与文化存在方式剥离开来，每个人都受到网络混合文化的冲击和影响。可以说，这是人的文化生活的真正体现，而且这种文化在不断更新和发展。在混合文化的场域中，人的现实主体性受到消解和割裂，原因在于现实主体的存在环境发生转变。在虚拟空间中寻找安身立命之所，人的精神自主性会在网络文化中迷失，甚至会形成某种程度上的现实人格障碍。当然，混合文化也会带来主体的精神解放和思想自由，任何精神专制和思想禁锢在网络文化之中将被逐渐化解，无孔不入的信息传播成就了网络社会中的信息生态，自动自发地形成信息自由主义。在网络混合文化生态系统中，全天候立体化地文化传播成为新常态，沿用现实文化管制方式来治理网络文化的观念与行为，都会遭遇强大的信息对抗，带来负面效果。网络文化中既有优良文化基因的传播，也有不良文化糟粕的流转。主体理性对文化的分辨判断能力关系到整个网络文化的净化与改良。

“文化始终在媒介中重新确定各种意义。”②在网络文化交流中，突破了地域界线和时空观念，文化产品实现电子信息化存贮，可以随时随地地进行信息提取和利用，从而最大化地进行文化开发。网络社会不同种类文化在交流中，既会相互启发，也会产生文化对抗。网络社会的

① ［美］劳伦斯·格罗斯伯格：《媒介建构：流行文化中的大众媒介》，祁林译，南京大学出版社2014年版，第22页。

② ［美］劳伦斯·格罗斯伯格：《媒介建构：流行文化中的大众媒介》，祁林译，南京大学出版社2014年版，第24页。

文化对抗以不同形态表现出来，主要有文化排斥、文化交锋、文化欺凌等。文化排斥是指在网络社会中，一种文化对其他文化的抗拒心理。文化排斥多体现在文化防范心理严重，或者文化保守主义占据主流的国家社会之中。文化排斥导致的结果是双向的，某种程度上维护自身文化的纯洁性，但是也在很大程度上阻碍了文化的发展性。文化交锋是指在网络社会中，两种或两种以上文化之间的文化观念、文化思维、文化情感、文化习惯等产生冲突。文化冲突随着全球化进程产生，网络社会交流平台的同一化加剧了冲突频率。文化冲突既会促进文化繁荣和发展，也会冲击文化传统和习俗。文化欺凌是指在网络社会中，强势文化对弱势文化的压制和胁迫，影响文化多样化的延续和扩展。网络文化欺凌是现实社会国家实力的较量，如果网络文化欺凌现象不断发展，可能导致弱势文化消亡，损害网络社会多样化的文化生态，破坏文化平衡。

（三）个性文化。“个人化媒体的创造力、自主性和即时性，颠覆了传统大众文化的生产和传播模式。”①个性文化的解放伴随着信息传播而不断推进，可以说网络技术与信息传播成就了个性文化流行。每个人都是独特的个性存在，人的先天特性千差万别，并且随着后天成长环境的塑造作用，个体都会呈现出自己的文化个性，丰富社会文化的内容和形式。在现实社会中，能够对社会文化产生巨大影响力量的个性文化较少，只有在不同领域中占据话语权和支配力量的个体才能将自己的个性文化转变为社会文化。互联网技术解构了现实社会结构，释放了无数个体的话语权和影响力，并为个体提供了将个性文化向社会传播的机会和条件。网络社会中个性文化的盛行既体现了人权平等性，也表现了人权的开放性。但是，个性文化在网络社会中的存在有其固有的限度，要求个体遵循一定的网络道德规范与法律制度。否则，个性

---

① 蒋建国：《技术与文化的变奏：中国网络文化发展的历史考察》，《社会科学战线》2017 年第 11 期，第 139 页。

文化的存在空间将会在道德失范和法律无序之中被逐渐压缩，直至消失。

“网络创造了平等、多元、共享的平台，让网民能够获得巨大的个人存在感和自主性。通过各种论坛表达个体意见，成为网民公共参与的重要方式。”①个性文化改变了文化话语权被精英群体所掌控的局面，促使网络文化的平民化和通俗化趋势越来越明显。尤其是网络个性文化可以充分挖掘社会情感，反映社会情绪的内在变化。个性文化表现形态各异，为网络社会发展不断提供丰富的文化资源，激发社会文化活力，创造文化信息等。但是，网络个性文化是国家文化不可分割的组成部分，个性文化是以个体需求和兴趣为导向的文化形态，必然与社会的整体文化秩序要求存在距离，甚至可能在一定的范围内损害社会文化秩序。网络社会文化需要国家在不同程度上进行规范引导，尤其是主流意识形态作为社会文化不可或缺的组成部分，需要在网络文化中占据应有的位置。个性文化与意识形态之间并行不悖，国家意识形态传播要以个性文化为基础，尊重个性文化的表达与诉求，针对不同网络群体采用不同的传播方式，实现意识形态教育目标。同时，个性文化既要有个体的智慧和思想体现，也要有一定的底线思维，即政治底线、法律底线、道德底线等方面的约束。作为社会存在中的个体，遵循底线思维，既是履行个体社会责任的必要条件，也是维护自身权益的切实需要。

三、多元情景语境

网络社会情景打破现实社会条件限制，融合了不同的技术元素，呈现出不同的语境特征，表现为虚拟情景、符号情景和交互情景等彼此交错的存在状态。

---

① 蒋建国：《技术与文化的变奏：中国网络文化发展的历史考察》，《社会科学战线》2017 年第 11 期，第 134 页。

（一）虚拟情景。不同的情景会带给人不同的心理体验和情绪情感，从而激发人们精神动力和活动意愿。“电脑软件和相关媒体不仅影响了我们的生活，还塑造了我们的存在、我们的经历、我们的认知以及我们跟他人的关系。”①在互联网技术构成的网络社会中，虚拟情景带来不同于现实社会的思维感受。虚拟情景中人和信息经过技术幻化，产生多重多样的组合形式，既有现实社会现存的情景元素，也可能创造出想象的情景空间。现实与虚拟情景的交叉组合，给主体带来全新的生存环境，进而为主体虚拟发展开辟道路。虚拟情景对人的心理产生影响的根本缘由是技术具身化，互联网技术已经成为人在网络社会中感受世界的必要部分，它在某种程度上与人的身体密不可分。技术具身化从两个方面来实现，第一方面是互联网技术必须能够为人所运用，也就是说技术的产生与发展与人本身的智力和能力相互匹配，不能超越人自身发展的阶段性特质，否则互联网技术就难以为人服务。第二方面是人自身要不断地学习技术，人对技术的理解与掌握将会影响技术成为人身体延展的可能性。互联网技术被人创造出来，在技术的运用中，无数个体运用自身的知识和经验与技术共同构造了虚拟情景。在虚拟情景中，人的身体结构与活动通过技术发生演化，展示出来的图式打破既有现实格局，将理性与想象、激情与梦想、高雅与低俗、人文与技术、现实与未来等元素最大化混合起来，成就出复杂动态的组合场景。在技术具身化中，技术发端于人，但其为人创造的虚拟世界已经反过来改变人的思想与行为。人的多样化需求是虚拟情景不断变化与发展的基本动力所在，这种动力既有物质化的吸引与诱惑，更有精神上的交流与满足。

虚拟情景的出现给人类提供了观察现实社会的全新视角，那就是可以在现实情景之外再造现实或创造现实，从而摆脱现实情景中的多

---

① ［美］尼古拉斯・卡尔：《数字乌托邦》，姜忠伟译，中信出版社 2018 年版，第 148—149 页。

重限制或制约条件。“与现实环境相比,虚拟环境的匿名性使得个体容易产生去个性化状态,此时化身线索容易影响个体的自我意识,由之提高了自我知觉过程的可能性,使得虚拟环境中普罗透斯效应更容易发生。”[①]虚拟视角中的现实实在成为独立于人的客体,人能够以更加理性的眼光来审视现实,凸显出个体的价值与力量。当人能够在现实之外发挥自己的理性作用时,实质上就进一步体现出自己的主体性存在,无论是公民个体,还是民族国家,现实社会的一切都可能在虚拟情景中重现,并重新接受理性的拷问。这种理性不仅是个体的理性思考,更是社会理性的集合。个体理性构成了社会理性,但是社会理性一旦产生,必然超越个体理性。现实情景的虚拟化,受到社会理性的检验,也是国家发展和社会进步的机遇与挑战。

(二)符号情景。“符号是传播的基础,形成了传播的文本、信息和话语,也是构成‘虚拟世界’的要素。”[②]在网络社会中,虚拟空间就是符号空间,符号情景是网络社会的基本常态。卡西尔认为人是“符号的动物”,人运用符号能够创造出自己需要的“理想世界”。在网络社会出现以前,卡西尔所指“理想世界”是现实社会,互联网技术为人类的符号集合提供了新型场域。在符号空间中,所有物质实在都以不同符号的形态表现出来,包括作为主体的人本身。

“网络空间的生活主要是由代码来规制的。”[③]网络社会中的符号传播有其自身的内在规律,既受主体的意志支配,也受技术的更新影响。在网络符号流转中,主体意志是贯穿始终的关键因素。主体一方面在不断地吸收符号意义,同时为符号赋予自身的理解,创造出更多的符号价值。个体符号融合自身的个性特征、利益诉求、教育文化、经历

① 卞玉龙、韩磊、周超、陈英敏、高峰强:《虚拟现实社交环境中的普罗透斯效应:情境、羞怯的影响》,《心理学报》2015 年第 3 期,第 364 页。

② 孟威:《网络“虚拟世界”的符号意义》,《新闻与传播研究》2001 年第 4 期,第 34 页。

③ [美]劳伦斯·莱斯格:《代码 2.0:网络空间中的法律》,李旭、沈伟伟译,清华大学出版社 2009 年版,第 94 页。

经验等,为网络社会内生活力提供源源不断的思想源泉。群体符号在更大程度上集结不同个体的潜在需要、集体意识、共同愿景等,为网络社会秩序文化提供生生不息的精神象征。网络符号既呈现出一体化趋势,更有分散化现象。一体化是指在网络社会中符号之间的关联性更加紧密,不同领域和群体之间的符号贯通更加简便,现实关系场域转化为一体化的符号场域。分散化是指网络社会中的符号多重裂变成为常态,符号创造无时无刻不在进行之中。网络社会的符号形态与符号价值不是一成不变的,随着技术发展而动态变化。网络技术越先进,符号系统越发达,能够承载与传播的信息流量越充分,从而对社会产生的多重影响越深远。

"人沉浸到网络符号世界中,感知与符号环境发生相互作用,在定性和定量综合集成的虚拟环境中,人能够对符号得到感性认识,开启了想象,再上升为对符号所表述概念、内涵的理性认识,从而加深了对现实意义的理解。人的思维也得到了启迪,萌发了新意。"[①]在网络社会符号情景中,人的创造性得到充分展现,一方面人在虚拟空间中不断创造出赋予不同意义的符号,另一方面也是在不断创造自身,解放自身的过程。网络符号的意义不仅是给我们提供了交流工具,更重要的是为人类精神成长提供了更为广阔的空间。在网络符号空间中,人类的精神创造力得到最大限度的发挥,而且这种创造性的符号积累不是遵循现实逻辑进行,而是信息逻辑的产物。人在网络符号的创造中重新成就人的主体性存在,充分展现人的社会性与独立性的相互融合,最大意义在于将人类现实社会中被压抑和泯灭的独立性重新唤醒,进而推动人类自身和社会的发展。

(三)交互情景。网络社会中交互情景是信息交换的最大化,人机之间、人际之间都会产生迥异的交互体验和感受。这种感受建立在计

① 孟威:《网络"虚拟世界"的符号意义》,《新闻与传播研究》2001年第4期,第36页。

算机和软件技术智能化基础之上,交互情景随着互联网络技术发展变得越来越接近真实,甚至可能与现实世界融为一体。也就是虚拟真实化,真实虚拟化的表现形态。在网络社会交互情景中,人的体验是第一位,网络技术发展方向就是理解和感知人的心理和行为特点以及交往愿望和目标,进而为主体提供便利和舒适的交互条件与环境。

网络交互情景的构建是人与技术互动的结果,关键是技术与人之间建立了有机的联系。技术不再纯粹地独立于人而存在,人对技术的操纵已经上升到更高层次。从一定意义上来说,人与技术之间的主客体关系发生转化,主体客体化与客体主体化的过程大大加快,主体与客体都成为网络交互情景的组成部分。"在网络社会生活空间中,网络人际互动创制了网络社会交往行为的规则与逻辑,从而将人类社会交往实践提升到了新的水平。"①在网络交互情景中的主客体之间交互作用时,会产生多种意志的角力,能够得到绝大多数人认同的想法和观念凸显出来,成为推动网络社会发展的社会力量。这种力量可能与国家意志相互一致,也可能彼此对立。如果符合国家意志需要,将会推动主流意识形态发展。反过来说,如果与国家意志相违背,国家与社会力量在网络社会的相互较量中此消彼长。

"任何技术都倾向于创造一个新的人类环境。"②网络交互情景不同于现实社会的交互维度,现实主体交往是单一维度互动,而网络交互则是复杂多维交往。在网络交互情景中,所有主体都是网络空间的节点,彼此之间"相互理解",共同构成交互主体性。交互主体性中的个体与他者之间的关系互为依存,不能分离。每个个体都既保留了自身在网络空间中的独立自主性,不断向他人传递自己的信息,也不可避免

---

① 吴满意、景星维:《网络人际互动对人类交往实践样态的崭新形塑》,《重庆邮电大学学报(社会科学版)》2015 年第 2 期,第 78 页。

② Marshall McLuhan, *Understanding Media: The Extensions of Man*, New York: Mentor Books, 1964, p. 4.

地无时无刻接收他人的信息回馈。在交互情景中，人的存在方式进一步凸显了人的类本质，人类正在以交互主体的方式最大化地开发自身，以类主体来挖掘自身的潜能，激发活力，最大化地实现人的解放。虽然人类的解放进程仍然有诸多困难和障碍，但是在交互主体的不断努力下，将会超越个体与群体的局限，成就全新的发展图景。

第二节　网络社会国家凝聚力的变化因素

所谓因素是指“构成事物的要素、成分；决定事物发展的条件”。[①] 网络社会国家凝聚力在技术发展、社会存在和社会意识的动力条件下不断变化，存在着经济、政治、社会、文化等多重因素的综合作用。

一、经济互联共振

“那些决不以个人‘意志’为转移的个人的物质生活，即他们的相互制约的生产方式和交往形式，是国家的现实基础。”[②]网络社会国家凝聚力的首要变化因素是经济因素，网络社会经济的互联共振性尤其突出。

（一）经济要素信息化。网络经济是信息经济，生产、分配、交换、消费等以信息为中心，信息是网络经济的基本内核。网络信息从物质实体的存在形式中分离出来，成为经济社会的基本要素。信息生产依赖于传播，渗透于传统行业之中，交易成本降低，效率大大提升。在信息经济中，信息成为最重要的社会资源，将各种物质形式进行重新整合，进而创造出更大的经济价值。以信息技术为基础开展的知识创造成为经济社会发展的重要动力，信息本身的特性对经济发展带来的影

① 《辞海》(1999 年版缩印本)，上海辞书出版社 2000 年版，第 2152 页。

② 《马克思恩格斯全集》第 3 卷，人民出版社 1960 年版，第 377 页。

响亘古未有。传统的第一产业、第二产业在经济结构中的比重不断下降，以信息产业为主要形式的第三产业逐步成为国家经济的支柱产业。“在后工业的社会里，一国的信息储存是它的主要宝贵财产，也是财富的最大潜在来源。”①国家之间的竞争从产业竞争转化为信息竞争，掌握了信息主导权和控制权，可以取得竞争的优势和发展的先机。信息不对称性往往成为改变竞争实力的关键性要素。在网络经济活动中，信息要素决定着物质要素开发利用的方向和效率，也在一定程度上影响着国家经济结构的合理性构成。尤其是在当代社会经济发展的资本构成中，信息对于资本总量的增长起到了积极促进作用。信息不仅会影响资本构成变化，从某种意义上来说，信息也成为资本本身。对信息价值的认识和理解无论对于个人，还是国家来说，都是在信息时代生存与发展的基础。“所有的大众媒体最终都会成为商业主义和消费主义的控制工具。当生活与媒体的交融程度越深，受到公司控制的程度就会越深。”②网络社会中信息消费主义的盛行已经成为时代特性，“信息拜物教”开始与“商品拜物教”并存变化，对信息的无限渴望与追求会在某种程度上改变人与人之间的虚拟社会关系，导致信息异化现象的出现，改变网络社会国家凝聚力的信息环境。

（二）经济贸易全球化。信息要素的市场范围不再局限于地区与国家内部，跨越了种族、语言、地理、文化等差异，使得经济贸易的直接性突出，促进了生产和交换的常态化进行。信息经济不仅关系网络经济发展，也与实体经济全面接轨，影响每个国家和地区的经济安全。网络社会经济贸易全球化是实时互动的经济社会形态，改变了现实经济交换的地域壁垒和地理差距，在经济关系上实现了从区域性到一体化的转变。经济关系一体化体现在经济主体、经济中介、经济客体、经济

---

① ［美］汤姆·斯托尼尔：《信息财富》，吴建民、刘钟仁译，中国对外翻译出版公司 1987 年版，第 5 页。

② ［美］尼古拉斯·卡尔：《数字乌托邦》，姜忠伟译，中信出版社 2018 年版，第 123 页。

市场等一体化,是经济发展与技术发展的全面结合。网络经济全球化与现实经济全球化相辅相成,不可分割,一方面现实经济全球化离不开信息网络技术的平台和基础,没有网络技术的出现与发展,现实经济全球化的进程将大大延缓。另一方面,网络经济全球化是现实经济全球化的延伸与深化。网络经济以现实经济为基础,并且进一步突出强调了服务型经济的主要地位和作用。在网络社会服务型经济关系中,打破了资源型经济的条件限制,主要以知识生产与技术改进为主要方式。"信息主义以技术发展为取向,亦即追求知识的积累,以及信息处理更高层次的复杂度。"①在21世纪的国家经济转型中,面向全球化的新经济成长速度惊人,超越所有传统行业经济发展,成为经济腾飞的引擎和克服经济危机的制胜法宝。网络经济最大化地开发社会需求,无论是生产需要、生活改善、社会进步等,都在网络经济形态中孕育着新的经济动力,改变了网络社会国家凝聚力的交换领域,并带来个体思想解放,提高个体对意识形态的审视与反思能力。

(三)经济组织类型化。网络社会中信息流动表面上繁杂无序,但不同经济组织有其内在的信息流动规律。网络经济组织以网络平台为依托相互关联,规模经济和个体经济并行,竞争态势在全球市场展开,整合资源能力成为占据优势的必要条件。网络组织类型化最大程度上将有共同利益、兴趣、价值追求的群体集中起来,强化了共同的精神基础。在互联网企业与传统企业全面融合之际,网络组织也会按照不同类型进行分化组合。在网络经济组织中,按照人们的经济需求、消费方式、心理特点等,各自的市场定位逐渐细化。在相同的利益类型中,由于信息的公开透明化,互联网企业之间的竞争表现更为突出,影响力度更为深入,范围更加广泛。在网络经济组织中,群体集聚效应更为显著,推动经济组织的两极分化现象。"新技术范式和新组织逻辑之间

---

① [美]曼纽尔·卡斯特:《网络社会的崛起》,夏铸九等译,社会科学文献出版社2006年版,总导言第16页。

的汇聚与互动，构成了信息化经济的历史基础。”①不同的网络群体之间产生互动，将会给网络组织带来信息交换，进而引发组织变革和分化。在互联网企业发展中，能够抓住信息经济发展的时代机遇，占据竞争先机的组织不断发展壮大，成为垄断市场的“巨无霸”。反过来讲，无数小规模的网络经济组织在同质化竞争中轮回更替，成为网络社会底层的经济细胞。在不同类型的网络经济组织中，信息逻辑和网络逻辑的影响大大超越现实经济组织运行范式，遵循新经济模型建构起来的组织更新速度加快，紧跟信息技术变革发展步伐，改变了网络社会国家凝聚力的组织形态。

（四）经济效应递增化。网络经济中信息产品的使用遵循市场影响力原则，信息市场越大，使用信息人数越多，成本越小，累积价值越大，越能够产生裂变作用。信息能够与其他经济要素相结合，产生催化效应。效应递增性无形中加速信息的传播与渗透，增加了国家凝聚力变化可能性。网络经济组织的效应机制颠覆了现实传统，在网络组织的工作状态中，全天候不间断的信息传输成为常态，个体网络经济组织的行为效应取决于网络个体与其他组织的行为反馈。网络个体经济组织改变了传统企业的组织形态，节约了交易成本，最大化整合市场资源，不断地创新式发展。网络经济效应的递增化影响结果是多方面的，既会给个体组织带来规模上的扩张和增长，也会带来社会经济模式的转型和变革，还会给国家发展带来整体上的跨越和进步。在网络信息经济效应之中，职业结构的变迁是重要的表现形式。随着全球经济一体化机制运行，信息密集职业逐渐成为新兴职业结构的中心。尤其是专业人员、技术服务、管理阶层等。② 职业结构变化显示出对教育、知

---

① ［美］曼纽尔·卡斯特：《网络社会的崛起》，夏铸九等译，社会科学文献出版社 2006 年版，第 147 页。

② ［美］曼纽尔·卡斯特：《网络社会的崛起》，夏铸九等译，社会科学文献出版社 2006 年版，第 196 页。

识以及技术的更高要求，从而改变原有的社会结构。网络社会经济对职业工作状态的要求发生转变，对突破常规、信息整合以及内在创新的能力有着必然的需求。“整体而言，以全职工作，清楚的职务分派，以及涵盖整个生命周期的生涯模式为基础的传统工作形式，已经缓慢但确实没落了。”①依赖于稳定职业体系的社会约束机制将逐渐解体，要维持网络社会正常的市场经济秩序，需要从网络经济特性出发，开展相应的网络经济多边治理，充分发动国家、社会、企业、公民等经济主体共同组成完善的治理结构。

二、政治机制变换

网络社会政治机制中公民与国家之间的平衡关系发生了变化。网络政治治理行为遵循上下互动的参与机制，信息的公开透明和无中心化扩散迫使国家权力及时回应公民权利的要求和期待。

（一）政治主体的改变。“国家的各种职能和活动同个人发生联系（国家只有通过各个人才能发生作用），但不同作为肉体的个人，而是同作为政治的个人发生联系，同个人的政治特质发生联系。”②在政治活动之中，能够被法律所承认，享有一定的政治权利，承担一定的政治义务，并积极参与政治活动的国家、团体和个人，可以称为政治主体。网络社会中的政治主体不仅形式上发生变化，而且政治影响力也发生改变，不再局限于现实政治体制结构，更突出政治主体与网络社会之间的契合程度。从国家主体来看，法律本身是国家意志的体现。国家是对政治活动起到支配和控制作用的主体性存在。在现实社会中，国家主体可以依赖于暴力机器来维持政权稳定和社会秩序，依赖于长期以来形成的官僚体制和文化对政治运行施加权力

---

① ［美］曼纽尔·卡斯特：《网络社会的崛起》，夏铸九等译，社会科学文献出版社 2006 年版，第 256 页。

② 《马克思恩格斯全集》第 3 卷，人民出版社 2002 年版，第 29 页。

影响,并且可以掌控社会舆论强化统治。在网络社会中,政治团体表现形式发生变化,更大程度上依赖于网络技术建立彼此之间的联系和沟通,使得团体的容纳度大大提升,成员数量不断增长,从而对社会产生的政治压力越来越大。而且,在网络社会中政治团体的运作逻辑发生变化,团体成员之间自主性大大提升,对于挖掘政治团体的政治潜能起到积极作用。从个体主体来看,国家公民是政治体系中基本的构成部分。个体需要的尊重和满足是社会治理的主要目标,公民政治参与是国家政治发展的基础性条件。在网络社会中,公民参与的环境大大改善,但是也给公民思想分化创造了条件。把握网络社会运行规律,适应网络治理趋势的主体,就能充分发挥政治效用,增进网络社会国家凝聚力。

（二）政治关系的改变。不同政治角色之间的关系在现实政治生活中遵循一定的规范和要求。但是,网络社会中的政治关系却可能颠覆现实规制,重塑政治角色。网络社会政治关系的构建趋势是理性平等的对话和交流,政治角色重塑的关键是建立有效的理想沟通模式,改善政治主体的信任关系。网络社会中政治关系实质就是公民、社会与国家之间的政治互动,如果三者之间的互动关系良好,网络社会的政治秩序就可以长期持续地稳定发展。网络社会政治关系的变化主要表现在:一是公民与社会关系。无论是公民个体还是群体,在网络社会中的存在状态的改变,都在更深层次影响着公民与社会组织之间的相互制约关系。网络社会中公民与社会组织之间的联系更加紧密,公民群体之间在网络社会中的集体性力量被最大化地激活,大量非政府性社会组织借助网络得以充分发展,从而增强社会力量,进一步影响国家权力。二是公民与国家关系。公民权利是国家权力的基础,国家权力是公民权利的保障。在网络社会中,公民权利意识不断觉醒,利用多重路径展开维权活动,公民权利与国家权力之间可能存在着矛盾和冲突,从而表现出此消彼长的动态性状态。三是国家与社会关系。“国家与社会之间存在着一种互构的关系。”①国家在社会发展中产生，也会在社会发展中消亡。国家需要社会不断地为其提供强大的社会资源，社会需要国家为其提供稳定的秩序条件。在网络社会中，现实国家赖以强大的资源形态发生转换，暴力工具的影响力量受到牵制，社会组织滋生，社会力量重新组合，逐渐产生不同的价值和意义，给网络社会国家凝聚力建设带来更大的挑战。

（三）政治进程的改变。网络社会政治进程的多元化日益凸显，不同诉求的个体、团体、机构等都会在一定程度上影响政治进程。网络社会中的个体力量可以与利益集团相抗争，起到推动政治发展的价值。网络群体之间的互动关系越来越密切，可能形成“网络政治集团”，改变网络政治生态。网络政治发展的过程是政治现代化不可或缺的组成部分，在这个进程中，不同政治主体的政治实践活动是推动政治发展的关键性因素。有什么样的政治实践行为就会带来什么样的政治效果，政治实践行为的形成是主体利益、价值、需求、关系的综合作用。在网络政治实践中，国家主体力图重新在网络社会中建构新的集体意识，形成全新的国家认同，以巩固国家内在凝聚力和吸引力，抵抗不同意识形态带来的思想混乱和价值冲击。多元化的社会主体可以利用互联网技术来集中资源，调解社会关系，掌握不同的社会力量，从而逐渐增加自己的政治影响力。在网络社会中社会主体表现得更为复杂多样，他们之间的互动关系产生强烈的社会共识，进而对国家主体施加社会压力，谋求更为自由开放的社会空间。公民个体在网络社会中的角色意识需要重新定位，将现实社会的公民身份将以延伸，既可以享有自身应有的公民权利，也要承担应有的公民义务。也就是说，在网络社会中，多样态的政治实践形式促使社会个体以及群体在与国家交往中产生更大的渗透性。

① ［美］乔尔·S.米格代尔：《社会中的国家》，李杨、郭一聪译，江苏人民出版社 2013 年版，第 156 页。

（四）政治系统的改变。网络社会的出现，从信息输入、机构设置、人员调配、政策设计等多方面对原有政治系统产生冲击作用。封闭僵化的政治系统如果不进行信息化变革，可能会危及政权稳定，制约政治发展。政治系统的变化是信息时代的必然过程，在网络政治系统建构中，“我们的分析将有赖于一种系统思想：系统处于一个环境之中，并且易于受到来自环境的可能影响，这些影响可能要把系统的基本变量逐出其临界范围”。① 伊斯顿认为，一个政治系统与其他系统不同之处在于能够通过互动向社会权威性地分配价值。但是，在网络社会中政治互动过程被技术完全改变，而且系统与社会环境之间的关系也凸显不同。无论是从信息输入、动力反应，还是政治输出的结果来看，政治系统都必须在现实系统之外重建，以不断增强本身的动态适应性，防止僵化系统的崩溃。在网络社会政治系统之中，对于系统信息流动以及成员的不同愿望与要求进行有效筛选，以保证系统输入机制正常运行，否则可能出现信息输入超载现象。信息容量过大，导致系统不能将其转化为决策，就会出现不稳定性因素。在政治系统处理信息过程中，政治愿望与要求也在不断地变化之中，从而对系统运行产生内在压力。尤其是在网络社会政治系统之中，原有的政治价值面临着诸多冲击因素，没有可持续的政治价值，政治系统存在的凝聚力慢慢消散，缺乏系统成员的信任和支持最终就会导致政治系统体系的崩溃和垮台。

三、社会结构解体

“每一历史时代主要的经济生产方式和交换方式以及必然由此产生的社会结构，是该时代政治的和精神的历史所赖以确立的基础。”② 网络社会出现以后，国家建立在虚拟和现实交融的社会结构之上。

---

① ［美］戴维·伊斯顿：《政治生活的系统分析》，王浦劬译，华夏出版社 1999 年版，第 37 页。

② 《马克思恩格斯文集》第 2 卷，人民出版社 2009 年版，第 14 页。

（一）人口结构复杂化。网络社会中的人口结构打破历史、地理、政治、经济、文化等方面的差异，实现了无差别交往互动，复杂性程度高于任何现实群体构成，直接影响是思想文化的碰撞和交流。一方面对原有的精神信仰、知识系统、文化体系、价值观念等产生消解作用，促使个体与群体的国家向心力下降。另一方面，由于网络社会中开放的信息交流，有效地集合了优秀的思想文化资源，激发出社会内在活力，为社会进步创造条件。在网络社会发展过程中，人口结构变化带来个体思想与行为机制改变，国家凝聚力的个体和群体基础发生动摇，促使国家治理体系的转变。在网络社会出现以前，文明发展以地域为基础形成人口特征和地域文化，网络社会的人际特性重塑了人本身，并且在网络人际关系的分化与整合中，超越个体、民族与国家局限，增长了民众的全球意识，推动社会发展。在网络社会中个体和群体的心理与情感结构也会潜移默化地发生改变，个体的沉浸性、虚幻性、超越性心理特性尤为突出，既在精神层面上开发了个体的心理机能和水平，也将个体的虚拟与现实心理空间进行了有机分割，增大了心理困境和心理障碍出现的可能性。网络社会本身就是社会群体的集合，“同质社区的增多不仅减少了跨群体的社区，造成了政治分裂，而且它还加剧了调和多样化的利益和世界观的困难程度”。[①] 在互联网世界中，网络群体进一步推动了群体聚合和群体极化现象的发生。

（二）组织结构扁平化。“网络不仅仅具有工具化的特征，更具有重塑与改造人际网络的特有属性。”[②]网络社会的组织结构从垂直型转向扁平化，从层级型转向组合型，个人与组织、组织与组织、组织与社会之间的关系逐渐颠覆过来。个人与组织之间从人身依赖转变为技术依赖，个体不再通过自己身体“在场”体现对组织的贡献，对组织的心理

① 胡泳：《众生喧哗：网络时代的个人表达与公共讨论》，广西师范大学出版社 2008 年版，第 219 页。

② 朱海龙：《网络社会“组织化”与政治参与》，《社会科学》2015 年第 3 期，第 31 页。

归属感下降。组织与组织之间信息公开化程度大大增加,组织竞争更多地取决于组织的吸引力以及对社会需要的满足度。网络组织类型与社会结构之间关系越发密切,组织类型变化推动社会结构变迁。网络社会组织对个体自主性制约减少,个体保持“组织人”与“社会人”的统一。在网络社会组织构成要素上,组织规范、组织地位、组织角色和组织权威都不同程度的发生变化。网络社会制度既要保持对组织成员的约束性,以维持组织活动的正常开展,又必须为个体提供充分的自由活动空间,以适应网络社会组织信息流动快速化的需要,塑造组织内部主体互动交流的新型网络模式,保障网络社会组织行为合理化。由于网络组织开放性特质,个体的归属地位比较灵活,可以实现多样化并存状态。个体可以摆脱现实组织身份限制,取得不同的网络组织地位,而且可以通过自身的贡献获得地位的提升,改变个体的认同体验。主体按照自身地位开展行为活动,通过互联网技术发挥自己的社会价值与社会影响。网络组织权威的形成不同于现实社会组织,必须依赖主体的活动贡献来获得,现实社会组织权威需要经过网络组织成员认同,从而重塑组织关系格局。

(三)阶层结构混合化。现实社会阶层界限分明,逐渐形成不同的价值观念、思维特点、交往范围和生活方式等。但是,网络社会中社会阶层结构混合化程度大大增加,所有阶层都受到网络技术驱动,逐渐形成社会一体化的认知结构、信息来源、交往模式、舆论热点等,彼此博弈依赖于话语权的社会影响力。从社会分层机制来看,主要有三方面:一是社会制度和文化。二是社会分配规则。三是社会流动。[①] 从社会制度和文化上看,在现实和网络社会获得资源的手段各不相同,现实社会资源并不等同网络社会资源,现实社会阶层的象征符号被彻底解构。网络社会的资源分配规则打破现实传统,信息资源价值大幅上升,信息

① 李强:《社会分层十讲》,社会科学文献出版社2011年版,第7—9页。

资源在一定程度上代表着网络社会地位区分。从社会流动程度来看，网络社会群体流动超过任何国家或地区，阶层划分不仅是财富的多寡和权力的大小，更大意义上是不同性质群体的集合。从社会分层的“地位差异结构”以及“地位准入机制”来看，网络社会的地位差异结构表现是主体对于互联网技术掌握程度以及自身参与网络社会活动的频率，无论哪个社会阶层都要接受网络社会运行规律，遵循发展要求，否则就会被排斥或拒绝。从网络社会地位准入机制来看，网络社会地位上升通道公平公开，克服了现实社会血缘、地缘、垄断等诸多条件限制，为所有阶层提供相同的竞争机制，保证阶层结构混合化发展。

四、文化价值交融

“互联网乃是一种技术改变人类生存方式的突出例证。它不仅改变着人类的日常生活行为，而且也创造着独特的群体共享的文化价值体系。”[①]现实地域文化随着网络技术发展向网络文化转化，不同的地域文化混合起来，彼此之间交融分化，对国家凝聚力的解构效应逐渐凸显出来。

（一）价值观。网络社会文化较量归根结底是价值观的博弈。在文化交融中，文化能否感染人、吸引人，关键在于文化内核的先进性。个人主义价值观和集体主义价值观论战会以显性或隐性的形式长期存在于网络社会之中。网络社会个体意识的强化推动了个人主义价值观冲击集体主义价值观，对国家凝聚力的消解性突出。价值观的变迁与社会关系密切相关，“换言之，社会关系的变化构成价值观变化的主要动力”。[②] 网络社会的基本构成方式是虚拟社会关系，虚拟社会关系改

① 唐魁玉：《网络文化价值与网民的核心价值观》，《学术月刊》2012 年第 11 期，第 19 页。

② 潘维、玛雅主编：《聚焦当代中国价值观》，生活 · 读书 · 新知三联书店 2008 年版，“序言”第 2 页。

变了网络社会价值观表现形式。在虚拟社会关系中，利益关系、政治关系、法律关系、伦理关系、宗教关系、国际关系等会发生不同程度地转变，共同推动着社会价值观转型。价值观不是孤立存在的，它是人的精神系统的组成部分，既受制于经济基础的决定性作用，也会受人的需要、动力、兴趣、情感、心理等多重因素影响，还会受不同思想文化观念的冲击。在网络社会中，所有影响价值观的因素都会变化，经济关系从物质关系转化为信息关系，主体的精神需求通过网络技术被不断满足，甚至被重新塑造。网络社会主体可以摆脱信息控制和垄断，充分发挥自己的主观能动性，匹配自己的精神价值观。价值观的转变随着网络技术发展而发展，是社会发展内生动力的要求和体现。网络社会价值观的发展方向需要国家、社会和公民三方面的参与，国家的核心价值是网络社会价值观的竞争资本，影响国家自身发展、国家对外形象、国家利益维护以及国家之间的合作关系。

（二）传统性。“书刊印刷业的兴起和商业发展的需要，不仅打破了僧侣对读书写字的垄断，而且也打破了他们对较高层次的文化教育的垄断。”①网络技术的出现打破了信息壁垒，文化传统在同一平台上进行展现。不同传统以不同形式开展网络传播，影响力既取决于传统本身，也取决于传播力量。传统文化与网络技术的结合越贴切，对现实社会的影响越大。网络社会中传统的力量既作用于人本身，也会通过不同的网络符号加以体现。对人的作用将会通过人在网络社会中的言行扩大影响，不同的文化符号影响范围更加广泛。文化传统形成于不同的历史地域之中，带有浓厚的文化特色，显现不同的文化心理和文化情感。文化心理的理解和接受需要一定的文化背景，但是网络社会中复杂多样的存在状态决定着主体不可能有相同的文化背景，就可能带来文化理解上的偏差和误读，进而影响文化交流和沟通。文化情感的

① 《马克思恩格斯文集》第2卷，人民出版社2009年版，第225页。

激发和共鸣需要文化知识，但是网络社会中不同的主体接受文化教育的程度及层次不同，甚至可能接受差别明显的知识系统，就会带来文化知识上的矛盾冲突，甚至可能引发文化欺凌和对抗。文化传统在网络社会的延续需要有效的文化载体，既能够契合网络传播特点，同时包含传统元素，既要有文化产品，也要有文化价值，既要有文化故事，也要有文化形象。文化传统的传承要有批判眼光，取其精华，去其糟粕，才能在网络社会中将发扬文化传统与塑造国家凝聚力更好地结合起来。

（三）现代性。吉登斯认为，“现代性指社会生活或组织模式，大约17世纪出现在欧洲，并且在后来的岁月里，程度不同地在世界范围内产生着影响。”①网络技术本身是文明现代性发展的产物，在网络社会中多元文化之间存在文化中心主义思想，引发“文化震惊”现象，②也就是不同文化之间的冲突和适应过程。主流文化与非主流文化存在着文化差异，主流文化以理性文化为代表，体现在社会主流价值观层面的文化形式，非主流文化表现出来更多是现存社会复杂多样的思想观念和价值倾向。现实社会中的非主流文化与主流文化往往并不通过相同的渠道和路径进行传播，但是在网络社会中非主流文化或边缘文化对主流文化的冲击作用非常明显，甚至可能发生逆转效应。非主流文化的网络传播消解了主流文化的渗透力和影响力，会给社会带来文化偏离和错乱，造成文化人格分裂。也就是说，现实社会主流文化环境中的人格认同与网络社会非主流文化环境中人格认同产生分离，这种人格分裂既给个体带来心理困惑和问题，也会给社会文化发展带来隐患。网络社会中两种文化的地位反转给违法犯罪现象提供了土壤和温床，并可能诱发社会问题，影响社会稳定。网络社会中文化现代性表现的是文化的理性精神。“理性向来就存在，只是不总具有理性的形式。”③非

① ［英］安东尼·吉登斯：《现代性的后果》，田禾译，译林出版社2000年版，第1页。
② 郑杭生：《社会学概论新修》（第四版），中国人民大学出版社2013年版，第76页。
③ 《马克思恩格斯文集》第10卷，人民出版社2009年版，第8页。

理性文化与理性文化并存，伴随网络社会的产生而出现，只有以理性引导创造性，扼制其破坏性，才能为网络社会发展提供有序的未来。在网络文化认同的重塑中，文化理性发挥着不可替代的作用，国家凝聚力只有在个人理性与社会理性的共同推动中，才能重新建构起来。

第三节　网络社会国家凝聚力的变化心理

网络社会国家凝聚力的变化实质就是主体人的心理变化，这种心理变化既有个体心理，也有群体心理，以及社会心理变化，进而改变国家凝聚力的心理构成。

一、个体心理

个体心理的变化是国家凝聚力变化的基础，国家凝聚力离不开个体发自内心的认同和肯定，个体心理的变化给国家凝聚力带来的影响深刻而长远。

（一）自我认知。“所谓自我认知，乃是主观的我对客观的我的认知与评价。”①自我认知是个体对自己的心理判断，取决于自我的基础性条件，也受个体所处的社会环境与社会关系的影响。“在网络和虚拟条件下，认识环境和对象都发生了改变，从现实的环境和对象变成虚拟的环境和对象。在这种认知条件下，人们的行为方式会发生变化。”②

在现实社会中，个体的面貌、身高、肤色、体型等符合社会审美标准，就会在社会交往中占据客观优势，有助于个体提升自我认知水平。但是，在网络社会中，社会交往的现实优势不能同时展现，突出了语言、

① 时蓉华：《现代社会心理学》（修订版），华东师范大学出版社2007年版，第132页。

② 蔡曙山：《网络和虚拟条件下的道德行为——基于当代认知科学立场的分析》，《人民论坛·学术前沿》2016年第24期，第60页。

文化、交流沟通技巧等内容，从而迫使个体提高网络交往水平，增强自我认同感。现实社会个体可以通过自己的行为结果来判断行为能力水平，进而形成自己的能力认知。在网络社会中个体的自我行为环境发生改变，行为模式从现实指向虚拟，行为要求随之转换，个体在现实社会中通过长期训练积累起来的能力面临重新评估的条件。如果个体能够迅速适应虚拟环境，并将现实行为能力迁移至虚拟社会活动之中，将会逐渐恢复自我效能感，树立自信心。反之，则可能产生自我挫败感。个体自我认同是社会互动的产物，只有在社会互动之中，个体才有可能在社会关系中概括出自我印象，形成自我价值感。网络社会中，社会互动群体关系构成变化，既有现实社会关系的延续，也会出现大量虚拟社会交往群体。群体成员通过网络技术进行印象评价，影响因素增多，不可控制力增加，难以保证印象的客观公正，进而改变主体的自我认同。个体自我认知是在与他人的比较中得出的自我评价。现实社会中的社会比较依赖于真实有效信息，但在网络社会中个体与交往对象之间存在网络媒介，彼此信息交换必须通过网络进行，从而存在信息失真、误读、欺骗、干扰等多种可能性，造成比较信度降低，影响个体评价的准确性。

（二）自我体验。自我体验是指主体自我对自己的情绪和态度。“对于人来说，在虚拟世界中能够体会到的是某种对现实生活状态的超越的可能性。”①自我体验的自尊心与自信心建立在自我价值感的基础之上，如果个体在社会中自我价值得以实现，得到社会的肯定与认可。个体的自尊和自信水平将会上升，激励个体不断努力，创造出更大价值。反过来，个体可能陷入恶性循环的自我否定状态。现实社会中个体自我认同得不到满足，就可能转化为网络社会行为动力，寻求自我解脱。从自尊的心理结构上分析，个体在网络社会中情感上的安全感

① 贾英健:《论虚拟生存》,《哲学动态》2006年第7期,第26页。

与无助感并存,一方面个体必须从现实社会关系中解脱出来,重新进入虚拟社会关系。在这个转换过程中,情感关系的整理与修饰容易使自我产生无助感,另一方面个体摆脱了现实社会关系的道德约束,可以最大限度地释放自己,产生心灵解脱感。

个体自我对成功和失败的体验来自于自我期望水平与自我价值实现的对比关系。如果自我价值实现达到或超过自我期望水平,则会有成功感,反之就有失败感。在网络社会中,个体的成功感和失败感来自于自我在虚拟世界中的归属、胜任与意义感。"'意义性'是人在虚拟生存中最具主观性的内在生命感受",①如果个体能够自如在虚拟空间中开展不同的虚拟活动,并获得相应的社会支持,则成功感就会上升,并产生依恋情绪。"虚拟互动中个体有时不但没有获取其所需信息,反而丧失与家庭、社会交流的机会,最终导致个体与社会脱节。"②如果个体自我难以适应虚拟空间的活动规则,或者难以被虚拟空间人际交往所悦纳,则个体自我体验不佳。

自豪感是个体自我行为与社会期待相符时,对自我价值的积极评价。羞耻感是个体自我意识到两者差距时的情绪体验。网络社会中的自豪感来自于个体完成相应虚拟社会活动时,自我成就动机得到满足后的积极体验。但是,个体羞耻感在虚拟空间中却发生较大变化,因为虚拟社会的匿名性、间接性交往方式,个体内在的道德约束力大大降低,道德自律性下降,羞耻感也相应减弱,从而导致一定时期的网络道德失范行为持续增加。内疚不同于羞耻,主要表现在个体对自己行为违背社会规则而导致的自我谴责。内疚心理的存在是社会规范内化成功的体现,也是主体社会化程度的表现形态。网络社会中由于自我与

① 程建家、殷正坤:《虚拟生存的意义性探究》,《自然辩证法研究》2001 年第 2 期,第 54 页。

② [乌克兰]H.B.科蕾特妮科娃:《互联网时代的网络依赖性及人格缺失》,《社会科学战线》2013 年第 12 期,第 225 页。

社会联系的空间性转换,规则意识不明,主体的内疚心理也会有不同的变化,主要体现为内疚弱化比较典型。

(三)自我控制。自我控制是个体心理变化的能动性表现,是个体自主调节行为的能力。自我控制对于个体来说,是保证社会适应性的重要方面。在自我控制能力发展中,个体与社会之间的互动经验起到关键性作用,促使个体不断改善和提升自己,形成社会化的自我形象。在网络社会中,个体社会互动的角色、对象、形式发生了变化,从而影响互动经验的获取和能力的提升,“而且主体还通过不断变换自己的身份,不断地进行自我重塑和自我建构”。①

网络社会中社会互动主体自我的角色定位模糊,诸多个体没有意识到在网络社会中享有的权利和承担的义务,难以对自己有更高的自我控制要求,更加注重个体自我意愿的表达和行为实现,导致社会期待值下降,从而削弱个体自我控制的外在压力。“虚拟生存所体现的不仅是对现实生存本身的一种超越,更是对现实生存的类意识上的超越性。”②在网络社会中,社会互动的“脱域”机制明显,自我的社会关系被网络技术从既定的互动情境中解放出来,重新建构社会网络。在主体自我的虚拟社会网络中,互动的内容大大丰富,改变了自我控制的内涵和要求。网络社会互动以虚拟主体为表现形态,通过主体的符号象征来进行互动,自我控制不仅依赖于主体自身,还依赖于网络技术的改进与发展,为主体提供更好的网络互动体验。在网络社会中自我控制机制发生改变,主体不需要通过调节实际行为来实现社会印象整饰,通过自我符号就可以实现网络社会中的形象建构。这种自我控制既给个体监控自己的网络行为提供了实践便利,也给自我的社会欺骗提供了大量机会,为社会主体之间的信任沟通增加了难度,扩大了社会不信任感。

---

① 徐世甫:《虚拟生存的哲学反思》,《南京社会科学》2003 年第 2 期,第 28 页。

② 贾英健:《论虚拟生存》,《哲学动态》2006 年第 7 期,第 27 页。

二、群体心理

群体心理建立在个体之上,但不是个体心理的简单组合。不同的群体之中个体心理产生不同的叠加效应,从而带来迥异的社会辐射力。

(一)初级群体与次级群体。“网络空间中的社会群体,可以通过信息交流沟通形成影响不断放大的力量,并进而转化为改变社会秩序的强大动力。”①初级群体是指以感情为基础而形成的社会群体,如家庭、亲属、邻居、村落、朋友等,次级群体是指以社会角色和共同目标为基础的社会群体,如军队、学校、公司等。网络社会群体关系从现实生活实体向虚拟生活实体转化,依赖于现实生产生活的情感维系方式转变为虚拟媒介交往习惯,群体成员心理变化受到网络社会多重信息的干扰和影响。在网络社会不同类型社会群体之中,群体心理的变化有不同的表现形态。从初级群体来看,现实群体内部联系紧密,情感沟通深入,交往范围集中,对个体身心成长影响较大,社会共振性较高。在网络社会中,初级群体成员之间关系分化,表现出紧密程度或离散程度增加的现象。如果初级群体成员年龄、教育、兴趣等相似度较高,习惯运用互联网技术进行社会交往和情感沟通,彼此之间的网络联系也会随之增加,进一步加强心理融合度。反之,初级群体成员之间的社会特征相差过大,或对互联网技术的接受运用程度不高,彼此网络联系减少,进而影响相互的心理认同感。

次级群体的心理变化体现在信息路径、交互作用和群体意识变化等方面。次级群体是主体在社会组织中建立的群体关系,现实社会组织可以通过控制信息系统影响主体的思想观念,在网络社会中的次级群体信息环境自由开放,信息控制难以奏效,甚至可能导致群体逆反心理。次级群体成员的交互作用形态不断变化,现实社会次级群体成员以正式的社会角色出现,相互交往的职业色彩浓厚,群体成员之间心理

① 刘少杰:《网络空间的现实性、实践性与群体性》,《学习与探索》2017年第2期,第41页。

共识度较高。在网络社会中次级群体成员的符号角色凸显，为个体自我的心理调适留出时空距离。现实社会的次级群体意识在群体目标、群体规范、群体凝聚力、领导方式等因素影响下逐渐形成，网络社会中次级群体意识的心理机制发生变化，群体规范对自我的约束能力降低，个体受到群体的心理压力减轻，不同个体在群体意识中的影响方式和作用效果改变，群体凝聚力在与外界信息交换中发生选择性变化。

（二）内群体与外群体。“作为一种媒介新生力量，网络社群解构并重塑着社会的民主生活形态，形成自我表达、社会交往与社会活动的多样态生存场域。”①美国社会学家萨姆纳 1906 年按照成员对群体的心理归属，把群体分为内群体与外群体。在内群体中，群体成员对群体的心理认同感较高。外群体一般泛指内群体成员与他人的结合。在网络社会中，由于个体的自我选择性增强，内群体组合大大增加，不同个体克服时空局限，有可能加入不同的内群体，获得情感认同和资源支持。现实社会的内群体大多局限于主体的家庭、朋友、亲属、职业等社会关系之中，网络社会中的内群体不仅可以延续现实社会的内群体构成，而且范围大大延伸，涉及价值、利益、兴趣等不同领域的非正式群体。在价值群体中，群体成员由于价值观念的相似度而有机结合起来，开展网络社会活动。群体心理变化受群体价值倾向影响程度较高，而且群体成员之间内在凝聚力相对较高，不容易受到外在影响而解体，尤其是宗教性网络内群体的群体意志表现突出，不仅在内部形成强大的内聚力，而且不断将自身影响力通过网络向外群体扩散，形成群体运动。网络社会的利益群体，成员聚集的主要缘由是利益需要，彼此之间更大程度上是相互利用的工具性关系组合，群体内部凝聚力随着利益增减而变化，利益增加，群体认同度提升，利益减少，群体离散性突出。兴趣群体形成的原因是群体成员共同兴趣爱好等因素作用的结果，娱

① 宋红岩：《网络社群生成与群体性媒介素养教育》，《中国广播电视学刊》2011 年第 4 期，第 44 页。

乐性色彩明显，群体成员关系在情境交流中深化，能够满足情感、社交、尊重与自我实现等需要，对个体的吸引力表现突出。在网络内外群体之间，还会出现群体吸纳现象，某群体发展超过其他类似群体，对周围群体形成强大的“旋涡效应”，将同类别群体进行吸收合并，进一步壮大力量。在网络社会外群体中，成员彼此认同度不高，由于网络社会时空的特殊性，存在内外群体相互转化的可能，即内群体成员背离群体价值观脱离群体，外群体成员接受内群体价值，自觉成为内群体成员。

（三）先赋群体与自致群体。“网络群体中主体存在是虚拟性和现实性的双重体现，是传统社会群体构成在网络的延伸与拓展，是传统社会群体有意义的复合载体。”[①]先赋群体如同龄群体、同性群体、同乡群体等，自致群体如富人群体、政治群体、文化群体等。先赋群体一般是主体依赖先天特性而形成的群体，后期难以改变。先赋群体因为先天特性而具备共同的经历和经验，从而在情感上逐渐形成共通的心理。网络社会的同龄群体一般有相同的思维方式和沟通符号，相对来说能够顺利开展同伴活动，强化彼此认同。尤其是青少年同龄群体的生活方式与网络息息相关，缺乏必要的社会阅历和理性判断能力，价值观尚未定型，极易受到网络群体的说服和劝导，接受网络新鲜事物和不同的价值观念，在不知不觉中放弃现实价值传统，认同网络社会不良观念。网络社会同性群体有共同的讨论话题、共同的困惑问题、共同的消费方式等，可以交流情感、共享信息、共同成长。网络同乡群体有着共同的生活环境和情感寄托，地缘意识使之自发产生对家乡的关心和关怀，唤醒心中的荣誉、耻辱及义务感，从而相互支持和帮助。

自致群体是指个体通过自己努力或自由选择进入的群体。自致群体体现出社会分层在网络社会的延伸，可以表现在经济、政治、文化等不同社会层面。经济层面上，网络社会富人群体一般是经济制度的既

① 刘艳：《论网络群体与高校思想政治教育》，《学校党建与思想教育》2008 年第 11 期，第 51 页。

得利益者,倾向于维护现有经济体制。“弱势群体”由于获得现实社会资源较少,容易通过网络发泄情绪,寻求支持,甚至导致群体极化,乃至现实社会抗争运动。文化层面上,在不同文化性质的群体中,东西方文化群体在网络社会活动会有不同的状态,大大丰富和拓展了文化互鉴的内容和形式。不同层次文化群体的文化习惯与文化心理通过文化活动表现出来,加速彼此之间的文化互通和融合,促进网络社会文化多样化发展。

三、社会心理

社会心理基于个体和群体之上,但是呈现出更加普遍性心理特性,也就是说,更加注重从整体性视角来考察社会人群的心理变化状态。

(一)社会认知。“社会认知是个人对他人的心理状态、行为动机和意向作出推测与判断的过程。”①社会认知是个体适应社会的必经阶段,是个体对不同社会信息进行加工处理的过程。网络社会中的信息流动必然影响着个体的社会认知系统,改变其认知建构体系。首先,情绪认知。在现实社会中,个体通过言语信息和非言语动作等来判断他人的内心情绪状态,从而做出相应的有效互动。但是,网络社会中个体信息符号改变,主体的语言、表情、动作等传递情感的线索隐藏起来,依赖于主体的网络行为来进行表达,给个体之间的情绪感知增加了困难,为彼此互动增加了诸多不确定要素。网络人际交往中的情绪感知虽然可以通过交往频率和活动内容进行判断,但需要依赖于个体的社会生活经验及网络交往阅历。其次,性格认知。个体性格的形成是长期的过程,与生活环境、教育背景、社会经历等多种因素密切相关。现实社会中对他人的性格判断可以从交往中直接感受,网络社会中性格认知背景模糊,干扰因素众多,而且虚拟环境中人的性格类型呈现状态不

① 时蓉华:《现代社会心理学》(修订版),华东师范大学出版社 2007 年版,第 200 页。

同,可能造成性格误判。第三,关系认知。网络社会关系与虚拟社会关系相互贯通、相互影响、相互制约。网络关系既有现实社会关系延伸,也有虚拟社会交往的选择。个体可以从网络信息反馈中感知社会关系状态,决定网络交往的持续性与长久性。从社会治理层面来说,及时感知社会关系变化趋势,并进行有效调节和治理,是网络社会和谐发展的基础条件。

（二）社会态度。社会态度是指主体在网络社会中的社会心理准备状态。社会态度决定着外界信息刺激与个体反应之间的关系,包含认知、情绪、意向等三个方面因素,情绪因素是三者之中的主要体现。总体上的社会态度是由无数个体的社会态度构成,但不是个体态度的简单相加,变化机制复杂多变。在网络社会中,个体可以获取大量的社会信息,但是获取信息的数量与质量各不相同,取决于个体的价值系统和认知系统。也就是说不同个体的价值观和认知能力不同,从海量信息中提取的信息结构不同。不同的信息组合会建构主体的社会认知,强化其认知倾向,巩固其价值观念。在现实社会中个体由于时空限制,难以不断地进行信息强化,网络社会帮助个体实现强化目标。在信息强化作用下,网络社会群体越来越呈现出内在的集群化,具有相同价值和需求的个体逐渐集中,形成潜在的集群效应,无形之中放大个体的认知倾向,推动其认知发展。社会认知的强化将为个体激发情绪奠定基础,在信息刺激达到一定阈限时,社会情绪就会产生剧烈的社会反应。在这个过程中,与个体认知价值相符的信息带来愉悦满足和肯定认同的感觉,产生积极的社会情绪。反之,则唤起失望沮丧和否定拒绝的感觉,产生消极的社会情绪。“身体不在场性、互动的异步性、行动的脱域性等结构特性使线上世界构成了线下世界的‘通过仪式’。”①不同个体的情绪累积到一定程度,产生情绪强化效应,带来不同的社会效果。

① 田林楠:《网络情感是如何极化的？——一个情感社会学的视角》,《天府新论》2017年第2期,第138页。

从正面来看,能推动个体发展动力,激发社会内在活力,激励民族自信心和国家自豪感。从反面来看,激起个体的心理抗拒,引发多重社会问题,消解国家凝聚力和民族向心力。在网络社会中不同的信息刺激带来不同的心理效果,直接影响社会意向,从内在态度指向外在行为,也就是主体将认知、情感融入自己行为,并通过行为表现出来。现实社会中个体的行为意向通过语言、动作等不同的行为模式体现,网络行为意向通过技术中介完成,实现从现实到网络行为的模式转化。需要注意的是,网络社会意向不仅受认知和情绪因素干扰,还会受到网络舆论和政府规制等情况影响,意向呈现不一定是社会个体或群体真实意图反映。

(三)社会动机。社会动机是指个体参与社会活动的内部动力。动机越强,个体参与社会活动越久。网络社会中个体的社会动机影响其介入网络社会关系的强度和深度以及社会活动的成效。社会动机主要由个体的需要激发,不同的需要推动个体从事不同的网络社会活动。首先,内部动机。内部动机是指主体自身对社会活动的兴趣、爱好或内驱力。网络社会中的虚拟实践活动从内容到形式都发生了巨大改变,可以在很大程度上满足主体对未知世界的探索欲望,激发主体去挑战和实现目标。网络社会主体内部动机存在互惠合作的内驱力,从而调动自己的参与感,开展相应的虚拟活动。第二,外部动机。外部动机是指主体由于奖励、惩罚等外在刺激因素推动社会行为的动力。在职业性网络社会活动中,外部动机的影响效应比较明显,主体受到来自外部环境的激励,从事不同的社会工作。不同的外部动机针对主体作用的效果不同,在网络治理过程中,要深入考察网络社会主体参与社会活动的动机来源,利用外部动机与内部动机相互结合的关系,引导主体网络社会行为的变化。第三,成就动机。"虚拟是实现超越的一种重要方式和重要形式,对实现人的超越有重要作用和意义。"①成就动机大小

① 孙余余:《论人的虚拟生存的生成》,《齐鲁学刊》2011年第4期,第82页。

对个体目标实现有内在驱动作用,网络社会成就动机既与现实动机相关,也会呈现不同的特性和形式,表现在不同的社会活动形态之中。网络社会中的职业性社会工作,以实现社会组织目标为追求,将个人成就与组织成就相互结合起来,在网络社会中满足主体超越的内在要求。第四,利他动机。利他动机是指个体从社会道德角度出发,从事社会活动的社会动机。利他动机由于多种因素引发,但是由于网络社会人际交往的特殊性,利他动机出现的条件也会有所不同。在网络社会中,主体无法直接接触其他个体,只能通过虚拟情境来对他人境遇进行选择性判断。网络社会中唤醒主体利他动机主要途径是营造强烈道德情感的场域环境,使其自发地融入利他社会氛围之中。

第四节　网络社会国家凝聚力的变化机制

网络社会国家凝聚力的变化机制既体现在动力来源、构成要素、形成过程、功能作用上,也体现在网络社会中主体的互动关系和组成体系之中。

一、网络社会国家凝聚力的动力变化

"人们的观念、观点和概念,一句话,人们的意识,随着人们的生活条件、人们的社会关系、人们的社会存在的改变而改变,这难道需要经过深思才能了解吗?"①网络技术对社会发展的作用日益凸显,对国家凝聚力的变化亦具有内在驱动性。

(一)技术发展。国家凝聚力在网络社会中改变的关键在于信息传播的影响力,随着信息的产生、扩散、裂变、整合的不同过程,逐渐发生不同变化。技术改变人们认识事物的角度、广度和深度。网络技术

① 《马克思恩格斯选集》第1卷,人民出版社1995年版,第291页。

对国家凝聚力的改变,源于改变了信息的产生方式,改变了人们对世界的理解图式。网络技术越发展,技术的内在关联性越高,对国家凝聚力的影响越深入。信息通过人际传播不断扩散,传播速度越快,影响力越大。网络技术对人际传播的作用是改变了交往模式和交往频率,通过新型的人际传播范式,改变信息的流转和扩散范围,重塑国家凝聚力的信息构成。网络技术塑造的信息构成处于动态变化之中,形成的吸引力和向心力不断变动。信息在扩散过程中,处于不断的裂变状态。信息裂变是信息的再创造,网络技术为信息裂变提供了载体,信息在虚拟空间中被不同主体接受,呈现出多样的主观性特征。当代网络技术越来越与人们的日常生活紧密关联,网络社会国家凝聚力在信息裂变过程中被消解和重构。多元化信息带来的冲击是人们思想开放性的提高,对信息的自主整合能力增强,对信息的品质要求日益增长。网络技术对信息整合起到推动作用,为不同价值观的较量提供了平台。现实社会的国家凝聚力需要在网络社会中接受不同价值观挑战,并在整合多元价值观中发展自己的内涵实力。

(二)社会存在。“每一历史时期的观念和思想也同样可以极其简单地由这一时期的经济的生活条件以及由这些条件决定的社会关系和政治关系来说明。”①国家依赖于社会同一性维持凝聚力,网络技术打破了社会存在的现实唯一性,孕育了国家凝聚力的变化因子。社会关系随着技术变迁而改变,尤其是网络技术出现以后,虚拟与现实交往关系相互交融,从时空上重新定义了社会交往模式。这种交往模式既是现实交往的延伸,也是全新的人际网络互动形式。虚实交融的人际环境带来交往关系基础上的身份和沟通的变化,人与人之间更多的是以技术为中介的平等交往,全时空立体化的沟通空间加速包围个体,沟通渠道大大拓展,无形之中改变了国家凝聚力的社会基础。现实社会的

① 《马克思恩格斯全集》第19卷,人民出版社1963年版,第121页。

国家凝聚力向虚实交融的国家凝聚力过渡,形成国家凝聚力的不确定因素大大增加,改变了国家凝聚力的构建方式。社会由人的实践活动推动发展,实践活动受技术更新的影响而变化。技术是实践发展的关键要素,人在网络技术空间中开展虚拟交往实践活动,全新的实践结构和功能改变人的自身和社会的发展。网络社会实践活动对国家凝聚力的改变是交往活动的变化,虚拟交往活动中的交往主体、中介和样态等都区别于现实社会,尤其是交往中介的互动符号化更为典型,国家凝聚力必须通过多样的技术符号来实现重新整合。现实社会金字塔式的科层制管理体制不适应网络社会发展需要,逐渐转化为扁平式去中心化的社会治理体制。个体与个体之间、组织与组织之间、政府与政府之间的话语权趋向对等,任何依附于体制建立起来的社会信任纽带需要在网络社会中重新构建,否则将失去存在价值和意义。凝聚力的心理基础是信任,网络社会信任的变化带来国家凝聚力的变化。

(三)社会意识。"难道每一个公民不都是通过一根根命脉同国家有着千丝万缕的联系吗?"①网络社会中无论是个体意识、群体意识还是意识形态都会发生变化,所有这些变化共同改变着国家凝聚力。网络社会中个体意识随着社会关系和社会活动的变化而逐渐改变,体现在心理情境、思维方式、意识对象的转换和调整上。网络社会中个体意识的经验来源更加多样,心理情境超越了个体现实社会条件,跨时空的信息要素为个体意识变化带来动力。个体思维空间发生变化,思维加工方式转换,改变其原有的心理图式。个体意识对象大大拓展,不仅包括现实元素,而且体现虚拟世界中的不同创造。网络社会快速互动交往形式给个体持续带来心理冲击,增加国家认同的不确定性。"国家是人的意志的表现,是每个个人都参与其中的一种普遍意志的表现。"②群体意

---

① 《马克思恩格斯全集》第1卷,人民出版社1956年版,第149页。

② ［德］卡尔·雅斯贝斯:《时代的精神状况》,王德峰译,上海译文出版社2008年版,第62页。

识不是个体意识的简单相加,在网络社会中有自己的生成特点和变化规律,呈现出集聚性、复杂性、多变性等。网络空间的去中心化和无边界性,使得群体规模大大增加,群体信息的集聚程度大大提高。不同类型群体不断涌现,相互之间的差异和对抗可能性上升,思想意识的交叉冲突加剧。网络群体的互动沟通始终开放,群体意识的变化节奏与全球接轨,瞬息万变,难以把握。网络社会意识形态必须适应网络社会变化,否则将会失去在虚拟空间的话语权。从内部功能来看,网络社会意识形态的凝聚力和吸引力受到巨大挑战,无法依赖于信息垄断来增强自身的合法性,必须通过意识形态的先进性来获得认同和支持。从外部环境来看,网络社会意识形态之间的渗透和反渗透性越来越明显,对网络文化支配权的争夺越来越激烈,意识形态争夺战改变网络社会国家精神凝聚力。

二、网络社会国家凝聚力的结构变化

“市民爱国心的秘密就在于这方面:他们知道国家是他们的实体,因为国家维护他们的特殊领域,它们的合法权益、威信和福利。”①网络技术的出现改变了国家凝聚力的现实结构,在网络社会中重新构筑社会关系,促进社会活动。

(一)结构特性。国家凝聚力的形成有赖于利益、权力、认同等要素的积极作用。第一,利益分配格局变化。利益是最直接的凝聚力要素,网络社会中的利益分配打破了现实社会规则,最大化地减少了利益成本。互联网对国家凝聚力的结构性改变是将基于传统、地域和组织的凝聚力,逐步转向基于信息市场的凝聚力。个人利益需求多样化增长,国家利益、集体利益和个人利益的权重比例发生变化。网络社会国家凝聚力的利益基础逐步向分散化的个体利益转换,多元利益群体形

① 《马克思恩格斯全集》第3卷,人民出版社2002年版,第54页。

成，利益博弈机制逐渐改变。第二，权力架构组成变化。权力架构形成主要有自上而下和自下而上的两种路径。网络社会中的集权能力被最大化地消解，权力架构中底层的沟通能力大大增强，相互之间的情感支持和资源共享越来越多，由下而上的社会压力越来越大，尤其是网络社会的无边界性使得权力基础被动摇和分化。网络社会国家凝聚力的权力重心从现实社会的控制力转向向心力，也就是说，国家权力需要与个人权利结合起来，共同构建国家凝聚力。第三，认同结构变化。现实社会中国家凝聚力的认同来源有传统、教育、环境、制度、舆论等多重因素共同作用，网络社会国家凝聚力的认同结构变化原因是社会交往关系的变化。社会关系本身就是社会结构性表现，认同结构从心理归属上反映出社会关系的特征。网络社会交往既有现实社会关系延伸，也拓展出跨越时空的立体式互动，从而将认同结构范围大大扩大。主体在网络社会中的身份认同呈现多变性，主体的思维和行为特性会以自己的方式呈现出来，改变国家凝聚力的内在结构。

（二）运行过程。网络社会国家凝聚力的结构变化也体现在形成过程上，这个过程分别经历个体、群体、社会与国家，在每个阶段有不同的形成机理。首先，个体实践。“社会结构和国家总是从一定的个人的生活过程中产生的。”①国家凝聚力的立足点是个体实践基础，只有个体从内心产生了认同和归属感，国家凝聚力才有实质意义。网络社会个体活动变化源于虚拟环境，在现实实践活动中形成一定的认识基础，也会在网络虚拟实践中进一步发展心理特性。网络环境的虚拟性给个体带来不同的实践体验和心理空间，改变内心的国家存在感，从而改变了国家凝聚力的个体基础。其次，群体活动。群体活动建立在个体实践基础上，反过来影响个体活动变化。网络社会中的群体形态特征较为隐蔽，群体活动可以分为利益驱动型、人际驱动型、价值驱动型、

① 《马克思恩格斯选集》第1卷，人民出版社1995年版，第71页。

兴趣驱动型等,网络群体心理在网络群体活动中逐渐形成。不同群体活动中的目的性导向将会影响其活动的发生与嬗变,网络群体的社会认知、社会情感、社会态度处于不断的调整之中。网络群体活动之间存在着千丝万缕的交叉联系,对群体心理的分化与改造难以避免。网络社会不同类型的群体心理有不同的特性,改变国家凝聚力的群体基础。第三,社会互动。社会互动包括个体、群体、国家之间的互动交往关系,逐渐形成社会心理。网络社会互动改变了现实互动的仪式感和情感体验,经验传递成为常态,网络社会心理体现在网络个体以及群体的情绪、态度、语言、习惯等符号环境之中,形成因素复杂,既有现实社会心理的传递和投射,也有网络社会交往的特有属性构成。网络社会心理变化的传递性迅捷,尤其是网络公众舆论表达,只要契合社会情绪心理取向,就可能传布于虚拟空间,引发社会效应,改变国家凝聚力的社会基础。第四,国家权力。"网络对国家权力提出了诸多挑战,最主要的挑战来自于国家丧失了对舆论的垄断。各种主体,包括每个个体、跨国集团、新闻媒体、公司等都可以通过网络空间来影响和塑造舆论。"①网络社会的国家权力与凝聚力相互依存,从理论上来说网络社会无国界,但网络个体有自己的国家,国家权力遵循网络社会运行规律,从网络特性和社会基础出发,构建微观权力运行机制,能够促进价值共识,夯实国家凝聚力的权力基础。

(三)功能作用。"互联网推动社会变化,也改变了国家凝聚力。"②网络社会国家凝聚力的结构变化功能主要体现在以下四个方面:第一,调节功能。网络社会国家凝聚力变化调节个体与国家之间的关系。现实社会关系中个体无法与国家力量相抗衡,网络社会的出现

① 左才:《网络社会与国家治理研究》,《南开学报(哲学社会科学版)》2018年第3期,第31页。

② 陈联俊:《国家凝聚力在网络社会的变化机理及其路径重构》,《中共浙江省委党校学报》2016年第5期,第90页。

加大了社会压力，个体通过网络可以更多地表达个性化诉求，并获得群体性支持。国家需要适应变化规律，摆脱现实制度惯性和路径依赖，重新在网络社会建构个体沟通机制，在非中心化的网络空间中突出中心化作用。第二，整合功能。国家凝聚力的变化在一定意义上体现出重构作用。这种重构价值在于整合力量，集中智慧，再造体系。网络社会国家凝聚力不仅是现实精神力量的整合，更是虚拟空间中思想文化的集中效应，要在不同思想文化的激荡中，发挥出整合引导作用。第三，导向功能。网络社会国家凝聚力对个体与群体的思想和行为产生导向作用。网络社会国家凝聚力强，个体与群体逐渐对国家产生信任和依赖感，并在网络活动中自觉支持政府行为，进一步强化国家力量。网络社会国家凝聚力弱，离散效应显现，对国家的怀疑、批判、背叛行为越来越多，加剧国家公信力的流失，削弱执政基础。第四，辐射功能。网络社会国家凝聚力的变化持续不断，无论是正面影响，还是负面作用，都会在国家治理中反映出来，带来社会后果。如果国家凝聚力在网络社会中不断增强，对于经济建设、政治统治、社会治理、文化繁荣等将产生积极作用。反之，将从精神上瓦解国家进步动力，解除国家竞争优势，分散国家执政资源，影响国家长期发展。

三、网络社会国家凝聚力的关系变化

"国家、市场和社会已经成为社会治理的基本结构要素，'有为政府、有效市场、有机社会'成为国家治理现代化的重要基础。"①网络社会国家凝聚力变化不仅是社会环境和社会意识的变化，还包括国家与市场、国家与社会、国家与公民等相互关系的变化。

（一）国家与市场。主要指在经济领域中国家权力与市场规律之间的关系。对于国家权力来说，掌控经济发展是保证国家实力不断增

① 孙涛：《国家市场社会三维视域下社会治理结构重塑探析》，《中共福建省委党校学报》2016年第5期，第77页。

长的基础。互联网的出现,全方位地冲击国家权力的作用方式,国家必须将现实社会权力运行转化为网络社会的权力影响,适应网络社会的变化规律。“政府不能代替市场配置资源,更不能用政府行为代替市场行为。”[①]网络社会的国家权力要与新型的信息市场结合起来,必须对资本在信息市场的作用机制有明晰的认知,对信息流动的市场范式做出积极的回应。网络社会的信息市场存在着竞争机制、供求机制、价格机制等,信息本身在不断地创造价值,国家权力对信息网络的渗透势在必然。权力在信息市场的运行无法实施现实力量,必须遵循信息逻辑开展权力活动。一方面国家权力要保证信息市场的活力和秩序,不断激发内在的精神因素,持续提升信息技术在市场变化中的引领性作用;另一方面也要利用经济、政治、文化、技术等手段来控制信息流动方向,进而影响信息市场的变化发展,从不同方面服务于国家发展战略。国家权力在信息市场的功能要把消除“信息鸿沟”作为重要内容,这既是国家服务信息市场的主要体现,也是保证市场公平的基本手段。在当代社会发展之中,信息不平等成为社会分化的主要表现形态之一,对信息掌控越及时,在市场竞争中就越能占据优势,成为最大化的受益者,反过来将会极大地限制个人或企业的发展。网络信息市场对于国家权力的反作用巨大,在全球化的网络市场中,信息和知识的力量与传统经济形态结合的影响形成互联网发展新业态,引领未来经济发展方向,改变国家经济实力构成。国家权力与其他国家之间关联性增强,民族国家的权力趋向于一体化和流动性,不确定性的市场因素对于国家权力的潜在影响持久而深远。

(二)国家与社会。主要指在社会领域中国家权力与社会力量之间的关系。“社会组织具有自我管理、参与政府决策、表达利益诉求和监督政府权力行使的作用。故充分发挥社会组织的作用,对于减轻政

---

① 马振清、王勇军:《国家治理现代化与正确处理政府、市场和社会的关系》,《河北学刊》2016 年第 2 期,第 194 页。

府工作压力、保证政府权力有效运转等都具有极大的积极作用和意义。"①网络社会改变了社会组织的存在状态,组织的地域基础转移为信息基础,人员来源分散多样化,国家权力对于社会组织的干预作用减小,间接地促进了社会力量的成长。在网络组织中,官僚制的组织系统无法适应不断变化的信息世界,必须向扁平化的结构系统转化。网络组织成为内外开放的系统,透明化成为常态特征,保证网络组织的弹性化协调体系。网络组织以信息技术为基础不断变化样式,对个体和国家产生内在影响力。在网络组织运行中,可以有效解决国家权力难以触及的社会问题,弥补国家机构信息不畅、难以企及的失灵领域。从网络社会来说,社会力量的重要表现形式是网络舆论,现实舆论传播有特定的传播渠道,可以通过信息渠道有效控制舆论方向。网络舆论是发散型传播方式,从理论上来说无法彻底控制信息流动,舆论可以在极短的时间内向社会扩散,改变个体和社会心理状态,带来无法预料的社会后果。从这个意义上来说,国家权力面对的是难以控制的社会力量,需要转变权力运行模式,形成与社会力量良性互动的形势局面。"国家是一个权力的场域,其标志是使用暴力和威胁使用暴力,并为以下两个方面所形塑:(1)一个领土内具有凝聚性和控制力的、代表生活于领土之上的民众的组织的观念;(2)国家各个组成部分的实际实践。"②从国家的观念与实践构成上来看,网络社会国家权力要将国家观念通过不同的路径在虚拟空间中发挥作用,并且通过权力实践来强化和发展。网络社会中国家与社会力量相互建构,国家权力干预较少的领域中社会力量发育强大,国家权力控制较多的领域中社会力量被压制或转移。

---

① 马振清、王勇军:《国家治理现代化与正确处理政府、市场和社会的关系》,《河北学刊》2016 年第 2 期,第 196 页。

② [美]乔尔·S.米格代尔:《社会中的国家:国家与社会如何相互改变与相互构成》,李杨、郭一聪译,江苏人民出版社 2013 年版,第 16 页。

（三）国家与公民。主要指在政治领域中国家权力与公民权利之间的关系。国家权力与公民权利两者相辅相成、相互制约，“没有公民权利，国家权力就失去存在的根源；同样，没有国家权力，公民权利就得不到有效保障”。[①] 网络社会中国家权力的强制性被无形消解，价值体系面临多元思想分化，国家的权威形象在变幻的虚拟空间中逐渐模糊，不得不依赖于全新的权力机制来施加影响，重新建构信任关系。国家权力对公民的影响包括强制力和吸引力，强制力主要来自国家机器和法治体系，国家机器越强大，对公民的威慑印象越强烈，法治体系越完善，对公民的行为规范越深入。吸引力主要来自国家价值和保障体系，国家价值理念越先进，对公民的号召力越广泛，保障体系越全面，对公民的影响力越持久。网络社会对国家权力的解构作用是全方位的，虚拟空间的不确定性限制了国家机器的效用发挥，解放了法治体系的约束对象，网络信息自由对国家价值与保障体系起到消解效应。国家权力对公民权利的影响机制被打破，公民权利对国家权力的改变主要体现在权利意识和维权行为上。在网络社会中，公民的权利意识被逐步唤醒，不断地为个人利益发出声音，无数的公民个体在虚拟空间中伸张权利价值，汇集成强大的社会力量。网络社会公民权利既有现实权利的表达，也有虚拟空间权利的诉求，两者并行不悖。在网络虚拟世界中，如何实现国家权力与公民权利的合理互动呢？关键在于对于国家权力和公民权利的合理规制，既要运用法治手段约束国家权力，防止权力的滥用和僭越，也要明确公民权利的主张渠道和路径，防止权利的膨胀。这个目标的实现既需要国家的理性自觉，也离不开公民的合法追求。

---

① 张晓琴：《论国家权力对公民权利的保障》，《宁夏大学学报（人文社会科学版）》2009年第2期，第98页。

四、网络社会国家凝聚力的体系变化

"凝聚力就是维系社会生存的最基本的组织力量。"①网络社会国家凝聚力体系是多元、开放的,主要由吸引力、信任度、归属感、权责心等构成。

(一)国家吸引力的变化。"国家凝聚力是指一个国家不同民族、政党以及民众在理想、目标、利益共同的基础上,国家满足其物质、精神、政治、文化、安全等需要,而产生的内向聚合力和外向吸引力。"②吸引力来自国家对于公民需要的满足,国家能够在多大程度上满足公民的需要,决定着其吸引力的大小。网络社会中国家不能直接为公民提供物质资料,更大程度上为其提供信息资源,对信息需求的满足成为网络社会国家吸引力的来源。信息需求可以分为信息的真实性、丰富性、及时性、安全性等多层次构成。信息真实性是网络社会能够持续运行的基础,也是网络信息存在的根本依据。充斥虚假、欺诈信息的网络空间将会带来思想的混乱和迷茫,国家需要建立网络信息过滤机制,消除网络虚假信息传播空间,帮助公民甄别信息真假。信息丰富性是网络社会能够充分满足公民需要的保障,丰富的信息带来生产生活效率提升,并改变生产生活方式,帮助公民不断适应现代社会发展,积极主动为国家贡献自己的力量。信息的及时性建立在互联网技术先进性基础之上,及时有效的信息能够颠覆市场模式,通过信息需求带动价值创造。信息的安全性是指为网络社会信息流动提供安全保障,信息系统安全性高低反映出国家综合实力的强弱,国家的技术创新是安全性的前提。只有始终占据信息安全前沿,才能不断提升国家在信息竞争中的影响和地位。

---

① 章忠民、张亚铃:《国家凝聚力的构成及其矛盾张力探源》,《马克思主义研究》2012年第1期,第124页。

② 刘学谦:《中国国家凝聚力的内涵、特点及动力》,《新疆师范大学学报(哲学社会科学版)》2014年第5期,第9页。

（二）社会信任度的变化。信任是维系社会纽带的潜在因素，在不同领域中，信任都是不可或缺的伦理法则。信任的确立需要具备不同的条件，网络社会中社会信任变化源于社会关系变化，改变了信任的时空基础。“信任只有在现在才能得到保证和维持。无论是不确定的未来，还是过去，都不能唤起信任。”①从信任的现实基础来看，网络社会中熟悉的情感因素被网络技术所隔断，日常的经验被繁杂的信息所遮蔽，充满不确定的信任关系难以在交往双方之间重新建立起来。社会信任关系因为信任情境而改变，公民与国家的信任关系也随之变化。“政府公信度和公众凝聚力指数之间呈显著的正相关关系，即意味着提升政府公信度能有效提高公众的凝聚力水平。”②网络社会中公民与国家的信任关系主要存在三个阶段变化：第一阶段是公民对国家信任的解体阶段。现实社会信任关系来自国家为公民提供不同的支持、帮助和保护，但在网络社会初期国家的庇护在不同程度上被瓦解，公民对国家的依赖感逐渐消失，信任空间在无形中被解构，互联网技术带来信任关系的变化处于迷茫时期。第二阶段是国家对公民信任的构建阶段。网络社会的个体自由动机被大大激发，人们利用互联网从事不受约束的社会活动，集聚起巨大的社会力量，逐渐让国家感受到压力，国家开始采取多种措施来规范网络公民行为，制裁违法犯罪活动，力图恢复国家对公民的信任关系。第三阶段是公民对国家信任的重建阶段。国家依赖于管制恢复网络社会秩序，重建社会信心，仍然停留在外在约束阶段，必须要通过提供不同类型的网络社会公共服务来满足公民期待，增强网络信任关系。网络公共服务将会为公民营造出新型的信任系统，通过系统的有效运行逐渐恢复重建网络社会信任环境。

（三）群体归属感的变化。凝聚力与归属感的关系呈现正相关性，归属感越强烈，凝聚力越强。“以网络为代表的新媒体加剧了人类生

① ［德］尼克拉斯·卢曼：《信任》，瞿铁鹏、李强译，上海世纪出版集团 2005 年版，第 16 页。
② 人民智库：《2016 年中国公众凝聚力调查报告》，《人民论坛》2016 年第 S2 期，第 78 页。

活世界的结构转型。”①网络社会群体构成方式改变，从而影响群体归属感的形成，进一步影响国家凝聚力。群体归属感受群体模式、群体互动、群体规范等因素制约。网络社会中的群体模式随着网络技术发展而不断变化，既有现实社会中的初级群体构成，也有次级群体形式，既有正式群体组织，也有非正式群体形态。而且，随着互联网技术不断发展，次级群体和非正式群体组建范围越来越大，形式越来越多样化。在网络群体中，群体归属感将会发生两个方向变化，一是离散变化。基于现实社会的地域、利益、工作、情感、人际等因素建构起来的群体关系必须重新在网络社会中找到相应载体，建立起正常互动交往关系，才能重新恢复群体归属感。现实群体的网络重构受到技术、教育、文化、心理等诸多因素限制，网络社会中的信息变化带给主体不同的交往情境，对群体情感起到离散效应。二是聚合变化。相同利益、价值、兴趣等诉求的个体难以持续强化社会互动，产生情感共鸣。网络社会打破时空条件，对社会群体的重新组合，能够最大限度地发掘社会群体共识，推动群体交往，产生群体力量。在网络社会群体情感变化中，集群心理有典型改变。集群主要是人群的随机性集合，网络交流的便捷性和随机性带来集群情感变化的偶然性和突发性，给网络社会国家凝聚力增加了诸多变数。

（四）公民权责心的变化。国家凝聚力体现公民与国家之间精神与情感联系的紧密程度，实质是权利与义务的平衡问题。公民权责分配协调，是国家凝聚力形成的坚实社会基础。“互联网的飞速发展，极大促进了公民权利意识的觉醒，对于公民权利意识的发展提供了理想的平台。”②网络社会中国家凝聚力变化的重要体现是公民权责心的变

① 赵静蓉：《现代人归属感的缺失——以“公域”与“私域”的区隔为视角》，《江西社会科学》2014 年第 6 期，第 31 页。

② 杨异、王续琨：《网络时代下公民权利意识培育问题研究》，《湖南社会科学》2013 年第 4 期，第 259 页。

化。在网络社会发展初期,公民个体沉浸于虚拟空间的自由氛围之中,享受着互联网技术带来的信息权利,忽视了自身在网络社会发展中应当承担的社会责任和义务,造成网络空间社会失序现象不断发生,无形之中损害了国家精神凝聚力。这种变化主要表现在:一是价值模糊。网络社会虽然从技术上来说没有国界之分,主体可以从不同国家获取信息文化,满足信息需要。但是网络社会中的公民身份建立在现实社会国家基础之上,决定着应有的价值体系,需要在网络社会中维护国家利益,促进国家发展。公民价值模糊的现象在网络社会中层出不穷,诸多公民主体受到其他国家价值体系和价值观念的蛊惑,批判和攻击自己的国家价值。二是言行失范。网络社会本身是人的社会关系集合体,公民不仅要有价值立场,还应该有基本的道德规范,这是维持网络社会和谐文明秩序的基本要求。道德失范行为在网络社会不断出现,人与人之间的道德距离被不断突破,引发彼此之间的反感与怨恨。三是底线丧失。网络社会中不仅要有基本的道德规范,同样要有法律底线。网络社会不是法外之地,不同国家对于自己国家的网络治理有相应的主权要求,但有不法之徒利用互联网技术手段从事违法犯罪活动,扰乱国家经济秩序、政治稳定、社会安宁、文化繁荣等,从不同层面破坏国家凝聚力,需要加以扼制和治理。

第三章　网络社会国家凝聚力的变化特质

网络社会信息传播模式促进价值观念的分化和整合，从而改变现实社会中的意见构成。网络社会国家凝聚力通过虚拟实践活动彰显变化逻辑，体现出微观性、裂变性、异质性、联动性等变化特点。网络社会既要培养公民意识，也要改善社会结构，建构国家软实力，促进人的全面发展。

第一节　网络社会国家凝聚力的演变进路

信息传播技术改变信息流动模式，进而改变主体思维方式和价值观念。网络社会国家凝聚力的演变进路可以从经济、政治、文化、精神等不同方面展开分析。

一、经济领域

"改善民生的成效与凝聚力指数有着密切联系。同时，改善民生的成效对政府公信度有着较强的正向作用，或可通过政府公信度进一步影响凝聚力指数。"[①]网络社会中国家凝聚力的物质资源发生转换，经济凝聚力来自于国家能够为公民提供经济保障、就业机会、生活体验等。

---

① 人民智库：《2016 年中国公众凝聚力调查报告》，《人民论坛》2016 年第 S2 期，第 79 页。

（一）配置资源方式。“互联网提供了一个有效机制，它能从大量免费劳动力所创造的经济价值中获利。”①资源配置方式随着社会发展而不断变动，互联网技术为市场合理化配置资源提供了技术基础。在网络社会中，资源流动遵循需求最大化原则，需求推动发展。在物质资源与信息资源的组合配置中，两者同等重要。没有物质资源，人们无法满足生产生活需要。没有信息资源，物质资源无法实现供求平衡，维持经济秩序的可持续发展。网络社会国家凝聚力随着物质资源和信息资源配置方式的转变而变化，物质资源的丰富化为增强国家凝聚力准备了前提，信息资源的透明化为强化国家凝聚力提供了条件。在网络社会的资源配置中，不同的个体起到不同的价值影响，国家资源需求强烈的个体具有较高的自觉性，仍然能够对国家保持较高的认可度，希冀继续获得国家资源支持。反过来说，国家资源需求较少的个体，由于资源配置方式的转变，相应地对国家的向心力可能出现减少。另外，网络社会国家凝聚力的转变还体现在成员之间资源分配方式上，现实社会不同组织的资源分配主要取决于从上至下的分配模式，网络社会中的资源分配更大程度上依赖于组织成员的横向分工合作。“在几乎所有行业，数字技术都为产品和服务的结合创造了全新的颠覆式方式，并在此过程中破除了行业之间的传统界限。”②从资源决定力量来看，现实社会劳动对于资源分配起到重要作用，网络社会中的资本力量日益彰显，影响资源投入方向，促使团队协作互助，强化资源利用效率。从总体上来说，互联网技术对社会资源配置起到积极优化作用，推动技术进步，提升管理效率，激发组织的内生活力，创造了更好的市场竞争环境。

（二）就业机会领域。就业是保证社会正常秩序的基础性工程，是劳动力资源发挥作用的主要途径。在现实社会中，就业率在一定意义上能够体现国家凝聚力的高低，两者之间呈现正相关性，就业率高，凝

---

① ［美］尼古拉斯・卡尔：《数字乌托邦》，姜忠伟译，中信出版社 2018 年版，第 37 页。

② ［德］克劳斯・施瓦布：《第四次工业革命》，李菁译，中信出版社 2016 年版，第 65 页。

聚力强，就业率低，凝聚力弱，超过一定限度的低就业率可能引发社会动乱或政权更替。“随着网络经济的快速发展，经济结构不断延伸，促进了新业态的发展，创造出了无数就业岗位，网络经济不仅渗透到日常生活的方方面面，而且网络就业规模不断扩大，已成为一支支撑国民经济不断成长的不可忽视的就业大军。”①网络社会中的就业基础发生改变，从就业条件来看，对劳动者的素质要求体现在对信息资源的理解和把握上，能够深刻洞察网络社会运行规律的劳动者脱颖而出，成为网络就业的优胜者。从就业模式来看，不同于依赖于土地等自然条件的农业生产方式以及工业流水线式的机器化大生产，网络就业是信息化生产的集中体现，需要劳动者创造性的工作能力与素质。劳动者的就业时间具有较大的自由度和灵活性，为其发挥自主性和能动性提供更大的就业空间。从就业市场来看，现实经济发展中，劳动者就业受限于地理和环境因素，不得不缩小就业选择范围，以降低就业成本。网络社会的就业市场从理论上来说没有地域限制，劳动者通过互联网技术，可以在全球范围内寻找就业机会，实现充分就业。从就业预期来看，现实社会第一产业和第二产业的生产在很大程度上依赖于资源消耗，失去自然资源的供给，产业发展便难以持续，就业机会难以产生。网络社会的信息资源几乎没有损耗成本，信息传播和生产能够不断创造新价值，随之而来的是就业机会的不断增长。

（三）生活体验模式。不同的个体对于生活的体验要求各不相同，即使具有相同体验要求的个体，还会出现体验程度的差别。个体的生活体验越愉悦，越能产生对国家的满意感和归属感。在网络社会中，虚拟化生存成为基本的生活方式，人们在虚拟空间中的主体形态实际上是“身体的缺场与心灵的在场相互交织，使自在主体与虚拟主体相互融合，从

① 郑秉文、李妍花：《我国网络创业就业特征及其对社会保险可及性的挑战》，《辽宁大学学报（哲学社会科学版）》2018 年第 4 期，第 4 页。

而使自我由被分离的客体转变为共在的主体”。[①] 在这种生存状态下，个体的生活体验已经超越了现实社会能够给予的经历。从积极意义上来说，虚拟生活给个体带来全新的存在感受，开展虚拟实践活动，扩展主体的社会关系，丰富了人的自由本质。反过来，从消极意义上来说，网络社会中繁杂的信息对主体的自我塑造有潜在的负面效应，“信息消费者通常只充当消极被动的接受者，而不是积极主动的建构者，成为丧失信息生产能力的单向度的信息消费者，没有主体性和批判性，习惯于被人造信息所主宰，而不是主宰人造的信息。”[②]当网络社会主体沉迷于虚拟空间的信息泛滥，逐渐丧失主体的自主批判性和现实判断力，将会失去作为公民应有的社会责任能力。随着虚拟现实技术的发展，主体在网络社会中将会进一步增强现实感知能力，也就是说对于主体而言，虚拟与现实之间的界限将会越来越模糊，虚拟现实可能是现实社会中真实存在的事物或环境，也可能是计算机模拟技术产物。在这种虚实环境中，主体与虚拟社会之间已经融为一体，克服了传统人机交互技术之间的实体分割现象，大大增强了网络社会中人的沉浸性体验，有助于不断提升公民与社会的心理同一性，从而进一步促进网络公民参与活动。

二、政治领域

政治凝聚力在于国家能够提供的公民参与、政治机制、政府执政等方面的吸引力体现。国家本身是政治的产物，政治领域的国家行为将会在更大程度上体现号召力，政治凝聚力的形成既有赖于国家治理效能，也来自于公民参与水平。

（一）公民参与。“信息传播技术的发展在一定程度上可以为一国民主的运作与发展提供重要的条件。”[③]公民参与是国家政治进步的重

① 郑元景：《虚拟生存研究》，社会科学文献出版社 2012 年版，第 77 页。

② 肖峰：《信息主义：从社会观到世界观》，中国社会科学出版社 2010 年版，第 153 页。

③ 袁峰、顾铮铮、孙珏：《网络社会的政府与政治》，北京大学出版社 2006 年版，第 134 页。

要标志，体现出公民的政治自觉性和能动性，能够在更大程度上减少政治垄断带来的思想压制和束缚。公民参与对于国家凝聚力的推进作用在于最大限度地激发公民的主人翁意识。网络社会中个体力量通过互联网技术的放大效应，可以集中体现出公民参与的巨大影响力。“以网络参与为代表的公民参与，在内容、路径和方式上都有其特殊性，在中国社会产生了广泛的影响，正在倒逼政府的转型。”①在网络公民参与的不断发展过程中，国家应该发挥主导性作用，既要重视网络公民参与的呼声和诉求，也要利用国家力量来加以规范和引导，避免无序的公民参与导致国家治理失控。网络公民参与变化因素众多，网络技术、公民意识、参与水平、矛盾冲突等都会有不同程度的体现。从网络技术方面来看，技术更新越迅速，为公民参与提供的技术手段越先进，客观上就越能促进参与活动。从公民意识视角来看，公民意识是公民参与的实质所在，公民参与是公民意识的外在表现。也就是说，公民意识越发达，公民参与越积极。网络公民意识的觉醒对于网络政治参与有着内在的推动作用。从参与水平来看，公民理性参与的素质和能力越高，网络政治参与的效果越好。理性参与既需要公民内在的理性精神，也需要国家法治的完善和进步。网络社会公民参与的水平直接影响参与效果，参与水平的提升是循序渐进的过程。从矛盾冲突来看，无论是现实社会，还是网络社会中的矛盾冲突，都会通过公民参与的不同形式表现出来。一般来说，矛盾冲突问题越集中，公民参与越活跃，给国家和社会带来的影响越广泛。在网络公民参与的发展中，既有公民个体的参与力量，也有群体参与的社会动力，而且由于网络空间的匿名性和互动性，群体参与的表现越来越明显，形式越来越多样，给国家和政府带来的社会压力越来越大。“国家应采取措施，引导培育积极、健康的网络公民参与。”②如

---

① 汪玉凯：《网络社会中的公民参与》，《中共中央党校学报》2015 年第 4 期，第 34 页。

② 周恩毅、胡金荣：《网络公民参与：政策网络理论的分析框架》，《中国行政管理》2014 年第 11 期，第 102 页。

果网络公民参与活动没有得到回应和引导，将可能导致问题的现实转化，进一步分化国家凝聚力。

（二）政治机制。良好的政治制度为公民权利与国家权力划分出合理的空间和界限，保障社会的良性运行和有效发展。网络社会中政治制度环境变化，带来制度效力改变，影响制度实施和社会效果。网络政治制度难以在较长时期内保持稳定，必须与网络社会发展具有兼容性，不仅仅依赖于国家权力独断实施，而且要与公民、社会、市场等多方力量进行理性沟通，从而确定动态交流机制，保证网络社会政治制度的可行性和实效性。“由于政治稳定蕴含着政治矛盾与冲突，为了维护一个社会的政治稳定需要设置一种安全阀来化解或缓和潜在的矛盾与冲突，使得政治系统保持动态平衡状态。”①有效的政治机制保证不同政治主体之间的信息传递和利益分配，关键在于如何体现公民、政党、社会组织、利益集团之间的政治关系。网络社会关系转变，多元政治主体关系随之变化，尤其是政党在网络社会中的政治影响力受到巨大挑战，既要发挥现实社会的政治优势开展网络政治活动，更要适应网络社会政治基础的转换，不断提升自身的竞争力和号召力。网络政治矛盾客观上促进了政党不断改进自己的竞争方式，在更大范围内吸引公众的认同和支持，同时也在一定程度上增加网络意识形态的复杂性，进而影响网络社会国家凝聚力。在网络政治机制中，政治传媒有着极大的政治影响力，甚至可能在某种程度上超越政治组织。网络传媒能够最大化地挖掘政治议题，调动社会力量，开展政治讨论，推动政治传播，改变政治方向。网络政治利益多元化不断改变媒体的价值取向，甚至使其逐渐沦为政治利益代言人，诱导网络公共舆论的价值偏向。

（三）政府执政。“伴随着新技术带来的竞争加剧、权力下放和再分配，政府现有的形态将不得不发生改变，其以执行政策为核心的职能

① 王金水：《网络政治参与与政治稳定机制研究》，《政治学研究》2012 年第 4 期，第 54 页。

将逐步弱化。”①网络社会中政府发挥执政能力，关键在于适应网络社会运行规律，打造善治政府的决心和行动。政府只有确立与其他主体之间的平等关系，才能在执政过程中逐渐树立自己良好的网络政府形象，增强国家的政治凝聚力。网络社会政府执政变化体现在三个方面，即政府角色、政府功能、政府运行等。网络社会中政府既是网络空间的参与者，也是网络空间的治理者，需要利用国家权力来规范网络空间行为，防止网络社会失范，不断提升政府网络公信力。另外，政府还需要在网络社会中定位为服务者，利用自身政治资源为广大民众在网络空间中谋取利益，改善境遇，提供便利。政府在网络社会不同领域中发挥服务功能，在无形中顺应了网络社会发展规律，掌握了网络社会不同领域的信息主动权。从政府功能来看，打造网络社会善治政府需要提升政府对网络技术开发和利用的效能，全方位、全时段开展网络社会治理活动。鉴于网络社会群体的混合性特征，政府治理要充分体现社会公正，对不同群体要有平等的治理态度，才能最大化地聚集社会信任。从政府运行来看，网络社会政府权力的公开透明化是保证运行效能的根本。在现实社会中，由于信息的封闭性和独断性，容易造成权力“黑箱操作”，无形中提供了寻租腐败的机会和空间，影响政府的效率和形象。网络信息的广泛流动性为打造透明政府提供了最大可能，权力透明化短期内给政府带来压力和挑战，长期来说将最大限度地提升政府能力和影响。

三、文化领域

“人总是生活在不同文化之中的文化存在物。”②互联网技术的出现是人类技术文化的发展。网络社会文化凝聚力演变表现在文化传

---

① ［德］克劳斯·施瓦布：《第四次工业革命》，李菁译，中信出版社 2016 年版，第 71 页。

② 宋元林等：《网络文化与人的发展》，人民出版社 2009 年版，第 1 页。

统、信息文化、创新文化等方面。

（一）文化传统。“要铸就人格，需要在一个价值多元和不确定的环境中不懈地坚持对自己信念的承诺。”①信念承诺从何而来？来自文化传统的力量，通过人的思想言行体现出来。“互联网络可以帮助、保存、传播我们的传统文化，更重要的是，在多元文化共生中，各种文化之间的碰撞、对话和互渗、融合，将给我们的传统文化焕发新的生机。”②在虚拟空间中，文化传统发挥作用的表现形式发生变化。互联网对文化知识的解构效应特别明显，运用不同的网络技术推进知识传播，最大化地释放文化知识的潜在能量，加快了知识的普及深度和广度，在一定程度上提高了国民素质水平。文化知识在网络社会中的裂变性特别明显，将传统文化基因与技术文化特点相结合，产生出先进的文化形态。文化精神通过人的思维方式、价值观念、个性心理等进行传递，是知识的沉淀和传统的精华，可以超越时空局限，通过世代传承，长期存在于民族国家的发展之中，发挥出自身的作用。在网络技术研发中，文化精神能够改变技术的适用性与宜人性，能够最大化地将技术理性与价值理性相互结合，按照人的情感需求和理性习惯来改善技术，尽可能地促使技术发展满足人的需要。尤其在中华民族文化精神之中，蕴含着丰富的人文情怀和道德情操，对网络技术的人性化应用起到促进作用。在网络内容创造中，文化精神通过主体的精神状态、价值观念、思维方式等影响内容生产，从整体上提升网络文化内容层次和水平，把中华优秀传统文化精神融入网络文化产品的数字化传播之中，推动网络文化品位的塑造和提升，强化精神文明建设，发挥资政育人的功能效应。

---

① ［英］迈克·费瑟斯通：《消解文化：全球化、后现代主义与认同》，杨渝东译，北京大学出版社2009年版，第52页。

② 胡帆、马爱花：《网络文化：传统文化发展的新途径》，《天府新论》2008年第1期，第116页。

（二）信息文化。“网络文化既是一种语境，又是一种话语方式，它直接关涉人们对世界的思考和言说。”①不同的时代有自己的时代特征，反映到文化领域就会形成时代文化。时代文化有多重维度的体现，当今时代最突出的就是信息文化。信息文化既指文化的信息化，也指信息的文化化。文化信息化是指文化通过信息形式体现出来，对社会和人的发展产生影响。文化的信息化在客观上加快了文化的传播速度，推进了文化的繁荣和发展。信息文化化是指信息在传播过程中逐渐形成自身的文化特性，成为人类文明的重要组成部分。网络社会是信息文化的集中体现，将信息文化的特性发挥到淋漓尽致。现实文化在一定的地域基础之上积淀自身的文化特色。网络文化载体转变为一体化的网络平台，逐渐消除了地域局限性，发挥出文化互动优势，形成了流动文化特质。网络文化流动激发个体思想活力，唤醒群体意识自觉，瓦解思想统治体制。现实文化在一定的地理界线内保持文化自主性，网络文化消除了独立空间，不同文化理念会产生矛盾和冲突。文化冲突被有效控制，可以对网络社会发展起到推动作用。但是，如果文化冲突走向极端化，将给个体、社会和国家带来越来越多的困惑和难题。网络社会信息文化超越了文化的现实特征，利用网络技术最大化地展现主体想象力，或者利用模拟技术进行现实文化再创造。网络文化超越性既发挥出虚拟技术的精神渗透力，也带来更多的虚幻性精神体验，影响主体的现实感受力。

（三）创新文化。文化创新与文化特质相关，静态文化相对保守，创新性不足，动态文化比较开放，创新性明显。基于互联网络技术的动态文化创新性主要表现在：一是文化形态。文化是文化内涵与文化形态的结合体，文化内涵是本质，文化形态是形式，两者相辅相成。在网络文化形态中，文化理念呈现出多元化的表现形式。“文本生产、解码

① 胡潇：《论网络文化对哲学思维的解构》，《学术研究》2013 年第 10 期，第 1 页。

霸权和快感获得使得网络文化多元化的趋势得以确立,是网民建构的各种网络文化得以产生、传播、扩散和流行的主要原因。”[①]相对于现实社会比较纯粹的地域文化而言,网络社会不同文化之间的交融成为常态,而且文化也会在交流中不断创新出表现形式。二是文化动力。文化需要一定的动力因素来推动发展。在网络社会中人们对信息文化的需求不断增长,无形中促使网络文化适应人们需要,成就网络文化发展的新境界。网络文化发展既是人们需求的推动,也是社会不同因素的合力作用,尤其在网络社会中,通过信息技术的传播,多重因素的影响力被不断放大,从而使得网络文化内部充满变化。三是文化人格。“人的发展与网络文化之间是一种相辅相成的关系:人的发展在呼唤网络文化的同时,网络文化也推动着人的进一步发展。”[②]网络文化是在人的创造中产生,但是反过来会改变人本身。这种改变既包括人的能力的不断增长,也包括人格特质的转变。现实人格受到现实文化的熏陶和感染,形成自己独有的思想行为模式,但是在网络文化氛围中,个体的创新性人格特质被最大化激活,人们摆脱固有的社会关系束缚,可以在虚拟空间中超越自我,激发主体内在的创造活力。网络文化特性影响国家价值观构建和意识形态形成,进而影响国家凝聚力。

四、精神领域

物质需求的满足是国家凝聚力的社会基础,凝聚力的形成离不开精神要素的内在作用。国家要为公民提供坚定的价值信仰、高度的社会信任以及充分的发展信心,以实现精神领域的吸引力和向心力。

(一)价值信仰。价值信仰是个体在精神领域的支柱性力量,从内在信念上支持个体的行动变化。失去价值信仰的个体在社会生活中可能陷入精神的迷茫和困惑的心理状态,失去前进的动力和方向。价值

① 郑傲:《网络多元文化的形成及其整合机制》,《现代传播》2012年第12期,第144页。
② 宋元林等:《网络文化与人的发展》,人民出版社2009年版,第100页。

信仰的来源主要来自于两个方面，一是内部的自给。个体在自身的教育、经验、环境等综合作用下而逐渐形成的价值信仰，影响着自己的追求目标和生活轨迹。二是外部的供给。不同的国家与社会根据自身需要，向个体提供一定的价值信仰，从而影响国家与公民之间的关系构成。价值信仰既有相对的稳定性，也有时代的变迁性，受社会生产方式的制约和限制。“从传统媒体时代到移动互联网微传播时代，体现了社会场域中文化权力关系和话语格局的变化。”①网络社会形成以后，生产技术与生产关系的变化带来了价值领域的改变，直接影响就是信息传播解构了个体的原有价值认知，用多元化、复杂化、碎片化的价值信息替代了一体化、简单化、系统化的价值体系，个体逐渐丧失了运用原有价值立场来进行价值判断的能力和水平，陷入了价值困境的场域之中。“网络文化的发展，带给了人们物质生活方式与日常交往方式的改变，更为重要的是带来了人的价值观的转变。”②互联网对于公民信仰的改变是潜移默化的过程，经过情境感受、观念冲击、意志瓦解、行为转向等不同的阶段。网络社会给个体带来的是虚拟情境，虚拟情境中人对环境的感受发生变化，主体通过信息技术认知现实社会，进行模拟判断，从而破除意识形态幻影，造成个体信仰情感的动摇。网络社会为个体参与社会舆论创造了条件，不同的利益主体带来不同的价值观念，多重利益交错中存在着矛盾和冲突，影响个体对于自身信仰的理性判断，造成社会信仰心理的浮动。网络社会集中浓缩了现实主义的消费文化，对社会资源需求的充分挖掘调动了主体对需要的过分关注，忽视了对远大理想的坚持追求，造成主体信仰意志的瓦解。由于社会基础与社会形态的转变，网络社会中不同主体的行为逻辑发生转向。在行为转向过程中，彼此之间需要有磨合和适应，造成主体信仰基础的

---

① 张爱凤：《网络舆情中的文化政治》，《新闻与传播研究》2017 年第 2 期，第 58 页。

② 王曼、杜建：《网络视阈下大学生政治信仰培育的新路径》，《中国青年研究》2017 年第 3 期，第 106 页。

变动。

（二）信任状态。“互联网重构了传统的社会结构和社会关系，建立其上的信任系统亦不可避免遭受异化的风险。”①社会信任是指在一定社会关系之中，社会成员之间的信任状态和信任水平。社会信任随着社会关系的变化而不断变化，信任水平的高低一定程度上决定着社会凝聚力的高低。在社会信任水平急剧下降的社会系统中，阶层之间的情绪对抗可能愈演愈烈，严重程度会危及社会秩序稳定。社会信任层次可以从两个方面体现出来，第一方面是情感层面的信任，社会成员之间由于血缘关系、地缘文化、业缘交往等逐渐形成的情感共鸣，彼此之间信任状态处于不稳定之中，受个体差异性影响较大。第二方面是理性层面的信任，社会成员之间由于利益关系、制度约束、价值追求等逐渐形成的理性认同，彼此之间信任状态相对稳定，在一定范围内能够起到凝聚人心的作用。网络社会中的社会系统构成发生变化，交往状态从现实走向虚拟，社会信任关系也不断改变，主要有角色信任、关系信任、组织信任等。从角色信任上来说，在现实社会中，人与人之间的信任是建立在彼此之间身份确认与人格真实性基础之上。但是，在网络社会中，主体身份开始模糊，充满了不确定性，为主体之间的角色信任增加了难度。要确立主体角色信任，必须要使得网络主体身份角色相对稳定，从而使得“信任逐渐地融合到对连续性的期望之中，成为我们经营日常生活的坚定的指导方针”②。从关系信任上来说，现实社会关系信任建立在双方长期的互动交往之中，维持关系信任的前提是社会媒介。媒介存在对于关系信任不可或缺，媒介变化带来信任变化。“虚拟社群对于在线信任的产生和信任网络的形成有着重要的影响作

① 全燕：《“后真相时代”社交网络的信任异化现象研究》，《南京社会科学》2017 年第 7 期，第 114 页。

② ［德］尼克拉斯・卢曼：《信任》，瞿铁鹏、李强译，世纪出版集团 2005 年版，第 32 页。

用。”①网络社会中的媒介技术越来越多样化，对于主体之间的关系构建起到决定性作用。每一次的媒介更新，都代表着网络信任关系的重新建构。从组织信任来说，现实社会组织信任的建立基于规范的市场环境和明晰的交易规则，给予组织主体以可靠的信任基础。但是，网络社会中的经济环境尚待优化，国家权力与市场权利之间的边界有待确定，尤其是网络社会中的法治基础仍需完善，给网络社会组织之间的信任关系构建带来一系列问题。

（三）发展信心。发展信心是公民对政府能力、社会构成、未来趋势等多方面因素的综合判断。信心指数高，国家对公民的吸引力大，凝聚力强。网络社会中发展信心的变化主要源于治理环境的变化，也就是说，在虚拟空间中，采取什么样的治理模式与手段，既关系治理效果的高低，也关系到发展信心的确立。“网络社会治理对政府的治理能力提出了更高、更新的要求。我国网络社会治理面临新问题、新挑战，促使政府必须重塑自身治理能力，实现政府治理能力现代化。”②信心的建立需要一定的条件，其中既有主观因素作用，也有外部因素影响。从主观因素来说，信心是主体对客体的情感反映，包含着一定的期待效应。从外部因素来说，信心是客体通过媒介传递给主体的价值影响，体现着一定的反馈作用。在网络社会中，无论是主体的主观因素，还是客体的外部因素，都会出现变化。主观上，主体在网络社会中的情感关系复杂多样，自主性不断增强，难以对国家产生更多的关注和依赖。客观上，网络社会的无边界性增加了虚拟环境的不确定特质，国家难以掌控的影响因素越来越多，消解了主体信心。信心不仅需要产生条件，还需要有一定动力支持，这种动力包括利益、价值、传统、制度、舆论等多方面因素。不同动力因素存在与否，将会对信心的可持续性产生较大影

① 王芳：《在线信任与网络空间的秩序重构》，《江海学刊》2017年第6期，第120页。

② 黄滢、王刚：《网络社会治理中的政府能力重塑》，《人民论坛》2018年第16期，第50页。

响。网络社会中利益多元化表征明显，人们对市场的依赖程度越来越高，相对来说对国家的信心动力有所下降。价值异质性得到充分展现，主流意识形态的渗透力也会遇到较大的阻力和挑战。文化传统虽然仍然影响个体的言行习性，但在网络社会行为范式不断变化之中，也被逐渐削弱。社会制度约束的是现实社会关系的主体，在虚拟环境下的制度重建需要经过长期的探索实践。公众舆论社会信心的改变是渐进的过程，能够体现出累积效应。

第二节　网络社会国家凝聚力的变化特点

"凝聚力是维系社会生存的最基本的力量。"[①]网络社会国家凝聚力通过公民与国家的互动彰显内在的变化逻辑，不同的虚拟社会关系和虚拟实践活动共同作用于国家凝聚力，体现出微观性、裂变性、异质性、联动性等特点。

一、微观性

互联网发展离不开微电子技术，微电子技术的更新换代带来信息技术的革命性变革。而且，更为典型是知识信息传播和网络权力运行方式微观化越来越明显。

（一）技术发展。生产技术的革新随着思维能力和水平提升而不断发展，集约化大生产技术加速了生产进程，提高了生产效率，但压制了人的个性化和创造性。网络技术对工业技术的解构恰恰就是从分解整体化开始，将中心式的技术合作转变为无中心化的技术创造。工业时代的大生产已经向信息时代的"微生产"发展，在"微生产"时代，科学技术的进步速度一日千里，知识积累增长的规模与日俱增。在网络

① 鲁品越：《社会凝聚力简论》，《社会学研究》1992 年第 2 期，第 91 页。

社会形成的过程中，电子计算机是基本的物质载体，从计算机外观形态的变迁，可以看出微观化发展的历程，从最初的巨型计算机，到今天的掌上电脑，甚至是微型电脑，通信联络技术、软件程序技术、计算处理技术、数据存储技术等持续地发挥出功能和作用，技术的发展不断推动网络社会发展。“借助大数据运营，当海量的内容到达云平台后，平台根据加工者能力和对用户数据的收集、整理、分析和判断，进行合理分工，实现对用户需求的个性化匹配及反馈。”[①]没有技术的微型化发展，网络技术不可能全面渗透进人类社会生活的方方面面，改变人们的生产方式和生活方式，乃至思维方式。在可预见的时代发展中，微观化趋势没有改变，成就人类的未来世界。微型技术与人本身之间的契合度在不断提高，与人的身体和精神之间的关系日益紧密，从身体形态上微型技术可以逐渐控制人的器官、肢体的功能性作用，从精神形态上技术微型化带动人的智慧发展。在技术微观化发展的进程中，精密化带来的技术挑战越来越明显，微型化技术的关联性越来越高，网络社会的系统风险性不仅没有减小，而且始终存在被攻击和利用的可能性。技术的负面效应伴随着技术进步，网络时代技术风险的形式发生了变化。

（二）信息传播。网络技术的微型化发展是物质载体的变化，内容转变主要表现为知识信息传播的微观化，也有学者将这种知识传播形态称为“碎片化”。“我们以新的前提、语言、符号和逻辑为基础，在创造新的知识网络，用不同的方式总结观念，建立新推论架构的优先顺序，产生新理论、假设及意象。”[②]知识体系的转换带来新的思考、分析和表达范式，而新的范式反过来刺激信息的微观化进程。从主体传播来看，每个个体都是潜在的信息制造者，颠覆了知识垄断传统。网络社

---

① 张志安、汤敏：《网络技术、人工智能和舆论传播的机遇及挑战》，《传媒》2018年第13期，第12页。

② ［美］阿尔文·托夫勒：《权力的转移》，吴迎春、傅凌译，中信出版社2006年版，第55页。

会中的微观主体参与到知识系统的创造链条之中,这种制造过程本身极大地丰富了知识信息的内涵与旨向,对个体思想意识产生深刻影响。个体在海量信息环境下既会吸收有益信息,激发自身的探索欲望和精神,也可能陷入信息超负荷状态,抑制自身的理性判断和决策能力。从内容传播来看,具备完备体系的知识系统通过网络技术完成传播流程,不可避免地被转化为微观内容,以便于被受众认知和接受。网络社会知识的微观化能够最大限度地促进思想分化和观念民主,传统的价值体系在微观环境中被分解,人们很难集中接受意识形态灌输,传统教育体系也难以在短期内重新建构新的知识信息传播渠道,价值迷失在相当长的时期成为网络社会知识微观化的直接社会后果。从工具传播来看,网络技术的发展趋势是微观技术工具的组合式运用,不同的微观技术工具具备不同的传播特性,带来的信息传播影响差异较大。"网络微信息的传播会追求界面的友好性、转载再传播的便利性、个性化信息接收的高效性、自媒体间互动的广泛性等。"①微观技术工具越来越强调与人的感性体验相结合,被广泛接受的微博、微信、微视等都符合这种传播规律,对网络社会的国家凝聚力产生持续性改变。

(三)权力运行。网络权力本质是信息权力,信息流动改变现实权力结构和运行方式,重新塑造社会角色,缔造权力秩序。网络权力运行不再依赖庞大的官僚机构和集中统一的宣传系统,而是存在于无数信息符号的流转之中,无形中完成权力的转移和替代。网络微观权力无所不包,涉及经济、政治、文化、军事、外交等不同领域,所有领域都遵循着特有的网络权力逻辑,发挥着独有的功能和作用。经济领域中,电子商务的崛起使得大量中小企业可以与大型常规企业并行竞争,对社会经济运行规律发生内在影响,改变市场逻辑,谋求市场空间,实质就是资源配置方式变化,市场权力重组的一种经济形态。经济权力不再依

① 何伟奇:《如何正确对待网络微信息传播》,《青年记者》第22期,第54页。

赖于大工业生产时代的集中控制，而来自于对信息支配引导能力。政治领域中，网络公民参与越来越普遍化，使得政治权力被置于公众舆论监督之下，公域和私域之间的界限日益模糊，个体成为公共权力的监督者和实施者，分权化成为权力运作的基本特性。“权力分散到个人之后，未来最重要的资产将是电脑无法拥有的东西，例如想象力、人格特性、决策力。”①文化领域中，权力来自于知识，不同的知识作用类型各不相同。在网络社会中，“知识摇身变成当今品质最高的权力，它一改以往附属于金钱与暴力的地位，而成为权力的精髓，甚至是扩散前两者力量的最高原则。”②知识创造更是成为文化权力的源泉。军事领域中，权力渗透于网络信息技术之中，信息技术的先进性与掌控力成为网络军事领域较量的关键因素。世界各国都将信息技术前沿开发作为国家军事安全保障的重要领域，呈现出军事权力的电子化、微观化、隐蔽化等特征，日益复杂的信息技术威胁无处不在。外交领域中，网络社会国家的凝聚力和影响力通过信息流转发生变化，无论是国家、组织，还是个体公民，都在网络社会中有意或无意间参与到国家形象建构之中，或参与到公共外交中，展现国家本身的软实力。

二、裂变性

裂变是物理学名词，一般是指变化的多元性、快速性和不可预测性的特质。网络社会中国家凝聚力的裂变性表现显著，也就是在不同层次、不同方面、不同领域的变化过程瞬息万变，难以预测。

（一）话语裂变。“社会公众在互联网媒介技术赋权下获取了较为充分的话语表达自由，来自不同社会阶层的话语主体纷纷涌入网络媒体之中，多元网络话语主体的形成彻底打破了由中心化、单向传播的传

① 刘文富：《网络政治：网络社会与国家治理》，商务印书馆 2002 年版，第 239 页。

② ［美］阿尔文·托夫勒：《权力的转移》，吴迎春、傅凌译，中信出版社 2006 年版，第 12 页。

统大众媒介所维系的封闭话语体系。”[①]网络社会中的话语权能够主导舆论风向,改变大众印象。网络话语始终处于不断裂变状态,话语权力也就始终处于不断变动之中。在现实社会结构层级中,掌握社会资源的人群能够更快地知晓信息,掌握信息流动方向,但在网络社会中技术的开放性打破了信息垄断权力,每个社会阶层都能同时接触到相同的信息,大大扩大了话语传播的社会基础。现实社会话语权传播路径少,渠道狭窄,话语覆盖面较小。在网络社会中每个人都是“麦克风”,不同社会阶层之间的相互沟通渠道大大拓展,相同社会阶层之间的交流更加频繁,网络语言的传播性功能得到最大程度的释放,对于话语传播来说创造了优良的裂变环境。现实社会话语传播呈现线性方式,不同传播方式之间存在隔阂,制约了话语传播的效果和效率。网络话语传播集成了传播形态,不断地开展着技术创新与平台创新。“以知乎、分答、AB 站、网络电台等为代表的新技术平台强势崛起,传统的舆论格局发生了根本性转变,虚拟现实空间与线下空间的界限在不断模糊,社会话语表达在经过系列网络治理后呈现出更加多元与极化的现象。”[②]现实社会不同的话语空间有限,存在着阻碍话语裂变的空间间隔。网络空间的一体化和扁平化特性,改变了现实时间和空间的局限性,为舆论话语的裂变式转播创造了无碍的时空条件。而且,也在很大程度上打破了民族、国家之间地域界限,在全球范围内促进了文化话语的交流与传播。

(二)关系裂变。“随着网络社会的崛起,移动互联网社交媒体的勃兴使人们得以重新部落化、族群化,人与人之间的社会关系也随着社会的进步越来越丰富,人们越来越把过多的私人领域的想象也叠加到

---

① 吕欣:《网络话语的修辞建构与意义生成研究》,《现代传播》2017 年第 11 期,第 24 页。

② 喻国明:《社交网络时代话语表达的特点与逻辑》,《新闻与写作》2017 年第 7 期,第 41 页。

社会关系上,并越来越倚重于这种虚拟的社会关系网,社会关系和社会结构发生了本质性变化,而依附在虚拟社会关系网之上的传播关系也会基于新型的社会关系网络而改变和重塑。”①主体的社会关系发生裂变,熟人与陌生人之间的交叉来往,成就了网络社会关系的复杂多样性。一是伦理关系。伦理关系有深厚的文化积淀,现实社会中的伦理关系是保证社会秩序的基础性条件。网络社会中伦理关系的社会基础被彻底动摇,伦理秩序条件逐渐消失,伦理文化底蕴在矛盾冲突中逐渐消解,网络伦理关系伴随着伦理约束机制的改变而变化。伦理主体观念的变化有一定的实践进度,网络伦理关系裂变与伦理观念更新的速度成正比关系。二是职业关系。社会发展中职业关系变化与生产方式的变迁密切相关。网络社会的出现是技术与社会相互作用的结果,也必然带来职业关系的改变。不同于现实职业关系的相对封闭性,网络社会不同职业关系之间转换可能性大大增加。网络社会中的职业关系表现形态不仅是沟通方式的变化,更重要的是职业自主性的增加。自主程度越高的职业关系越能够促进职业活力的发挥和展现,从而加快职业目标的实现。三是市场关系。市场关系本质上是契约交换关系,网络社会中的市场关系内涵丰富、功能多样。网络市场关系的裂变性与其无中心化的立体交易模式相互关联,交易双方能够利用网络节约交易成本,简化交易环节,扩大交易市场。而且随着信息技术的加快发展,不同市场主体之间的网络沟通将会越来越便捷,网络生活方式的流行进一步促进市场关系的裂变性。

(三)价值裂变。价值是人对事物存在状态的主观判断和评价。随着社会的进步与发展,价值也在不断地变化之中。网络社会的出现,为价值裂变提供了平台和渠道,“现实社会中形成的价值共识在感性体验环境中发生改变,受到来自不同价值文化的多元化冲击,逐渐消解

① 喻国明:《社交网络时代话语表达的特点与逻辑》,《新闻与写作》2017 年第 7 期,第 42 页。

了主流价值的思想基础”，[①]客观上加快了价值裂变的步伐。一是价值主体裂变。主体裂变是指在虚拟社会中，主体的自身存在与表现形式发生分离。主体实体只能存在于现实社会之中，但是在虚拟社会中却能以虚拟符号来表现价值观念。人与符号之间的对接给主体提供了裂变路径，在网络社会中借助符号来延伸自己的思想，体现自己的价值。主体裂变的状态与自身和技术相关，自身参与是根本性因素，技术更新是外在促进因素。价值主体的裂变为网络社会价值裂变准备了主观条件，不同主体的价值观念将进一步在网络社会中发酵成熟。二是价值客体裂变。价值客体是指价值的承载者，主体价值指向的对象。任何事物只要被纳入主体判断的范畴，就可能成为价值客体。网络社会中价值客体的存在既包括现实客体的虚拟再现，也包括虚拟空间的独有创造，客体内容与范围大大增加，价值客体也会与社会进程同步发展。网络社会价值客体裂变与主体虚拟实践活动密切相关，虚拟实践活动越丰富，价值客体形式越多样。三是价值标准裂变。主体运用不同的价值标准进行价值判断，就会有不同的评价结果。价值标准来源于主体的价值需要，包括物质需要、精神需要、交往需要等不同层次的追求实现。人的需要层次变化，内在的价值标准也会发生相应的变化。在网络社会中，不同需要的累积效应越来越明显，人们的网络活动价值标准的个体化色彩越来越浓，难以用统一的意识形态来衡量价值取向，多元化价值结构成为网络价值裂变的必然趋势。

三、异质性

网络社会中“物质至上主义”的价值观念受到较大挑战，信息化的世界中更多地表现出符号的力量和作用，技术基础上的信息符号正在

---

① 陈联俊:《网络空间中主流价值认同的分化与重塑》,《中国特色社会主义研究》2017年第6期,第73页。

以千变万化的姿态呈现出网络社会的精彩特质。

（一）空间异质性。空间异质性，本来是指生态学过程和格局在空间分布上的不均匀性和复杂性，一般主要理解为空间缀块性和梯度的总和。空间异质性可以说明网络社会中虚拟空间的表现特质，即虚拟空间中的不均匀性和复杂性，通过诸多方面体现出来。一是信息系统的耗散性。“一个开放型的耗散结构系统从外界环境吸收物质和能量而带进‘负熵流’的功能特性称为系统的耗散性。”[①]网络社会本身即是巨大的信息系统，不断在内部和外部进行物质能量的交换和替代，信息流动的过程就是系统耗散的表现过程。在网络社会稳定有序的结构中，信息的开放性起到至关重要的作用，只有保持网络社会与外界介质的流动状态，才能够为网络社会的生机与活力提供基本的保障条件。动态平衡状态下的网络社会是不断地从无序走向有序，逐渐形成自身的自组织异质系统。二是虚拟空间的“缀块性”。“缀块性”是一种自然现象，现实自然生态系统中的“缀块性”是指在一定时空演化基础上逐渐形成的异质性。网络社会中的缀块性是与人的实践活动相关的产物，主要是指虚拟空间动态及其格局的表现形态。在不同的网络空间中信息技术呈现出来的交往形式、人群分布、活动方式、信息变化等都是网络缀块性的表征。在不同的网络缀块性中，虚拟空间对人与社会的发展起到的推动作用各不相同。三是符号世界的不均匀性。网络社会中的信息流动主要以符号形式来展现出来，但是在虚拟世界中的符号分布呈现不均匀状态。凡是人群活跃、互动频繁的虚拟空间中，信息符号总是充满流动性和创造性，产生不同的符号逻辑，编织出多样化的虚拟实在场景。但是，对应的电子世界也存在符号停滞的空间，空间里的静默性足以使浏览的主体难以驻足。符号世界的不均匀性自始至终都会存在，伴随着网络社会的发展历程。

---

① 肖峰：《信息主义：从社会观到世界观》，中国社会科学出版社 2010 年版，第 34 页。

（二）资源异质性。不同的资源发挥不同的功能性作用。网络社会汇集资源力量，对人的信息化存在产生影响。网络社会中的资源可以分为外部异质性资源和内部异质性资源，所谓外部异质性资源，就是指从现实社会中获得的不同种类的资源。经济资源是社会生产发展的基础性资源，体现出社会文明发展的阶段性特征。现实社会中的经济资源可以在网络社会中转化，以信息符号的方式加以展现，从而实现世界经济一体化的运作机制。经济资源类型多样，但都具备有用性特质，既有自然资源，也有人力资源和加工资源。经济资源在网络社会中的配置按照市场机制运行，最大化地实现资源的充分利用。政治资源是指具备政治交换价值，能够影响他人政治行为的资源。政治资源的分配是不平等的，个体因政治体制的安排而分享不同比例的政治资源，体现出不同个体政治地位的高低。文化资源的样态丰富，不同国家具备不同的文化传统，通过文化产品、文化创作、文化交流等在网络社会中得以展示，彼此之间开展对话和沟通。文化资源的输入是网络社会文化繁荣的基本条件，多样的文化资源对于活跃文化氛围、增强文化互动、激励文化创新，有内在的推动作用。“在信息范式下，不同技术领域之间的持续聚合，起源自它们共有的信息产生逻辑。”①除了外部异质性资源的输入，网络社会内部的异质性资源也在不断增加，主要是来自网络技术平台上的信息资源。信息资源最大的优点在于无限再生性以及共享性。网络社会归根结底是信息社会，不同信息的汇集将会产生叠加变化效应，对国家凝聚力产生内在作用。

（三）国家异质性。网络世界是一体化流动的世界，不同国家之间的地域空间消失，彼此之间主权边界依赖于技术手段维持，从某种意义上说“网络国家”逐渐形成。网络国家虽然从政治意义上来说，仍然属于现实国家在虚拟空间的表现形式，但是国家形态却发生了改变。网

① ［美］曼纽尔·卡斯特：《网络社会的崛起》，夏铸九、王志弘等译，社会科学文献出版社2006年版，第67页。

络社会中不仅公民存在的形式改变,更重要的是公民意识的改变,人们价值观念的认识和理解发生变化,进而影响其行为的表达方式。“地域性解体脱离了文化、历史、地理的意义,并重新整合进功能性的网络或意象拼贴之中,导致流动空间取代了地方空间。”①网络社会中的国家领土不复存在,现实地理疆域无法在虚拟世界得以体现,建立在地域基础之上的国家主权转换为网络主权。随着网络社会国家载体形态变化,现实社会中的国家意识被逐渐消解。“在现实社会中,国家精神凝聚力的形成是在比较封闭的文化系统中完成的。但是,在网络社会中,这种封闭的系统已经不复存在,国家精神凝聚力的环境基础遭到破坏,其凝聚力效果也将随之降低。”②传统意识形态建构起来的国家忠诚受多元化的价值观念不断冲击,集体主义愿景在个人主义诉求中被淡化分解,带来价值分裂现象日益严重。尤其在信息技术差距明显的国家之间,占据信息优势的国家将可能给落后国家的民族文化造成严重的威胁,改变国民文化思维,新的文化殖民将可能改变民族国家道路走向。国家的现实边界在网络社会中消失,但国家在网络社会中的竞争却超越了现实社会,这种竞争是全方位、全时空地进行。数据技术、信息文化、虚拟经济、政治动员、意识形态、网络战争、情报外交、恐怖主义等几乎所有国家力量都能在互联网世界重新展开角逐,唯一不同的是新的竞争是在网络技术平台上进行。竞争优势不仅是网络技术水平的高低,在涉及领域中的方方面面都是国家角力的要素。现实社会中国家与国家之间的交往大多是政府之间的正式外交活动,官方色彩浓厚,其中的仪式性、象征性成分较多,但是网络社会中的国家交往则更多地体现出公民之间的交往活动,个体化效应明显,对不同国家的社会生活影响更为深入。

---

① [美]曼纽尔·卡斯特:《网络社会的崛起》,夏铸九、王志弘等译,社会科学文献出版社2006年版,第353页。

② 陈联俊:《网络社会中国家意识的消解与重构》,《学习与探索》2012年第3期,第57页。

四、联动性

网络社会与现实社会国家凝聚力相互渗透、相互影响。随着技术进步,互联网逐渐成为国家发展的中心力量,网络社会国家凝聚力将成为现实国家凝聚力变化的决定性因素。

(一)个体联动性。互联网将个体的时空活动与世界紧密联系起来,让整个世界信息与个体思维同步发展。个体与个体之间的联动变得更加频繁,信息公开透明成为常态,没有人能够摆脱无处不在的信息笼罩,“网络的作用不仅仅是网罗全球,它创造了一个隐喻的世界去引导人们的日常生活。”①个体在不断地创造信息世界,同时也被信息世界所同化。在同化过程中,个体既在融合自己的生活经历,创造出无数的信息资源,丰富虚拟世界中的信息文化,也在无形中被解构信息安全感,不断变化的网络信息难以建立巩固统一的价值信念。在现实熟人社会中,个体的社会关系是主体自身建构产物,个体基于认识与理解来掌控社会关系的变化,但在网络社会中社会关系不可避免地被网络技术所建构,网络技术的改变直接导致网络交往方式以及人际网络结构的变动,进而影响个体的情感体验和社会心理。“当今社会的个体化实质是一个‘去传统化’的过程,个体逐步从诸如传统的道德规则和家庭、血缘、邻里社区等初级群体的约束中解放出来。”②在网络社会中不同个体的社会空间被无限放大,从理论上来说每个人都能够与其他人的空间相互重合,彼此互动,而且个人空间与公共空间的界限日益模糊,导致网络社会公民权利与义务难以界定,阻碍网络社会秩序层次的形成。网络个体参与直接把个体的境遇转变为大众的话题,其他的社会个体能够从不同的价值意义展开解读,进行不同的判断评论。如果

① 胡泳:《众声喧哗:网络时代的个人表达与公共讨论》,广西师范大学出版社 2008 年版,第 13 页。

② 张军:《网络时代个体分化与社会表象整合》,《天津社会科学》2013 年第 5 期,第 80 页。

个体境遇引起情感或心理共鸣,个体力量将转变为群体互动,甚至引发网络舆论热潮或网络参与行动,改变网络社会秩序结构。个体化社会对于个体本身提出了更高要求,个体必须要逐渐适应信息化浪潮带来的冲击和挑战,既要不断提升自身的权利意识,也要不断增强自身的责任意识,发挥在社会进步与国家发展中的价值作用。

(二)组织联动性。网络组织是不同网络个体由于共同需要和诉求而结合的组织形式。网络组织形式多样,主要表现形式有网站、社区、论坛、空间、贴吧、微博、微信等。网络组织中的不同主体之间关系平等,组织的形成与解散基于组织成立的原则与目标的维系,不同主体能够充分发挥对组织目标的追求和努力。网络数字空间为网络组织提供了广阔的舞台,相同性质的网络组织之间既相互竞争,又相互合作。基于利益的组织竞争或者合作,追求的是用户需求的满足,用户规模越大,效益越突出,网络组织关系随着利益变动而变化。网络利益组织不仅关注自身利益,更多地从社会效益视角看待组织发展,才能产生持久的影响力。网络政治组织协调表达政治诉求是形成联动关系的关键,政府网站的政治功能性突出,但需要提高网络个体主动关注的接受度,需要将政治主张通过其他网络组织以多样化形式传递或表达,才能取得较好的政治效果。网络媒体组织对舆论的敏感性较高,彼此之间共同推动网络舆论的动态变化。尤其是涉及社会热点问题的舆论,不同立场的网络媒体联动介入会产生意想不到的舆论效应。网络组织价值联动涵盖内容广泛,既有兴趣爱好、情感交流,也有价值诉求,对组织个体的覆盖面最为广泛。网络组织无论是形成机制、成员结构,还是制度规范,都体现出不确定性特质。“不确定性也就是指经济行为人因自身能力及信息缺乏等方面的限制,对直接或间接影响经济活动的外生、内生因素无法准确地加以观察、分析和预见。”①不确定性是灵活性代

① 喻卫斌:《不确定性和网络组织研究》,中国社会科学出版社2007年版,第31页。

名词,可以在最大限度上发挥网络组织的内生活力,不断获得组织成长的先机。但是,从负面意义上来说,不确定性摧毁的是组织信任的社会基础,给组织长期发展带来信任危机。网络组织的不确定性既为组织之间的相互融合带来机遇,也会造成组织合作机制的无形障碍。

(三)环境联动性。"我们已然进入文化仅指涉文化的新阶段,已经超越自然,到了自然人工再生成为文化形式的地步:这事实上正是环境运动的意义,将自然重建为理想的文化形式。"①在网络社会出现以后,人类的生存环境已经分为现实环境和虚拟环境两个部分。现实环境以自然为基础,人类在自然环境中获得生存发展的生产生活资料,进而开展人际交往。网络社会的出现使得人类可以摆脱自然环境的束缚,人与自然的关系有了新的表达方式,人可以用自己的创造来定义环境的整体性存在,在某种意义上来说人工创造的环境功能越来越大。虚拟环境下人们如何处理自身与人工环境之间的关系,人类应该在多大程度上驻留在数字化空间,又该如何谋求共处之道?建立在现实基础上的数字化技术日益显现出对现实环境的全方位改造,大数据技术、虚拟现实技术、物联网技术、人工智能技术等都是典型的表现形式。大数据技术可以将现实信息通过技术手段收集起来,进行整理分析转化,从而为人类准确认识现实提供可靠保证。虚拟现实技术通过网络计算、智能传感等前沿技术来再现或创造现实环境,在技术创制环境中,主体对环境的感受力和控制力大大提升,虚拟实践能力给环境带来更大影响。物联网技术通过信息传感设备,将人与物、物与物之间用互联网技术连接起来,进行实时互动,实现物理世界与虚拟世界的无缝连接。在物联网环境中,现实与虚拟的边界模糊,国家需要寻求治理新路径。人工智能技术是通过计算机模拟、延伸和拓展人的语言、思维、情感、决策、能力等新兴技术科学。"人工智能促进了社会的发展和人类

---

① [美]曼纽尔·卡斯特:《网络社会的崛起》,夏铸九、王志弘等译,社会科学文献出版社2006年版,第441页。

的进步，但是人工智能作为新兴技术也存在着潜在风险，人工智能的发展拉大了社会贫富差距，人工智能的发展引起新的伦理问题，可能影响社会稳定，等等。”[①]国家如何面对和处理人工智能带来的多方面变化，将会在相当长的时期内是必须解决的前沿课题。

第三节　网络社会国家凝聚力的发展旨向

“增强国家凝聚力，是实现国家富强、民族振兴、人民幸福的关键因素和根本保障。”[②]网络社会国家凝聚力受不同因素影响，遵循一定的变化规律，对社会稳定和国家发展起到推动或制约作用。要促进网络社会国家凝聚力，必须要明确国家凝聚力发展方向，进行针对性的引导和治理。

一、增强网络社会公民意识

公民意识是指在一定的社会形态中，公民对自己主体地位及其相应权利和义务的认识和理解状况。公民意识是社会发展进步的重要标志，体现出当代社会的民主法治状态。网络社会国家凝聚力离不开公民意识的内在张力，只有公民意识得到有效的引导，才能正确发挥个体的积极力量，为国家发展起到应有的作用。

（一）公民主体意识。主体意识是指公民在网络社会中的主人翁思想与观念。“网络空间是人的主体性建构的产物，随着网络互动实践的发展，网络空间的政治参与活动反过来又拓展了人的主体性。”[③]

---

① 闫坤如、马少卿：《人工智能伦理问题及其规约之径》，《东北大学学报（社会科学版）》2018 年第 4 期，第 331 页。

② 朱耀先：《实现中国梦与增强国家凝聚力》，《中共中央党校学报》2013 年第 5 期，第 5 页。

③ 唐庆鹏、郝宇青：《互动与互御：公民网络政治参与中的主体性问题研究》，《人文杂志》2018 年第 2 期，第 112 页。

公民主体意识的觉醒是网络社会能够顺利发展的前提条件，反过来说网络社会稳定有序的发展也会促进公民主体意识的增长。公民主体意识的发育成长需要相应的条件，起因源于网络社会带来的主体性危机与困境。网络社会主体性危机分为认同危机、交往危机、发展危机等。所谓认同危机是指网络社会中个体对自己身份的确认危机。随着网络社会主体存在方式的转变，主体从现实性生存转化为技术化生存，带来主体身份条件的变化，不同个体开始出现认同危机。所谓交往危机是指网络社会中主体之间交往形态改变带来的危机表现，原因在于主体从现实交往转化为虚拟交往，彼此之间的交往状态、交往情感、交往心理等都会发生变化，带来不同的危机表现。所谓发展危机是指网络社会中的主体利用虚拟社会条件获得自身发展的危机表现。网络社会主体面临着不断促进自身与社会发展的权利与责任，但是必须克服虚拟环境中的困难与障碍，并将自身的现实发展与虚拟发展相互结合起来。网络社会公民的主体意识就是在解决主体性危机的基础上得以发展起来，网络社会中信息的繁杂多变对主体提出更高的要求，主体必须要有高度的理性能力和水平，能够自主判断信息的真实可靠有效性，从而做出合理的决策行为。不同主体思想观念中有不同的价值取向，价值取向不仅影响主体的现实社会行为，也会影响主体的虚拟实践行为。网络社会主体意识的价值多元化必然带来矛盾与冲突，需要明确共同的价值共识，以夯实网络社会的价值基础。

（二）公民权利意识。“权利意识是指公民对自身权利的认知、理解及态度。”[①]权利意识的提高需要经历一定的过程，尤其在虚拟环境之中公民的权利意识必然有长期的启蒙历程。权利的存在方式与具体的社会关系有着密切的联系。人身权利是人的基本权利，包括身份权、自由权、人格权等。身份权是指公民在网络社会合法享有公民身份，不

① 冯留建：《公民意识新论》，新华出版社 2009 年版，第 51 页。

受非法剥夺的权利。公民身份是开展各项网络社会活动的前提条件，需要从法律层面对其进行清晰的界定。自由权是指公民在网络社会自主开展各项合法活动的权利。公民自由权利的保障是调动公民个体积极性、激发网络社会活力、促进国家发展的基本条件。人格权是指公民在网络社会中的人格尊严、名誉肖像、姓名隐私等不受侵犯的权利。"互联网不仅在受众上有无限性和超地域性，且登录和使用具有自由性，一旦被不正当使用，就可能对个人人格权益构成严重威胁，并可能造成严重的损害后果，法律有必要对其加以规制。"①在网络社会侵犯个体人身权利的行为实质上也会构成对其现实权利的侵犯。随着互联网对经济领域的不断渗透，网络社会中公民经济权利保护问题日益突出，关乎国家经济秩序的长期稳定和发展。公民个体在网络社会中的经济权利包括参与网络经济活动以及获得合法收益的权利。同时，国家还需要保护公民在网络社会中的经济财产不受侵犯的权利。网络社会中公民的政治权利是指公民参与政治活动、享受政治自由的民主权利。公民的政治权利受到法律保护，无论是在现实社会，还是网络社会中，公民都是必不可少的政治主体。通过公民的网络政治参与，起到建言献策、引导舆论、监督政府、影响决策等重要作用。社会权利是指公民作为社会成员依法享有的社会保障、劳动就业、福利保险、文化生活等权利。网络社会中的公民主体在从事社会活动时，同样会面临权利救济问题，需要得到国家和政府的关注和保护。

（三）公民责任意识。公民在网络社会中不仅享有一定的自由和权利，同样必须承担相应的责任和义务。网络社会的公民责任可以分为道德责任与法律责任，作为公民来说，有义务遵守的道德责任表现在人与人、人与社会、人与技术等关系处理上。即使在网络社会中人与人之间的交流沟通方式发生巨大变化，但是人与人交往的道德准则没有

① 王利明：《论网络环境下人格权的保护》，《中国地质大学学报（社会科学版）》2012 年第 4 期，第 1 页。

改变,仍然需要遵循相互尊重、平等相待、诚信友善等基本的人际交往准则,才能维持网络人际交往的可持续性,保持良好的人际交往秩序。随着互联网的普及发展,网络社会公共空间不断扩大,社会公共领域对于人们生活的影响改变也随之增大。而且个体在网络公共领域中所起的作用远远超过现实社会,通过网络媒介技术可以迅速释放出自己的道德观念,从而对社会产生不同的道德效应。在网络社会中的公民个体更应严格自律,承担应有的道德责任。互联网技术是人类的智慧创造与结晶,为社会发展创造了巨大动力,有着不可替代的动力作用。但是,“人,一般说来,每个有理性的东西,都自在地作为目的而实存着,他不单纯是这个或那个意志所随意使用的工具”。[①] 人在网络技术的使用过程中必须要将满足人的需要,促进人的发展作为内在的价值追求。网络社会的主体行为有其必要的法律限度,但是,网络社会的法律责任需要有特定的法律适用范围和条件。网络社会法律责任意识既需要公民主体对网络法律权利和义务的认知和理解,也需要国家不断强化网络社会中的法治教育和法治宣传,不断推进虚拟空间法治现代化的进程。

(四)公民国家意识。网络社会中的地理界线消失,地域隔阂变成了技术屏障,公民与国家之间的互动关系发生变化。个体对国家的直接影响力大大增加,承担的国家责任也随之增长。国家的实体形态转化为虚拟形式后,公民对国家的认知需要转变。实体国家的领土不复存在,人口的表现是以符号化形式出现。“网络天生的扩张性、无界性、自由性与主权的最高性、封闭性、独立性似乎有着天然的矛盾。”[②] 公民要认识到除了传统的经济主权、政治主权、文化主权之外,信息主权开始成为国家主权不可缺少的组成部分,国家对信息的保护和治理

① [德]伊曼努尔·康德:《道德形而上学原理》,苗力田译,上海世纪出版集团 2005 年版,第 47 页。

② 郭玉军:《网络社会的国际法律问题研究》,武汉大学出版社 2010 年版,第 12 页。

有其内在的必要性和合法性。因为互联网独有的信息特性，决定着国家要维护自己的信息安全，必须要采取相应的措施来保障权利。反过来说，信息治理也是维护网络社会信息秩序，提升信息流动效率的必要路径。网络社会中数字符号化的表现形式在很大程度上冲击着公民的情感心理，使其逐渐脱离了爱国情感的历史文化情境。现实载体的消解将会模糊公民对国家的内在情感，丧失其内在的精神寄托。而且网络社会中的道德评价标准有多元化的体现，不同国家之间意识形态的分歧都会在信息传播中带来不同的道德情感转化。要改善网络社会中公民的国家情感，必须探究本民族文化在虚拟空间中的呈现特点，进而开展文化实践，凝聚民族意识。网络社会中不同个体对国家的态度是认知、情感、动机的组合，对个体的网络行为起到应有的预示功能。个体态度是群体态度的基础，群体态度是个体态度的整合，个体态度的形成遵循同化和内化的心理机制，同化就是把外在表达视为自身态度的显现，内化就是从内在自我接受外在价值观念的过程。网络社会国家凝聚力增长的内在心理基础是公民国家意识的不断强化和巩固。

二、改善网络社会社会结构

社会关系的和谐稳定是社会结构功能作用协调的外在体现。反过来说，网络社会国家凝聚力能够为虚拟社会关系的有序运行以及社会结构的优化提供意识基础。

（一）虚拟社会关系的生成。社会关系的生成离不开一定的社会环境，而且在不同的社会条件下社会关系也会呈现出不同的表征。互联网技术出现以后，改变了社会交往的直接性，整合了社会交往资源，在虚拟空间中提供了立体互动场域。虚拟社会关系呈现出立体化、交叉性、弱相关等不同的关系格局，极大地丰富了人的社会性本质，加快了人的虚拟发展进程。虚拟社会关系伴随着技术与社会进步而生成，无论是网络技术的革新变化，还是国家社会层面的改革，都会在一定程度上冲击虚拟社会关系，产生不同的关系状态。“虚拟空间里的双方人际信任机制是虚拟社会关系形成的基础。”①虚拟社会关系的生成与人在虚拟社会中思想意识的变化密不可分，人的价值观念、思维方式、认知水平等会在不同层面上影响社会关系的构建，虚拟空间中的不同因素综合效应更加明显，必然改变虚拟社会关系的心理构成。心理构成的变化带来人的交往行为模式的改变，从主体间的社会关系逐步向多元化的社会关系转化。网络社会中多元化社会关系主要体现在个体、群体、组织、政府等不同主体之间的交叉连接关系，而且主体之间地位平等、功能各异，从而造就了复杂多变的网络社会。在交叉性的虚拟社会关系之中，信息流动对所有主体是同等赋权，打破了现实层级性社会关系的信息垄断和不平等状态。平等的信息关系给予主体相对充分的自由活动权利，让不同主体可以发挥自身的优势与特长，同时对其他主体产生制约作用，从而重新造就社会结构层次和模式。网络社会国家凝聚力的生成将为虚拟社会关系提供规制与导引，一方面将对社会价值取向的整合转化为社会关系的构成，避免杂乱无序的社会关系之间的矛盾与冲突，在精神层面上为虚拟社会关系的重构提供价值基础，为不同的社会主体重新定位关系结构提供方向，另一方面将对网络社会主体的虚拟实践活动提供价值共识，增进主体之间的认知与理解，强化主体之间的精神纽带，为构建网络社会良性社会秩序提供精神空间。

（二）虚拟社会组织的整合。“由于网络对人际关系特有改造，使得以互联网为基础构建的‘网络社会’在很多的时候呈现出一种‘组织化’的状态。”②虚拟社会关系生成以后，处于不断的变化之中，带来社会结构与互动规则的改变，社会主体从制度化的现实层级结构中解放

① 倪晓莉、周小军、吉瑞娜：《虚拟社会关系中的人际信任研究》，《兰州大学学报（社会科学版）》2010 年第 1 期，第 43 页。

② 朱海龙：《网络社会“组织化”与政治参与》，《社会科学》2015 年第 3 期，第 32 页。

出来，重新进入扁平化的虚拟社会系统，寻找自身的角色定位。在虚拟社会互动规则中，现实交往中赖以相互理解的文化背景变得不确定，人们不得不摸索彼此之间的交往共同点，以促进交往的可持续性。虚拟社会关系打破了现实社会关系的地域分割性特质，一体化的社会系统需要重新建构信任体系，以保持虚拟社会关系的和谐稳定。国家凝聚力能够从不同层面为虚拟社会组织的整合提供了环境和条件，促进虚拟社会组织与国家政府之间的互动交流，加速虚拟社会组织秩序化的进程。在网络社会中，社会组织的存在形式、交往模式与现实组织迥然不同，随机性和不稳定性特征尤为突出，更加难以进行集中式管理和控制，而且对虚拟社会的影响特别广泛，需要从内生动力上推动发展。组织动力既有经济利益因素，也有精神文化因素，尤其是在非经济组织中价值导向对于组织力量的集中和整合将会起到重要作用。网络社会国家凝聚力的形成将会为虚拟组织注入主流意识形态价值观念，对于消除虚拟组织中的价值无序现象起到内在定位功能。在虚拟组织交集发展的过程中，社会力量开始不断在网络社会中壮大起来，形成与国家力量相制衡的社会共同体。在网络社会共同体中，价值认同力量影响巨大，甚至可能动摇国家意识形态基础，因为其总在谋求更大的自由发展空间，两者之间的权力博弈势在必然。“自由表象的本质下存在的恰恰是失控下的不确定性。”①在虚拟世界中组织共同体如果没有内在的价值指引，就可能在无形之中产生各种资源内耗，甚至矛盾冲突。国家凝聚力的存在将会为虚拟组织动员提供共同愿景和基本价值观，让虚拟组织在自发自觉中逐渐产生驱动力和向心力。

（三）虚拟社会形态的发展。“当今资本的全球性扩张以及信息技术的迅速发展和广泛运用，使得全球化、信息化、网络化成为当今社会最显著的特征，并构成人类历史最为深刻的社会变迁，造就了一个崭新

① 师曾志：《新媒介赋权视阈下的国家与社会关系》，载于师曾志、金锦萍主编：《新媒介赋权：国家与社会的协同演进》，社会科学文献出版社 2013 年版，第 8 页。

的社会历史形态,即技术社会形态。”[①]社会形态是社会经济结构、政治结构和文化结构的统一体。随着生产力发展,社会形态相应发生变化,尤其在网络虚拟空间中,利益、权力和认同关系的重构带来了不同表现形式,呈现出与现实社会形态迥然不同的变化特征。在这种虚拟社会形态中,权力关系发生结构性变化,价值观念随着信息传播成为影响广泛的权力要素,影响着社会关系构成。精神动力发挥作用的空间更为广阔,从地域国家向全球社会延伸。在虚拟社会形态中,不同要素动力结构的改变,从内在推动社会发展。网络社会国家凝聚力的变化给虚拟经济带来的改变是无形的,但也是深远的。对虚拟经济的影响既体现在经济方向上,也可以通过经济关系表现出来。在虚拟经济方向上,国家凝聚力越强,市场信心越强,经济动力就越充分,有利于充分挖掘虚拟经济潜力,促进经济发展。在虚拟经济关系上,国家凝聚力越强,社会关系越和谐,交易成本降低,有利于充分发挥虚拟经济主体能动性,加大虚拟经济与实体经济的融合度,促进虚实经济一体化。虚拟政治形态的变化是从现实科层政治向虚拟参与政治转变。现实社会中的信息垄断和时空限制,决定着政治形态的层级性。虚拟社会中主体多元,信息透明,影响着网络政治参与突出主体自觉性。在网络政治参与中,主体的精神信仰和价值取向将会在深层意义上影响政治格局和政治形态。增强网络社会国家凝聚力,实质上就是在精神层面巩固政治公信力,为虚拟空间政府执政行为提供合法性,增强实效性。“意识形态就其社会地位而言,还可以划分为官方意识形态和民间意识形态。”[②]官方意识形态是指在社会中占据统治地位的相对稳定的主流价值观念,民间意识形态则是指存在于民间社会与主流意识形态不同的价值观念。无论是在哪个社会,主流意识形态与非主流意识形态之间

---

① 赵剑英:《加强对技术社会形态问题的研究》,《马克思主义与现实》2011 年第 1 期,第 15 页。

② 刘少杰:《当代中国意识形态变迁》,中央编译出版社 2012 年版,第 6 页。

总是存在着差异,甚至矛盾冲突,两者之间互动状况影响着社会稳定和社会秩序,意识形态严重分化有可能导致社会结构解体。网络社会国家凝聚力将从最大限度上为整合意识形态关系提供机会和出路,既保留社会意识形态的多样化形式,也对意识形态分化限定领域和范围。

三、建构网络社会国家软实力

“何谓软实力?它是一种依靠吸引力,而非通过威逼或利诱的手段来达到目标的能力。”[①]网络社会国家凝聚力价值旨归不仅是对公民和社会的影响作用,更重要的是增强国家软实力,为民族国家的网络竞争占据优势地位,不断提升民族国家的国际影响力和吸引力,归根到底是为国家利益服务。

(一)网络社会的文化凝聚力。传统文化是内在的精神血脉,它在长期的历史进程中提供精神动力和精神供给,帮助民族国家进步和发展。民族传统文化随着社会变迁而变化,既有民族特有的精神特质,也会不断增加时代文化特色。民族传统文化赋予了精神主体独有的思维模式和知识视角,但也会带来文化盲区,遮蔽其观察世界的能力和水平。网络社会中多元文化的交融汇合既为不同民族文化提供了交流机会,也在很大程度上带来了威胁与挑战,其中最典型的就是强势文化对弱势文化的侵蚀和压制。“面对全球化传播给民族文化带来的巨大冲击和影响,许多国家采取各种措施来抵制美国大众文化的影响,促进本国本民族传统文化的发展,以此来保护民族文化。”[②]文化影响力依赖国家实力加以推广,在虚拟空间中,占据技术优势的国家能够操纵信息流动和舆论导向,进而改变网络社会国家影响力。要建构网络社会国家软实力,需要在网络空间中将民族国家的文化血脉延展开来,贯通国

① [美]约瑟夫·奈:《软实力》,马娟娟译,中信出版社 2013 年版,“前言”第Ⅻ页。

② 王真慧、龙运荣:《网络时代民族文化保护与开发互动研究》,《广西民族研究》2011 年第 2 期,第 200 页。

家共同体的精神支柱。网络社会国家凝聚力的重要组成部分就是文化凝聚力,在无形的信息世界中文化发挥着潜移默化的渗透作用。在中华民族的优秀传统文化中,最具代表性的是儒家伦理文化,“仁”“礼”思想对维持社会秩序和社会稳定起到不可或缺的作用。网络社会国家凝聚力要继承和发扬儒家伦理是应有之义,主要体现在:一是儒家伦理的网络价值。具体就是为什么要在网络社会中重视儒家伦理?儒家伦理在网络社会中有哪些价值?应该如何发挥这些价值?对儒家伦理网络价值的重视直接关系到中国社会道德传统能否继续在网络社会发挥效应。二是儒家伦理的网络转化。儒家伦理的生成历史与发展背景是在中国传统社会,在信息化时代的网络社会中儒家伦理的具体转化路径是什么?怎样才能既传承儒家伦理的道德精华,又能够适应网络社会的技术特性?三是儒家伦理的网络地位。儒家伦理在网络社会中如何处理与社会主义核心价值体系以及资本主义价值理念之间的关系?只有对儒家伦理的网络地位有清晰的认识和理解,也可能正确处理不同价值理念之间关系。

（二）网络社会的政策影响力。政治政策是国家软实力的重要来源,“当一个国家的政策被外界视为合理时,其软实力也会相应增强。”①在政治政策中,能产生的凝聚力和吸引力来自于设置议程、推广话语、处理关系的能力。如果政治议程中的议题意义重大,政治话语中的表达生动活泼,政治关系中的互动畅通友好,政治软实力就会逐渐生成。网络社会中国家政治软实力的建构同样不可缺少,需要从四个方面来实施:一是网络制度体系。在网络社会中,制度体系发生颠覆性变化,需要适应虚拟空间的环境条件,与网络技术特性紧密结合加以重构,而不是现实制度体系的复制和翻版。也就是说,虚拟制度要更具关联性、动态性和创造性等,能够在网络社会中整合资源、号召力量和指

---

① ［美］约瑟夫·奈:《软实力》,马娟娟译,中信出版社 2013 年版,“前言”第Ⅻ页。

引行动。二是网络政治规则。规则是对社会关系的深度调整,能够改变政治活动的内容和方式,从而促使政治格局变化。网络社会中政治规则不仅仅依赖于政府制定,必须将最大多数民众的意愿最大限度地考虑进来,体现出公民政治参与的最新成果。三是网络政府决策。政府决策是国家利益直接的体现,网络社会中政府面临的任务是如何充分利用多样化的信息流动来实现政策目标。在此过程中,政府最大的转变是确立信息平等的决策观念,建立透明畅通的信息通道,与社会脉搏共振,采取公正开明的决策风格,才能从精神层面上凝聚人心、吸纳民意。四是网络公共外交。"公共外交旨在通过引导公众的态度来对政府外交政策的制定与实施产生影响。"①网络公共外交是多元外交,不仅是指政府在网络社会中与外国民众之间的交流活动,也包括非政府组织以及广大民众与他国之间的合作和交流,以便更好地宣传本国政策,提升国家形象。在公共外交中非政府力量发挥主导价值,网络社会的无边界性特征决定着不同国家的公民、企业、学校、组织、社会力量等交往关系跨越时空,彼此之间影响范围越来越大,政府为网络民间外交提供支持,从而从社会层面不断增加国家凝聚力。

(三)网络社会的价值吸引力。"由于网络空间中意识形态领导权的式微,多元价值之间的关系和结构发生错乱,从而导致价值失序的产生。"②网络社会的价值观影响力是国家软实力的重要体现,国家要将价值观推广视为国家竞争的核心内容。一是价值观的吸引力。价值观的吸引力是指国家价值观要有深厚的文化底蕴和社会基础,必须容纳社会成员绝大多数人的价值倾向,满足人们对未来美好生活的憧憬和希望。网络价值观需要体现出虚拟空间社会生活的优势与特性,能够适应网络社会发展趋势。二是价值观的包容度。不同国家价值观念由

---

① Harold Nicolson. *Diplomacy*. Washington DC: Georgetown University Press, 1988, p. 73.

② 陈宗章:《网络空间中意识形态领导权与价值秩序的建构》,《理论与改革》2015 年第 2 期,第 5 页。

于多重因素作用,不可能完全相同,但是彼此之间存在相互沟通交流的空间和余地,不能违背人类基本的伦理道德底线。网络社会国家价值观的包容度要求更高,便于在虚拟空间中开展政府外交与民间交流活动,扩大国家影响力。三是价值观的具体化。“网络空间的技术架构、互联网的精神特质以及虚拟社会与现实社会的内在关系,使网络行为者的虚拟行动具有某些规律性特征,从而形成网络空间特殊的价值认同机理。”①网络社会中虚拟实践的多样化赋予价值观多元载体形式,国家要将价值观念融入网络生活方方面面,才能取得理想的渗透效果。尤其要随着新媒体网络技术的发展,适时将价值导向作为技术应用的必备要求,才能保证网络技术发展的正确方向。

四、促进网络社会人的全面发展

人的发展随着社会形态转变,网络社会国家凝聚力既要为国家、社会提供发展动力,更要为人在网络社会中的发展创造良好的环境和条件。

(一)道德品质。人的社会本性是道德性存在,道德品质是人的社会性表现形式。道德品质基于人的本性产生,随着社会环境和自身塑造而变化。人们对道德在社会生活中的地位和作用的认识,将会持续影响道德价值的发挥。在现实社会中人与人之间相处必须遵循一定道德规范,才能维持良好的社会秩序。中国社会中对道德伦理的社会价值认识尤为久远,对维持中国古代社会稳定起到至关重要的作用。网络社会中虚拟环境为人的道德品质提供了不同的发展空间,也为道德关系的构建提供了不同的社会条件。“网络文化的互动性、平等性等特性为人们提供了一个平等参与各种道德活动的平台,使人们能够不断地接触到各式各样的新事物、新科技、新观念,有利于人们提高自身

① 王英杰:《网络空间的价值认同:特点、规律及其引导》,《理论导刊》2013 年第 11 期,第 30 页。

的道德认知能力,掌握新的符合时代要求的道德知识。”①在网络社会中,主体脱离原有的道德关系束缚,能否坚持自己的道德自觉,将面临多重考验。道德意识建立在主体生活环境基础之上,虚拟社会环境中社会关系结构发生改变,现实社会关系与虚拟社会关系交错生成,共同对主体产生全方位作用。主体意识中建立在现实社会的道德观念被无形解构,必须重新对其进行定义阐释,为主体指出网络道德规范要求,促使公民自觉养成良好的网络道德品质。“网络文化为人们的情感归依构建了新的平台,满足了人的主体情感需要,极大地丰富了人的道德情感。”②道德行为是道德意识的实践表现,主要包括道德权利与道德义务的行为表现。在网络社会中虚拟环境容易使人产生道德错觉,以为摆脱了现实道德规制,就能从事现实社会不被容许的不道德行为,结果损害网络社会秩序和他人道德权利,最终必将承担应有的道德责任。增强网络社会国家凝聚力要以提升人的道德品质作为方向,才能保证凝聚力的持续生成。

(二)知识效应。“知识应该是人类在实践中对主客观世界认识的成果,这种认识应该是经过提升总结与凝练的系统的认知,并且经过切实可靠的检验手段证实为真实可靠,通常可以用来解决实践问题。”③网络社会知识来自自主性创造,每个网络主体都可以对其进行改造或创新。知识生产从现实的集中—分散式,向分散—集中—分散式转变,也就是说不同个体创造的知识经过一定规模集中后,再向社会扩散。网络知识生产最大化地赋予了个体创造知识的机会,可以充分挖掘出社会内在的知识生产能力。在网络社会活动中,不同个体也会发挥虚拟实践能力,在虚拟活动中增加知识的实践价值。互联网解放了知识

① 宋元林等:《网络文化与人的发展》,人民出版社 2009 年版,第 252 页。

② 宋元林等:《网络文化与人的发展》,人民出版社 2009 年版,第 253 页。

③ 李静瑞、肖峰:《论网络知识中的“奥威尔问题”》,《自然辩证法研究》2018 年第 5 期,第 65 页。

生产力，在网络知识生产和消费中，现实社会中被忽略的“知识长尾”可以发挥巨大的社会效应。在互联网商业模式变革中，阿里巴巴、Google 等注重不断挖掘中小企业潜力，最终将这些商业长尾力量发挥出来，成就了自己的商业帝国。充分重视网络知识中的长尾效应，能够使得互联网知识创新保持较快的速度和效率，不断为个体和社会提供更多的知识选择和能力提升路径。[①] 在网络社会中，知识的叠加效应尤为突出，不同的知识能够迅速汇集，进而产生集聚和裂变效果。个体在网络社会中的知识学习与能力增长要改变模式，从传承模仿向吸收创新转变，既要能够快速地从已有知识中汲取精华，发现规律，更要能顺应时代，推动知识发展。在网络社会的知识生产方式中，知识的稳定性和系统性在一定程度上遭遇挑战，人们习惯于从碎片化的信息渠道获取知识，无形之中不断地解构着现实社会的知识系统。而且，不同思想观念的冲突常态化也会给知识形成带来潜在的颠覆因素，知识不再是权力、资本资源占有者的专利产品，生产过程的大众化本身就是知识专属时代结束的体现。

（三）思维方式。“每一时代的理论思维，从而我们时代的理论思维，都是一种历史的产物，在不同的时代具有非常不同的形式，并因而具有非常不同的内容。”[②]在不同的社会关系和社会环境中，主体结合自身的知识背景、经历经验、教育个性等解释现实，理解事物，逐渐形成或改变认识和思考问题的思维方式。在网络社会出现以后，主体可以在虚实环境之间进行瞬时转换，从而赋予个体更为广阔的思维空间。“虚拟思维作为对现实的观念超越的思维形式，其实质就是通过数字化中介，将思维软件化以达至能构建虚拟实在之功能。”[③]虚拟思维的

---

① 参见［美］克里斯・安德森：《长尾理论》，乔江涛、石晓燕译，中信出版社 2009 年版。

② 《马克思恩格斯全集》第 20 卷，人民出版社 1971 年版，第 382 页。

③ 刘国建、刘晔：《论虚拟思维的层次、特征及价值意蕴》，《江汉论坛》2010 年第 8 期，第 59 页。

社会环境是虚拟空间，主体形式是虚拟主体，活动表现是虚拟实践，建构关系是虚拟关系。虚拟思维要转变的是主体在场的实体性思维模式，习惯于缺场状态下的参与思维。在虚拟思维中，主体不再是单一的存在状态，以不同的表现形式存在于虚拟场域之中，参与多样化的虚拟实践活动，从而产生多重的社会效应和社会影响。互联网思维是一种全时空思维，什么是全时空思维？就是指将现实与虚拟的融合当作考虑问题的根据和出发点的思维方式。也就是说，不再区分线上和线下、现实与虚拟的严格界限，互联网世界中所有存在都是跨越地理、文化、民族等外在分割因素之后的一体化存在。全时空思维要求主体意识到人类未来的生存环境是虚实相间的常态化形式。互联网思维不仅是系统化思维，更是个性化思维。在互联网世界中，每个个体都是互联网的主人，都可能对互联网经济、政治、文化等方方面面产生巨大影响。个体体验成为网络评价的心理基础，无数个体体验的社会效果将决定无论是政府的，还是市场性质的网络组织的存亡。体验思维也决定着个体不同的实践活动方式。网络社会本质上是共享社会，无论个体，还是群体，都需要与他人共同协作，才能开展相应的网络活动。共享思维是指主体在网络社会中需要将自己的信息、技术、资源等作为发展条件，赢得更多主体的认可与支持，从而获得自身发展的基础和平台。

总之，在网络社会中，国家凝聚力的引导需要一定的发展旨向，其中既要有要对提升公民意识的价值诉求，也要有改善网络社会结构的组织需要，更要有增强国家软实力的理论自觉，最终目标是促进网络社会中人的自由全面发展。

第四章　网络社会国家凝聚力的建设维度

在网络社会中，国家机构角色向治理服务主体转变，进而实现与公民在网络社会中的良性互动状态。需要积极提倡“善治”理念，通过信任关系、道德行为、公共外交、法治思维等在网络社会中塑造有公信力的国家形象。探索不同维度塑造网络社会国家认同，体现国家凝聚力的建设愿景。

第一节　网络社会国家角色的定位分析

网络社会中社会基础的改变，必然带来上层建筑的变化，无论是经济模式、政治机制、文化交流、社会组织等都在发生着革命性转变，国家必须相应地对社会角色进行准确定位，以适应网络时代社会发展需要。

一、网络社会的国家身份

网络社会中的国家身份，既要从国家的本质溯源，也要从网络特性分析，才能明确网络社会中的国家存在。

（一）信息时代的国家存在。“国家是维护一个阶级对另一个阶级的统治的机器。”①国家权力从现实性来说，有其存在的价值意义。国

① 《列宁全集》第37卷，人民出版社1986年版，第66页。

家不仅要履行统治性职能，还要从事社会治理和社会服务职能。国家要想长期维持政权稳定和社会秩序，就需要协调统治者意志与被统治者需要之间的关系。只有两者关系始终处于动态平衡之中，才会保证国家与公民之间良性互动，形成国家发展的积极态势。在社会治理和社会服务领域之中，国家权力行使职能的方式方法需要进行改革，从社会发展规律出发，明确自身的目标任务，进而采取合适的治理服务手段。国家政权效能关系到政权基础的稳固和人心的向背。国家需要从思想、利益、制度、文化等不同层面构建全面完善的治理系统，不断提升自身的治理效能，增强自身的统治合法性。“信息时代的特征正在于网络社会，它以全球经济为力量，彻底动摇了以固定空间领域为基础的民族国家或所有组织的既有形式。”①网络社会基础的改变，必然带来上层建筑的变化，无论是经济模式、政治机制、文化交流、社会组织等都在发生着革命性变革。网络社会的出现给国家治理体系带来了巨大冲击，国家需要适应网络社会发展需要，进一步改进治理系统，提升治理效率。但是，国家的本质不会因为网络社会的出现而改变，从物质基础上来说，任何国家的互联网技术发展都是国家发展战略的组成部分，不会脱离国家政权的控制范围，同样也是国家权力的约束对象。从虚拟空间来说，即使互联网交流技术可以跨越国家界限，但作为国家公民的个体仍然受到国家法律的约束，不能无视国家、社会和他人利益，违反法律规定，扰乱社会秩序。从社会发展来说，无论社会形态如何变化，只要国家的经济、政治、文化基础没有消失，国家就会长期存在，并且发挥不可替代的功能和作用。

（二）网络技术的渗透功能。“疆界是国家的动态向度，凡是强大的国家均致力于扩张其空间范围，而衰败中的国家则局限于自然地理

---

① ［美］曼纽尔·卡斯特：《网络社会的崛起》，夏铸九、王志弘等译，社会科学文献出版社2006年版，第3页。

上容易捍卫的疆域。”[①]互联网技术的渗透性越来越突出，不仅构建了与现实相对应的虚拟空间领域，而且将现实与虚拟连接的特性也会随着网络智能技术越来越凸显出来。网络社会的范畴将会进一步扩大，既涵盖在虚拟技术中构建起来的人与人之间的社会交往活动，也包括虚拟现实技术中社会应用领域，也就是说现实与虚拟社会之间的界限越来越模糊。国家是以社会为基础的共同体组织，网络技术已经上升到社会基础上不可或缺的地位，技术与社会之间逐渐形成相辅相成、相互推动的关系格局。也就是说，技术对国家的影响作用深远巨大，国家权力虽然可以干预网络技术发展进度，但必须要跟随网络技术的发展规律，适应网络技术的发展节奏，否则就会在新一轮技术浪潮中落后于其他民族国家，逐步陷入综合国力的被动竞争局面。国家虽然可以利用国家机器影响社会舆论，但是无法阻止社会群体之间的思想交流，公民个体能够从网络社会中获取相应的信息，自主理性地判断国家行为的性质和倾向。国家的信息资源垄断性在一定程度上被网络技术所瓦解，公民利用互联网开展监督国家权力的社会活动，倒逼国家机构关注回应公民呼声。互联网带来的国家治理关系变化突出的特点是从有界治理转化为无界治理，从地域治理转变为全球治理。在网络社会中，治理关系不可能依赖于自上而下的权力指令，多元化治理机制的构建迫在眉睫。“中国网络空间中的国家治理就要考虑到给予社会足够充分的空间，同时也要能发挥国家的主导作用，对社会进行必要的监管，两者在治理结构上要均衡与协调。”[②]如何保持国家权力、社会活力和公民权利之间良性互动，关系到网络社会的治理效果。

---

① ［英］安东尼·吉登斯：《民族——国家与暴力》，胡宗泽、赵力涛、王铭铭译，生活·读书·新知三联书店1998年版，第59—60页。

② 阙天舒：《中国网络空间中的国家治理：结构、资源及有效介入》，《当代世界与社会主义》2015年第2期，第161页。

（三）国家身份的路向选择。身份代表着主体认同，国家身份是指在不同的社会形态中国家的认同状况。只有明确了国家认同，才能开展相应的国家活动，维护国家利益。亨廷顿认为，美国可以在世界主义、帝国主义以及民族主义三种方案之中做出选择，而且美国人的选择不仅关系到本国的未来，也会影响到世界的未来。① 所谓世界主义，就是指国家要适应国际社会的规则要求，国民更多地认同多样性价值观，而不是仅仅忠于自己的国家利益。“国家特性和国民身份将逊于其他的特性和身份。”②所谓帝国主义，就是指“按照美国的价值观改造世界”。在这种思想背后隐含着美国力量至上和美国价值观普遍适用的信念。所谓民族主义，就是指“承认美国不同于别国社会，而保持自己的特性”。在网络社会中，国家身份认同也存在着三种选择，一是国家在网络社会中降低国家利益要求，服从国际社会组织总体要求和规则，以多元价值观为国民选择性认同。二是国家在网络社会中最大限度地突出本国利益和价值观，并且按照本国意识形态去改变他国，尽一切手段达到自己国家的目的。三是国家在网络社会中既注重保持自己国家文化价值观的独立性，同时尊重其他民族和国家的自主独立性，不把自己的价值观强加于人，不强迫性改变他国思想观念，维持保护网络社会和谐共赢的发展方向。在这三种路向选择中，第一种选择要求国家在不同程度上放弃自己的国家利益，以成就世界和平共处的愿景与目标。从现实国际关系来看，国家利益是开展外交活动的根本，舍弃自身利益而不求回报难以推行。第二种选择要求国家有足够的实力能够支配其他国家，充分发挥自己的控制力，造就网络帝国时代。从当今世界所有国家的网络实力来看，即使是网络技术最强大的国家也难以完全掌控

① ［美］塞缪尔·亨廷顿：《我们是谁？美国国家特性面临的挑战》，程克雄译，新华出版社2005年版，第302—305页。

② ［美］塞缪尔·亨廷顿：《我们是谁？美国国家特性面临的挑战》，程克雄译，新华出版社2005年版，第303页。

虚拟空间，更不可能在网络社会中改变所有国家取向。第三种选择是要求国家既要维护自身的国家民族性，也要充分包容他国意识形态和制度体系，从而成就彼此共同发展。

“《联合国宪章》确立的主权平等原则是当代国际关系的基本准则，覆盖国与国交往各个领域，其原则和精神也应该适用于网络空间。”[①]只有在网络社会中既保持自己国家的网络主权，又尊重其他国家的自主选择，提倡合作共赢的身份意识才符合现实需要和未来趋势。如何选择身份认同关系虚拟空间的发展前景以及能否成功构建网络空间命运共同体，只有在平等合作的基础上共同用人类文明成果滋养网络生态，才能不断利用互联网技术造福人类社会。

二、网络社会的国家权利

国家的权利何以存在？来源哪里？具体内涵有什么？这是国家出现以后，一直存在的问题，从不同立场出发将会得出不同的结论。

（一）权利来源。国家权利是指国家作为主体应该享有的基本主权，一般认为主要包括独立权、平等权、自卫权、管辖权等四个方面。主权是国家构成的基本要素之一，与人口、领土、政权等其他方面共同成为国家不可缺少的组成部分。主权是国家的内在标志，失去了主权，国家难以成为真正意义上的国家，实际上也就意味着国家的解体或灭亡。在古希腊，城邦意味着人们的集体生活模式，也是当时国家的表现形式。“柏拉图赞同希腊人所具有的这样一种朴素的信念，即政府最终依凭的是说服而不是强力，因而政府所建立的各种制度也是为了发挥说服作用而不是为了发挥强制作用。”[②]西塞罗在《论共和国》提出，“国家乃是人民的事业，但人民不是人们某种随意聚合的集合体，而是

① 《习近平谈治国理政》第二卷，外文出版社 2017 年版，第 532—533 页。

② ［美］乔治·萨拜因：《政治学说史》（第四版）（上），邓正来译，上海人民出版社 2010 年版，第 46 页。

许多人基于法权的一致性和利益的共同性而结合起来的集合体”。[1] 托马斯·阿奎那认为,“统治者与其最底层的臣民一样,其所作所为之所以是正当的,完全是因为他对公共利益作出了贡献”。进一步来说,“政治统治为之存在的道德目的意味着权力应当受到限制,而且权力也只能按照法律进行行使”。[2] 1576 年,法国思想家让·博丹在《国家论　六卷》中指出,“主权的出现乃是把国家同包括家庭在内的所有其他群体区别开来的标志”。[3] 也就是说,国家之所以与其他组织不同最重要的原因是主权的存在。什么是主权?博丹的定义是“不受法律约束的,对公民和臣民进行统治的最高权力”,而且这种最高权力“它不是授予的权力,或者说它是一种无限制的或无条件的授权。它既不能转让或取消,也不受时效的限制”。[4] 博丹的主权思想有一定的局限性,但对国家权利的来源及其地位做出论述。近代以后,对于国家权利来源的观念有进一步发展。洛克认为,“国家权力除了从每个人保护自身及其财产的个人权利中衍生出上述权利以外,不可能拥有任何其他权利”。[5] 卢梭提出,“主权只属于作为一个法人团体的人民,而政府只是一个代理人,因为它只拥有根据人民的意志可以予以撤销或更改的委托权力”。[6] 1945 年《联合国宪章》规定了“各会员国主权平等之原则”,要求各国友好合作,共同维护国际和平和安全。

---

① [古罗马]西塞罗:《论共和国》,王焕生译,上海人民出版社 2006 年版,第 75 页。

② [美]乔治·萨拜因:《政治学说史》(第四版)(下),邓正来译,上海人民出版社 2010 年版,第 302 页。

③ [美]乔治·萨拜因:《政治学说史》(第四版)(下),邓正来译,上海人民出版社 2010 年版,第 81 页。

④ [美]乔治·萨拜因:《政治学说史》(第四版)(下),邓正来译,上海人民出版社 2010 年版,第 82 页。

⑤ [美]乔治·萨拜因:《政治学说史》(第四版)(下),邓正来译,上海人民出版社 2010 年版,第 217 页。

⑥ [美]乔治·萨拜因:《政治学说史》(第四版)(下),邓正来译,上海人民出版社 2010 年版,第 283 页。

（二）权利变化。现实社会中的国家权利得以明确，但是网络社会中的国家权利应该如何界定尚需探索。从网络社会特性来说，互联网世界与现实社会中的国家形式在一定程度上发生改变，国家权利也会不同程度地变化。第一，人口形式改变。每个国家都有一定数量的人口，没有人口的国家也失去存在价值和意义。网络社会中人的存在方式从现实转换为虚拟，从实体在场转变为符号在场，从现实关系转变为虚拟关系，公民身份开始向网络社会延伸，由此国家对本国公民的管辖权相应地加以拓展，从对现实关系到虚拟关系的治理，从对现实活动到虚拟活动的规制。第二，空间领域改变。在网络社会出现以前，国家主权领域主要包括领土、领海、领空等，互联网技术创造出不同于现实空间的虚拟领域。在虚拟空间中，现实时空可以在一定意义上加以改变，甚至进行再创造，从而为个体从事虚拟活动提供全新的平台。作为集体意志代表的国家权利独立性需要在虚拟空间中体现出来，也就是说，主权国家应该在网络社会中拥有自己的独立主权，这种权利不受其他国家的干涉或改变。第三，政权作用改变。国家政权长期在现实社会采取信息控制维持自身合法性地位，避免危及政权统治的价值观念占据主流地位。但是，在网络社会中，信息传播范围领域加速蔓延，意识形态和社会思潮的多样化、复杂化、动态化日益突出，政权的作用机制发生转换，公民权利与国家权利之间的平衡关系被打破，在现实社会国家权利占据优势话语地位，但是在网络社会中公民权利的诉求力量更加突出。第四，主权关系改变。不同国家在网络社会中的影响力各不相同，经济状况、战略思维、技术实力、信息水平、文化转化等多重因素发挥作用。即使现实社会综合实力较强国家，如果对网络技术、信息趋势、文化权力等没有足够重视，也可能在网络社会中陷入劣势的竞争地位。国家之间的权力制约关系在网络社会中发生改变，国家主权会在虚拟空间受到侵犯，甚至波及现实政权稳定和统治。

（三）权利内容。在网络社会中国家权利包括哪些内容呢？首先是网络自主权。每个独立的国家都有独立自主处理国家事务的权利。无论是现实社会，还是虚拟空间，只要国家存在，就必须能够自主发挥国家意志，代表不同的国家利益。国家自主权的丧失必然带来国家利益的削弱，乃至丧失。由于互联网技术的全方位渗透，网络社会中国家自主决定国家事务不仅关系网络技术发展问题，更事关国家整体的前途与未来。其次是网络平等权。在现实社会中，不同国家的历史传统、发展道路、意识形态、制度体系、国家实力等有着巨大的差别，但是不同国家不分大小，彼此之间关系平等。只有坚持国家平等的原则，才有助于和平解决国际争端和国际问题。在网络社会中，不同国家的网络影响力和控制力虽然也会存在较大差异，但也需要秉承平等原则，才能够有效促进网络社会和谐稳定和有序发展。第三是网络治理权。网络治理已经成为国家治理的重要组成部分。国家治理是当代国家谋求发展的必要举措，网络治理既关系国家发展和社会繁荣，也直接影响网络社会公民权利的保障机制。网络治理权的内涵极其丰富，涉及经济治理、政治治理、文化治理、社会治理等不同领域。国家只有具备了网络治理的基本权利，才能及时有效地针对网络技术趋势，采取相应的策略措施。第四是网络安全权。技术风险是当代社会最重要的风险之一，尤其是大数据时代已经来临，网络安全不仅涉及个人隐私，更关乎国家安全。可以说，“没有网络安全就没有国家安全”，[①]维护网络安全是国家权利应有的内容。网络安全既涉及网络基础设施的建立和维护，也包括虚拟空间中的数据信息传输保障，同时包含网络社会中的国家战争与防卫问题。每个国家都有权在网络社会中保护自己国家的信息技术与信息数据，有权对网络攻击行为展开自卫，以维护国家信息安全。

---

① 《习近平谈治国理政》第一卷，外文出版社2018年版，第198页。

三、网络社会的国家责任

权利与责任相辅相成。国家不仅有自身的身份权利,同时也有相应的责任义务。国家责任的产生需要一定的理论与实践依据。

(一)国家责任的理论论述。国家责任来自于国家性质,有什么样性质的国家就会承担什么样的责任。一般来说,国家责任分为国内责任和国际责任,国内责任是指国家对本国公民应该承担的责任义务,国际责任是指国家在国际社会中作为国际法主体应该承担的责任义务。在柏拉图思想中,国家之善就是正义所在,也即国家能够为每个人提供适合其身份能力的职位,“公平对待每个人”。亚里士多德认为,国家是至善的代表,“城邦不仅为生活而存在,实在应该为优良的生活而存在”。[1]“凡定有良法而有志于实行善政的城邦就得操心全邦人民生活中的一切善德和恶行。所以,要不是徒有虚名,而真正无愧为一‘城邦’者,必须以促进善德为目的。”[2]而在宗教思想家奥古斯丁看来,现实之中真正意义的国家是为宗教信仰服务,从而实现拯救人类的理想。阿奎那的观念是,“政府的道德目的是最为重要的。从广义上讲,统治者的义务就是指导国内各个阶级的活动,使得人们能够过上幸福的和有德性的生活——这乃是社会中的人的真正目的”。[3]在洛克的政治哲学中,“政府——具体指国王,但也同样包括议会本身和所有的政治机构——对它所治理的人民或共同体负责;它的权力既受道德法则的限制,又受本国历史中所存在的宪政传统和约定惯例的制约”[4]。另外,“洛克强调指出,道德上的权利和义务内在于并先于法律;政府有责任用其法律去实施那些自然正当和道

① [古希腊]亚里士多德:《政治学》,吴寿彭译,商务印书馆1965年版,第137页。

② [古希腊]亚里士多德:《政治学》,吴寿彭译,商务印书馆1965年版,第138页。

③ [美]乔治·萨拜因:《政治学说史》(第四版)(下),邓正来译,上海人民出版社2010年版,第302页。

④ [美]乔治·萨拜因:《政治学说史》(第四版)(下),邓正来译,上海人民出版社2010年版,第210页。

德正当的规则”。[①] 在黑格尔的国家理论中,“国家的出现乃是以真正的公共当局的产生为基础的,而这种当局不仅被认为在性质上高于含括私人利益的市民社会,而且还被认为有能力指导整个民族去完成它的历史使命”。[②] 也就是说,国家的责任在于担负着民族使命。那么,国家权力是不是专断的呢?“然而,国家却必须永远根据法律行使其规制性权力。”[③]黑格尔的“这一理论主张人身和财产安全,主张政府关注公共福利,但是为了保护这些权利,它所依凭的却并不是政治对民众意见的负责,而是那个被认为超越了经济与社会利益集团之冲突的官吏阶层的公共精神”[④]。格林认为,“虽然国家无法使人们具有道德,但是它却可以在下述方面大有作为,即创造各种能够使人们自己形成一种有责任的道德品质的社会条件”。[⑤] 在不同思想家的国家学说中,国家责任虽然有区别,但是总体上来说,国家的权利与责任并存是价值共识。

(二)网络社会的责任变化。网络社会建立在科学技术的发展基础之上,从虚拟社会关系开始构建,虚拟活动开始实施,一种新型的社会共同体生活模式开始逐步建立起来。国家作为社会生活基础之上的产物,无论是表现形式,还是内在责任,都会发生相应变化。“国家的身份会随着其政体的变化而变化的时候,他也不得不加上这样一项告诫,即新国家并不因此而有理由拒不履行旧国家所欠的债务和所承担

① [美]乔治·萨拜因:《政治学说史》(第四版)(下),邓正来译,上海人民出版社 2010 年版,第 212 页。

② [美]乔治·萨拜因:《政治学说史》(第四版)(下),邓正来译,上海人民出版社 2010 年版,第 338 页。

③ [美]乔治·萨拜因:《政治学说史》(第四版)(下),邓正来译,上海人民出版社 2010 年版,第 349 页。

④ [美]乔治·萨拜因:《政治学说史》(第四版)(下),邓正来译,上海人民出版社 2010 年版,第 353 页。

⑤ [美]乔治·萨拜因:《政治学说史》(第四版)(下),邓正来译,上海人民出版社 2010 年版,第 419 页。

的义务。”①第一,强化技术的责任。在网络社会中,技术实力往往决定着国家话语权的高低和竞争实力的强弱。只有将强化网络技术确立为国家应负的重要责任,才有可能进一步讨论国家在虚拟空间中的其他义务,增强网络技术成为国家战略是必然的社会要求。第二,保护公民的责任。在网络社会中国家有为广大人民谋求福利的义务。网络技术的发展是网络社会发展的基础,虚拟空间环境的优化必须依赖于国家政府的主导和规范。在网络社会形成初期,社会秩序混乱,利益规则不明,政府没有及时介入引导。国家要积极帮助公民适应虚拟空间规律,遵守虚拟空间秩序,让不同的社会主体都能在网络社会中找到自己的角色定位和发展路径。第三,发展国家的责任。网络社会不仅是社会个体和群体的发展空间,也是国家发展的新型空间。国家不仅要为其他主体创造网络发展机遇,也要不断开辟自己的发展机会。只有国家在网络社会中不断发展,才能积累财富和增进繁荣,才能将网络社会进步与民族富强振兴紧密联系起来。第四,国际社会的责任。在网络社会中,国家不是孤立存在的,与其他国家之间的联系更加密切,不可分割。不同国家在网络社会如何相处直接影响网络社会未来,每个国家都肩负维护国际虚拟空间秩序的责任和义务。

(三)网络社会的责任内涵。国家在网络社会中究竟承担哪些具体责任呢? 从网络社会特性出发,至少包括:一是网络道德理想。从思想家的论述中,可以看出国家存在价值不仅是为了经济财富增长,更重要的是在于公民的“善德”和幸福。不论社会形态如何变化,只要是人存在的社会状态,人本身就是社会的目的性所在。而要能够构建良好的以人为目的的社会形态,首要问题就是在网络社会中树立应有的道德理想。道德关系建立在一定的社会关系基础之上,虚拟社会关系的

① [美]乔治·萨拜因:《政治学说史》(第四版)(下),邓正来译,上海人民出版社 2010 年版,第 139 页。

变化必然带来道德关系的改变。网络社会中国家的首要责任是重新在虚拟空间建立合适的道德指引，帮助主体在虚拟空间找回自己的社会道德角色。二是网络法治环境。道德作为社会规范，不能缺少法治的保障，两者之间相辅相成。网络社会环境的净化既需要主体的道德自律，也需要法治的他律。法治离不开具体的社会空间，虚拟空间中的法治体系需要国家重新构建，而且新型的法治环境需要采取切实可行的执法模式，以保障法治效果。“法律的权威源自人民的内心拥护和真诚信仰。”[①]在网络社会中，国家要推动全体公民树立法治意识，明确公民的网络法律权利和法律义务，要让不同的网络社会主体都能逐步养成规范的网络行为。三是网络合作义务。《关于各国依联合国宪章建立友好关系及合作之国际法原则之宣言》提出国家之间应该遵守的原则，主要包括慎用武力原则、和平解决争端原则、不干涉内政原则、彼此合作义务、平等自决原则、主权平等原则、履行国际义务原则等。这些原则既是对国家主权责任的规定，又适用于网络社会中的国际关系。网络世界是无边界的社会，不同国家要按照信息化规律来确立彼此之间的合作关系，共同维护促进网络空间的稳定繁荣。四是网络发展价值。人应该成为网络社会的主人，网络技术发展的目的是为人的自由全面发展服务。无论技术如何进步，国家必须要确立技术发展的价值标准，要将技术进步与人的发展相互结合起来，避免用人的异化换取技术的更新。

四、网络社会的国家角色

通过对网络社会中国家身份、国家权利、国家责任等问题的分析，需要对国家角色进行深入探讨，以便对国家充分发挥自身的功能作用提供理论依据。

---

① 《中共中央关于全面推进依法治国若干重大问题的决定》，人民出版社2014年版，第26页。

（一）信息服务的提供者。网络社会是信息的集散地，不同种类的信息酝酿、发酵、成熟，进而发挥不同的社会效用。但是，信息的有效集中利用是以信息技术为前提，先进的技术基础将为信息传播提供最有力的支撑和保障。国家必须承担信息服务提供者的角色，没有任何其他社会组织能够有足够的实力长期、全面为国家信息基础设施提供资金和技术支持。社会的发展归根到底是由人的力量推动，网络社会也不例外。在网络社会发展进程中，人的主观能动性的发挥决定着信息生态系统的良性循环与运转，国家要把如何调动人的内在动力作为促进网络社会全方位发展的核心问题。既要充分重视信息专业领域中的技术人才，也要把参与信息传播的信息生产者和消费者视为网络社会的主人翁，突出人本身的成长性。信息生产与工业生产模式有根本性不同，“信息经济出现的物质基础从根本上说就是现代信息技术，其生产力层面的标志就是生产活动的通信化、计算机化和自动控制化，以信息工业为主导的各个工业部门、企业被紧密地联系起来，形成一个新的生产格局，信息控制中心成了整个生产活动的心脏”。[①] 针对网络社会的来临，国家必须将信息基础设施建设列入国家发展的重中之重，才有可能不在新一轮的世界生产力发展浪潮中受制于人。信息技术建设不是一劳永逸，而且新型的信息技术有可能完全颠覆人们的生活模式和交往方式，从而带来全新的信息文化。国家只有始终把握信息技术的前沿领域，并不断开辟和挖掘信息技术的新创造，才能保证信息资源的丰富性、信息传递的主导性以及信息文化的安全性。

（二）网络治理的参与者。网络治理方式的效果是由网络社会的特性及其影响因素所决定的。从互联网的本质来说，网络社会是平等主体无中心的交往平台，不确定性特质尤为突出，基于稳定社会秩序基础上的统治模式失去现实基础，主体与主体之间关系取向越来越平等

① 肖峰：《信息主义：从社会观到世界观》，中国社会科学出版社 2010 年版，第 113 页。

化，网络社会治理只能是多元化主体治理。所谓多元主体，就是指所有参与网络社会活动和网络社会关系的主体，既包括个体公民，社会团体，也包括国家政府、国际组织，甚至涵盖非主流群体。也就是说，在网络社会中，主体之间既相互平等，也相互制约，任何主体活动都必须在与其他主体之间的关系中展开，不可能摆脱其他主体的影响和限制，"我们正在经历着从一个权力等级和主权观念转变为一个更加注重调节的观念，新治理观的形象更加强调明示谈判、组织学习和开放公共讨论"。[①] 从社会治理角度来看，互联网从一定程度上对国家权力形成了挑战和威胁，国家无视互联网的存在价值，就可能付出沉重的政治代价。互联网时代，国家治理的出路是从网络社会的边缘走向中心，进一步发挥自身的力量，参与到网络社会治理之中。在网络治理的进程中，多元化主体代表着不同的利益群体，多方利益相关者都会在不同领域发出自己的声音，或者采取相应的网络行动，维护有利于自身的利益格局。在网络社会中，"那些将各节点连接起来的纽带是建立在由联盟与合作所带来的互惠利益基础之上的，而不是基于自上而下的规定并强迫实行的劳动分工"。[②] 国家作为参与主体，必然存在着国家利益的需要，有着自身的政治立场和经济诉求，但不能依赖于科层制政府组织来在网络社会实施方针政策，只有通过互惠互利、构建信任关系等手段来实现目标。

（三）价值法规的主导者。在网络社会中国家是网络社会治理的参与者，但是治理责任是其他主体难以具备的，就是维护网络社会的核心价值，制定网络社会的行为规范。在多元利益主体博弈的网络场域中，不同的价值取向始终存在此消彼长的均衡状态。如果国家不能发

---

① ［法］让-皮埃尔·戈丹：《何谓治理》，钟震宇译，社会科学文献出版社 2010 年版，第 40 页。

② ［美］弥尔顿·L.穆勒：《网络与国家：互联网治理的全球政治学》，周程等译，上海交通大学出版社 2015 年版，第 8 页。

挥价值主导作用,仅依赖于网络社会自身的调节,就可能在一定程度上出现价值失序和道德失范,甚至降低网络社会道德水平,影响网络社会和谐稳定。国家应该在网络社会提倡什么样的核心价值呢?既要有优良文化传统的延续,也要有当代世界文化潮流的精髓,还要有网络社会文化特性的体现。尤其要避免简单将物质财富视为价值导向的标准,“要善于从中华文化宝库中萃取精华、汲取能量,保持对自身文化理想、文化价值的高度信心”,①要将人类社会对自由、平等、公正、法治等共同价值追求作为方向,把人的自由全面发展作为网络社会核心价值的最终归宿。网络社会秩序不仅需要价值指引,还要有适宜的法律法规来进行网络行为调节,以体现网络社会的法律约束力和制裁效果。国家需要立足虚拟社会关系来完善网络社会法治体系,便于开展系统的虚拟空间治理。“最良好的政体不是一般现存城邦所可实现的,优良的立法家和真实的政治家不应一心想望绝对至善的政体,他还须注意到本邦现实条件而寻求同它相适应的最良好的政体。”②从网络社会政权组织形式来看,国家政权力量要找到合适的作用机制,以充分发挥政权组织的协同效应,依靠不断完善的网络法治机制来实现国家意志,服务于网络社会人的自由全面发展。在网络社会中不同国家有不同的法治理念和法治系统,这些理念和系统之间可能会不同程度地存在矛盾和冲突,如何协调诉求将是构建网络协商机制的内在需要。

(四)全球文明的创造者。“政治学上的善就是‘正义’,正义以公共利益为依归。”③网络社会的价值归宿是全球至善,每个人都能获得自由全面发展的可能和机会。国家不仅为了统治阶级利益服务,体现统治阶级意志,还要为全球文明作出贡献和价值。全球化是近代以来

① 《习近平谈治国理政》第二卷,外文出版社 2017 年版,第 349 页。

② [古希腊]亚里士多德:《政治学》,吴寿彭译,商务印书馆 1965 年版,第 176 页。

③ [古希腊]亚里士多德:《政治学》,吴寿彭译,商务印书馆 1965 年版,第 148 页。

世界发展的总体趋势和潮流，人类文明超越了以地域文明为主要形式的发展阶段，全球文明成为人类发展的新形态。尤其是互联网出现以后，网络社会本身就是全球文明的体现，将全球文明的发展层次提升到新高度。国家在网络全球化背景下，需要把握机遇，将自身的发展与国际社会以及网络社会的发展结合起来。第一，推动全球网络技术发展。网络技术本质是互联互通，但由于民族国家利益的分割，必然存在着诸多阻碍网络技术合作的因素，客观上不利于人类网络技术飞跃式发展，不同民族国家要有合作共赢的意识和行动，共同推动全球网络技术一体化。第二，创造全球网络文化繁荣。网络社会不仅是技术集成，更重要的是文化繁荣。网络文化的流动性、互构性、渗透性与生俱来，但是异质性文化在融合中会产生矛盾和冲突，如何化解它们之间的分歧和对抗，国家需要充分发挥自身的主体优势，既保持自身文化特色和独立性，又能够在文化交融中取长补短，共同提高。第三，担当全球网络文明责任。网络文明是人类理性文化的创造物。网络文明与现实文明之间相辅相成、并行不悖，现实文明可以通过网络技术转化为网络文明的重要组成部分，网络文明也有可能在现实社会中转化成为真实的物质形态。随着互联网技术的发展，两者之间的界限会越来越模糊。国家在全球网络文明的创造中，担负着不可推卸的使命与责任，需要“切实维护国家网络空间主权安全，共同构建网络空间命运共同体”。①

第二节　网络社会国家形象的传播塑造

互联网技术深刻改变公民、社会与国家关系，“新的技术或是新的媒体系统，已经成指数地增加了国家在面对媒体、面对企业、面对整个

① 中共中央宣传部:《习近平新时代中国特色社会主义思想三十讲》，学习出版社 2018 年版，第 260 页。

社会时的弱点。用相对论的历史话语来说，今天的国家比被监视者受到的监视还多”。[①] 国家形象是指国家主体在对内和对外互动交往中呈现出来的印象认知和表现评价。

一、网络社会国家形象的传播逻辑

网络社会的国家形象从间接传播转向直接展示，国家从遥远的社会想象转变为面前的数字形象，通过不同的逻辑特性显示出来。

（一）数字印象流动。数字空间中的国家形象逐渐呈现出流动性特质，不是以固定不变的事物特性表现出来，更多的是在信息传播中逐渐建构起来的数字化印象，而且这种印象本身就是碎片化信息的组合，随着网络社会中的信息变动而变化。流动性国家形象不是一时一地形成，而是全球信息交换的产物。在虚拟空间中，国家形象逐渐摆脱了现实物质条件的束缚，可以按照媒介技术的发展趋势进行调整和改变。国家形象也不再仅是国家客观基础的事实呈现，在更大程度上可以通过信息符号创造重组来实现形象再造。网络社会中的主体不是单一不变的，现实社会中的同一主体可以在网络社会中以多重形式表现出来，并且可以从事不同的虚拟活动，构建不同的虚拟社会关系，创造不同的虚拟空间。主体的流动性带来的是观察视角的多样化，国家形象对于主体来说，在多样化的虚拟空间中也会呈现出不同面貌。网络社会中国家形象通过无数的价值符号表现出来，符号已经替代了经验结构，模糊了事实与印象之间的差别。而在网络社会中符号本身就是不稳定性的表现形态，不同符号之间也会相互影响、相互改变。符号的流动性实质上带来的是形象要素的多元化，同一个国家构成可以用具体化、变动性的符号进行传递信息。国家形象中文化形象占据重要地位，不同的文化造就不同的国家形象。“国家形象是国家在文化上的自我整合，

---

① ［美］曼纽尔·卡斯特：《认同的力量》，曹荣湘译，社会科学文献出版社2006年版，第335页。

在精神上的自我肯定。”①网络文化的流动性特质表现明显，对现实文化共同体的冲击作用巨大。从某种程度上，网络文化就是现实全球文化的重组和再造，在这个过程中，单一的民族文化实际上已经不复存在，通过网络技术文化始终处于不间断融合之中，由此带来的国家文化形象也就在变动中重新建构起来。

（二）不同元素叠加。网络社会中国家形象变化的复杂性大大增加，不再是单一国家对内或对外形象的展现。世界上所有国家元素都集中在虚拟空间中，等待社会成员去发现或综合，从而浮现出国家形象特质。不同元素之间会产生交叉性影响，逐渐发生变异或改变，进而影响原有的国家元素，带来不同的社会后果。网络社会国家形象的复杂性还在于虚拟空间与时间的关系变化，空间不再是现实人、地、物的长、宽、高组合，而是网络技术平台上的虚拟场域。虚拟空间虽然离不开网络技术，但是交互作用却是不同主体之间的动态过程。国家形象依赖于虚拟空间的主体交往得以解构或重构，网络社会主体交往的复杂社会关系决定着国家形象的变化轨迹。网络社会的时间形态呈现出高度的“时空压缩”性，“它是各种时态的混合，而创造出永恒的宇宙；不是自我扩张而是自我维系，不是循环而是随机，不是迭代而是侵入：无时间的时间利用技术以逃脱其存在脉络，并且选择性地挪用每个脉络迄今可以提供的价值”。② 时间在虚拟空间中的存在方式与影响方式发生了明显改变，进而带来国家形象影响因素的变化。现实社会国家形象传播有一定的时间局限性，受到不同国家地区时间要素的制约和限制，在网络社会中时间对于所有国家统一开放，昼夜不再成为区分地区差别的标准。国家元素在虚拟空间中以全天候的方式流转和传播，不

① 龙小农：《从形象到认同：社会传播与国家认同建构》，中国传媒大学出版社 2012 年版，第 31 页。

② ［美］曼纽尔·卡斯特：《网络社会的崛起》，夏铸九、王志弘等译，社会科学文献出版社 2006 年版，第 403 页。

受地理环境、政治制度、文化传统、经济水平等条件束缚，带来裂变式传播效应。国家形象在不同场域中的传播路径呈现出不同特点，虚拟空间中国家形象传播集合了语言、文字、图片、视频以及声、光、电等不同网络技术的综合性应用，带给虚拟主体完全不同的形象体验，产生独特的形象感受，进而能够强化或削弱原有的国家印象，带来深远的国家意识和行为上的变化。虚拟空间的信息开放性决定着国家形象的建构不再是个别人的意见构成，而是囊括了几乎所有在网络空间中参与国家信息传播的公民与群体。国家成员在虚拟空间的言行举止可能被打上国家标签，成为国家形象的塑造者和改变者。国家形象不再仅是政府组织的责任和义务，每个网络社会个体都事实上成为不可缺少的承担者。

（三）信息压力传递。“互联网媒体的信息空间是巨大的，它可以在短时间内特别是突发事件发生时形成信息的冲击力，从这点上说，互联网媒体对于国家形象传播具有举足轻重的作用。”[①]信息传递在现实社会中有一定的延时性和地域性特征，国家形象在一定时期内能够维持稳定，发挥意识形态的功能性作用。网络空间中信息传播的瞬时性能够在极短的时间内改变印象效果，产生颠覆效应，继而对国家政府部门产生舆论压力和行为牵制，甚至可能诱发政治革命。社会人群在不同状态下有一定的行为轨迹，遵循着理性规范的惯性力量，网络空间情境改变人的言行逻辑习惯，规避社会伦理制度，凸显社会分歧异见和矛盾冲突。虚拟空间中官方意识形态、大众世俗文化、民间社会思潮、国外政府势力等都可能成为舆论的导火索和推进器，不同舆论力量的较量过程中，就是向外界传播国家形象的过程。每次的话语发布或意见表态都是国家形象的展示，在某种程度上给国家形象加分或减分。形象建构不是一次完成的结果，而是多次信息叠加的印象判断。在虚拟

---

① 对外传播中的国家形象设计项目组：《对外传播中的国家形象设计》，外文出版社2012年版，第244页。

空间的不同信息交错中，信息本身会在传递过程中产生变化，可能对信息进行强化、弱化或者扭曲。网络信息的发布者与接收者之间的社会互动过程就是国家形象建构不可缺少的社会环节，主体在互动中受到不同因素的刺激和影响，都会反映在信息加工处理输出过程之中，增加了国家形象变动的偶发因素。网络社会中的国家形象不仅是国家自身建构的结果，而是社会多方共同建构的产物。国家在虚拟空间中总是试图营造正面社会形象，传递主流价值观和意识形态，但“他者”并不会完全相信国家意识形态试图建构的国家形象，他们从不同利益、文化视角审视挑剔国家行为，诱发形象危机。

（四）个体力量凸现。“从根本上说，普通民众才是影响国家形象的主要因素。”①网络社会中个体力量被充分挖掘出来，个体可以通过互联网技术将自己的生活体验与国家形象建构直接联系起来，在个体鲜活的经历中多层次、多角度、多元化地展示国家形象。社会中的个体都有着自己的性格特质、教育经历、社会关系、成长环境等，这些个体成为国家进步的动力，也是国家发展的目的所在。个体可以在网络社会中彰显自己的环境背景，事实上就是向虚拟空间中的所有对象显示出所在国家的经济社会发展状况，体现出国家治理的成就与缺陷。这种展现更加真实可靠，深入人心，有强大的宣传效应和理性说服力。即使在相同成长环境的个体，也会逐渐形成迥异的价值取向。不同的价值取向将会影响个体的知识判断和言行举止，网络社会中个体价值可以更鲜明地表达和传播，同时也更容易汇集成具有相同价值取向的“意见群体”，进而成为更大规模的网络思潮和网络异见，并能够在网络空间中形成促进或损害国家形象的群体力量。社会发展过程中个体在不同的人生阶段遭遇不同的时代境遇，并用自己的方式回应生活的机遇和挑战。网络社会中个体境遇不再是个体的感受，它会成为国家与社

① 刘朋：《中国形象传播历史与变革》，经济科学出版社 2012 年版，第 20 页。

会境遇的缩影。通过个体在境遇中的所作所为，可以体现出国家公民的发展动力和活力，显示出国家政策在民众中的支持和拥护程度以及国家实力在民众中的惠及广度和深度。国家政治顶层设计反映出国家发展方向，但对于个体来说，却是千差万别的生活愿望。每个生活愿望都是现实个体对自己人生的未来向往和期待，值得国家政权去重视和满足。互联网空间中的个体愿望就是国家理想情操、精神追求和社会风气的全方位呈现，对比个体愿望与国家政策，可以反映出公民需要与国家满足之间的差距，从而为国家政策设计提出更具体形象、切实可靠的事实依据，也为国家形象建构奠定更为坚定的社会基础。

二、网络社会国家形象的传播因素

网络空间中国家形象的传播逻辑建立在传播因素的推动作用之上，无数的信息符号重组逐渐形成网络国家形象，在这个过程中诸多因素发挥着协同效应。

（一）虚拟技术空间。网络社会中的国家形象通过无数的信息符号重组逐渐形成，在技术空间中，“从本质上来讲是去中心化的，而且实际上具有不可控制的秉性”，①人演变为技术符号，人的社会化存在转化为符号化生存。国家存在的基础是人，符号化的人也就成为国家具象化的代表，国家形象在虚拟空间中就转变为信息符号与人之间的相互作用关系。国家价值是国家的主流意识形态和价值观念，它是国家在长期发展过程中逐渐确立的适合自己国家发展的思想意识、精神支柱、价值选择和文化传统等观念总和。国家价值的确立对于国家形象塑造有着内在的支撑作用，有鲜明国家价值的国家形象传播速度快，影响效应大。互联网虚拟空间中国家价值面临着被解构的境遇，必须要应对多元价值观念的挑战以及传播渠道无序化的威胁，这大大削弱

① ［英］安德鲁·查德威克：《互联网政治学：国家、公民与新传播技术》，任孟山译，华夏出版社2010年版，第53页。

了国家价值的影响力和渗透力。“网络传播是人类传播方式深刻变革的产物,它对宏观政治生活世界产生的建构作用则是经由网络舆情信息建构起来的微观网络政治场域而间接实现的。”①国家行为是指基于国家利益而制定的方针政策以及采取的措施办法等。国家行为是保证国家政权稳定和社会发展的必要手段。现实社会中国家行为的实施依赖于强大的国家机器系统运行,但是在技术空间中,国家系统的存在形式发生了改变,必须重新构建起建立在互联网技术上的国家结构和功能,才能为国家行为继续提供应有的保障。基于国家系统的现实惯性,国家行为的网络逻辑探索与建构尚需时日,在这个过程中国家行为的印象控制也必然存在着问题与缺陷。技术空间的国家交往摆脱了现实交往的时空界限,实质是你中有我、我中有你的全天候、全时空、全人员的互动交往。也就是说,技术空间中的国家交往不以人和国家的意志为转移,只要国家加入了互联网空间,就会产生相互之间的人员互动和信息交流。国家交往的范围和领域大大拓展,国家形象也不再是点对点的传播,而是由点到面的扩散式影响。虚拟空间中的国家发展与现实发展相辅相成,在更多层面上是国家在虚拟空间的影响力增长。这种影响既受技术力量的推动,也受国家力量在网络社会的转化程度限制,顺应虚拟空间传播规律的国家力量,就会对国家形象起到积极作用。

（二）网络心理环境。“国家形象的形成也是一个动态的过程,人们内心的感知会随着过去的经验、现在的情况、事件未来的发展以及个人兴趣取向等,对形象认知产生不一样的评价。”②人在虚拟空间中的心理环境超越了现实时空,在多元化的网络社会关系和网络价值系统中,网络社会心理对国家形象传播产生影响。网络空间是非现实性存

① 严俊、俞国斌:《网络传播、政治沟通与社会治理:传播路径的分析视角》,《马克思主义与现实》2015 年第 6 期,第 173 页。

② 陈薇:《媒介化社会的认知影像:国家形象研究的理论探析》,《新闻界》2014 年第 16 期,第 36 页。

在状态,活动方式、交流方式与现实社会迥然不同,符号化的存在使得主体可能在现实与虚拟空间中产生割裂错觉,认为主体不必承担自己的网络言行责任,甚至造成模糊国家意识,混淆公民身份,进而在国家形象传播中定位不清、职责不明。尤其是价值观尚未定型的青少年容易在网络空间中迷失自我,做出负能量的社会言行。集群心理是指网络空间中无目的交往群体之间的心理状态。在网络集群中,没有共同的信仰和追求,只是在网络空间的偶然相遇成就了心理场域,在这种场域中个体与国家之间处于割裂状态,每个个体都基于自身的需要出发传播对国家的认知和理解,在网络集群心理下,国家形象传播是无序的,且难以控制的状态。网络社会中的从众心理是指社会大众在网络传播过程中容易受到网络舆论影响,放弃个体独立性思考的网络心理现象。由于网络社会信息传播速度快,信息量巨大,一旦形成信息潮流,就会对大众产生冲击性影响,从而改变社会印象。网络社会中的国家形象传播必须充分考虑网络从众心理,从大众心理需求出发设计信息传播策略,才能避免国家形象传播的偏差和误读。"群体极化的定义极其简单,团队成员一开始即有某种偏向,在商议之后,人们朝着偏向的方向继续移动,最后形成极端的观点。"[①]极化心理是群体心理的极端化表现形式。现实个体的激进观点,在网络社会中经过人群讨论后,大多数人的观点变得越来越激进,或者个体的保守观点,经过网络群体酝酿后变得越来越保守。极化心理对网络社会国家形象传播产生双面效果。

(三)多元价值系统。网络社会中舆论传播是显性的社会现象,网络舆论环境的变化与价值系统的改变有着千丝万缕的联系。"网络空间是一种更为互动和参与的传播系统。"[②]现实社会价值传播是以地域

① [美]凯斯·桑斯坦:《网络共和国——网络社会中的民主问题》,上海出版集团2003年版,第47页。

② [英]安德鲁·查德威克:《互联网政治学:国家、公民与新传播技术》,任孟山译,华夏出版社2010年版,第8页。

为基础的传播渠道，传播速度慢，传播效果受多重因素限制，网络社会价值传播以网络技术为基础，传播速度快，传播效果显著。不同的价值传播系统中国家形象的形成机制不同，现实传播系统中的国家形象以官方意识形态主导进行形象塑造，网络传播系统中国家形象表现出官方与民间意识形态共同塑造的特质。在网络民间意识形态系统中，作为个体公民的思想力量发挥出巨大的聚合作用，进一步凸显出网络社会的民众意见。现实社会教育系统是以家庭、学校为主体的教育机制，教育话语权掌握在国家设计的教育渠道之中，但是网络社会教育系统则是以社会为主体的教育机制，教育话语权被解构，国家难以控制网络空间中的教育渠道，不同的教育主体可以在网络空间中施展自己的教育影响，尤其是商业社会组织的教育策略更具针对性，富有吸引力和亲和力，能够对社会大众，特别是青少年产生更大的影响力，从而为国家形象的重构提供了不同的教育环境。网络社会国家形象从国家教育转变为社会教育的产物。马克斯·韦伯认为，国家是民族文化价值体系的最牢固的捍卫者。国家形象在某种意义上说，就是国家文化形象。网络社会文化系统最大的特点就是文化的繁杂性、交叉性、多变性等，不同的文化特质造就不同的文化现象。现实社会中国家形象的形成不仅是国家政权力量的影响，也是民族文化精神的体现。在网络社会中民族文化之间的渗透性越来越明显，在一定程度上已经大大消解了文化特色，而且网络文化由于技术性、商业化色彩突出，也会模糊国家文化形象，削弱国家文化特性。

（四）国家实力体现。国家实力是国家形象传播的关键性要素。国家实力不仅是指在现实经济、政治、文化、军事、外交方面的卓越表现和突出成就，而且包括国家在网络社会不同领域中的实力体现。互联网技术是当代国家发展的关键性技术力量，失去在互联网技术领域的主导权，难以取得网络社会的支配性地位，还可能危及国家安全和发展。网络技术创新主宰着信息流动，可以建构有利国家正面形象的技术网络，也可以运用技术手段监控和阻止不利于国家形象的信息。在网络意识形态斗争中，技术实力影响社会舆论方向，资本和技术力量的结合能够推波助澜，加大舆论影响力。网络社会中的虚拟经济涉及面广，已经广泛渗透于实体经济，成为国民经济发展过程中重要的组成部分。虚拟经济本身也是经济活动发展的产物，给国家带来了经济发展的活力和动力。虚拟经济活跃性能够反映出一个国家经济发达程度，虚拟经济越活跃，客观上为国家形象传播起到推动作用。虚拟经济的流动性、风险性、投机性大大增加，对于国家治理经济的能力和水平带来了考验。“网络对国家政治秩序与政治稳定提出了挑战。”①网络社会中政府既要有权威公信力，也要有高效执政效能。政府权威是社会稳定的“压舱石”，执政效能是社会发展的“推进器”。网络政治机制的有效运转，可以在国家、社会与公民之间搭建良性沟通和信息传递渠道，从而为网络社会国家形象提供政治保障。国家治理网络的成效对于国家网络形象传播有着至关重要的作用。在网络社会治理中，既要保障网络社会中内在生机和活力，又要规范社会秩序和体系。网络社会的多元治理方向，充分发动公民、组织、政府等不同主体的优势和条件，凝聚共识，重塑主体间的交往行为。

三、网络社会国家形象的塑造策略

网络社会中的国家形象传播逻辑与传播因素推动形象变化，这种变化带来持续深远的影响，要注重从不同层面塑造网络国家形象，为国家发展带来积极作用。

（一）构建网络信任关系。“网络是以关系为基础而不是以交易为基础的，它由经济行动者之间的互惠关系与信任维系。”②印象形成依

① 刘文富：《网络政治——网络社会与国家治理》，商务印书馆2002年版，第396页。

② ［美］弥尔顿・L.穆勒：《网络与国家：互联网治理的全球政治学》，周程、鲁锐等译，上海交通大学出版社2015年版，第42页。

赖于社会关系,网络社会国家形象的社会基础是建构网络信任关系,只有民众对政府和国家产生了信任和认同,良好的国家形象才可能逐渐形成。反过来说,没有信任关系,即使国家努力建构国家形象,也有可能陷入“塔西佗陷阱”。政府在网络社会中发布消息或开展政府活动时,必须维护自身的可靠性和公正性,在纷繁复杂的网络信息系统中树立政府权威地位,才能逐步使公众对政府产生信息依赖感和归属感。互联网技术为政府服务提供了便捷的手段,政府要利用网络加强公众服务力度。既要在网络社会中尽可能地将政府信息以及权力运行机制公开,消除公众对政府的神秘感,同时利用网络信息的透明性加强对政府权力的监督和纠偏,真正体现权力的人民性和公共性,增强公众的信心水平。“在‘微时代’,小故事、小人物、边缘话语、民间故事等,比声势浩大的灌输式宣传更能打动人。”①网络社会政府话语系统要与网络语言有机结合起来,尽可能地用公众乐于接受、喜闻乐见的表达方式进行网络沟通,摒弃对网络语言的歧视和偏见,要充分认识网络语言的时代性和通俗性,吸收反映社会进步的特质,才能贴近公众情感,赢得民众支持。政府要主动融入网络社会公众活动之中,在公众网络生活领域中进行交流沟通,并及时解决相应问题。网络社会中国家治理水平需要随着互联网技术发展不断提升和改进,适应网络社会关系变化和社会形态转变,更重要的是要能够为公众保障良性的网络社会环境,让不同个体都能在网络社会环境中找到发展路径,以及不同个体之间相互交换信息、发表主张、开展活动等,进而成就公民与政府之间的信任关系。

(二)突出网络道德行为。“有什么能比国家由德性治理更美好呢?”②网络社会中国家形象的核心是德性文化,只有从政府、社会和公民不断培育网络德性行为的国家,国家形象传播影响才会持久而深远。

---

① 李梅:《宏大与细小——谈新媒介环境下国家形象片叙事方式转变》,《中国出版》2015年第4期,第32页。

② [古罗马]西塞罗:《论共和国》,王焕生译,上海人民出版社2006年版,第93页。

网络社会中的政府德性是指政府在网络社会中应当遵循的伦理规范和道德准则。互联网空间中政府行为的出发点是人民利益,必须将人民利益最大化作为政府执政的依据和标准。政府在网络社会中的伦理要求既包括政治制度伦理,也包括执政道德追求,政府既要制定基于伦理标准的网络政治规则,用来规制和约束政府行为,赢得公众信任和支持,同时也要对政府人员提出具体的网络伦理要求,用互联网思维来开展网络政府工作。网络空间的匿名性和虚拟性在一定程度上打破了现实道德价值秩序。不同道德价值在虚拟环境中需要重新排列,公共价值对于网络社会重要性凸显,能够激发社会公共需求的价值条目作用不断上升。以微信、微博、QQ 等社交工具为代表建构起来的网络公共领域中的公共德性亟待建立,只有以公共利益为网络交往和网络活动的着眼点,才能逐步成就网络公共领域的良好风气。“在新媒介情境中,软传播的地位越来越突出。”[①]社会的道德风气是由每个公民个体言行所成就,公民的道德行为是社会风气的基础。互联网技术为公民寻找适合自身的共同体提供了交往平台,进一步强化公民道德选择的自主性。网络社会中公民道德约束需要与网络主体身份实名化逐步联系起来,只有实现网络公民道德行为普遍化,才能从整体上提升网络道德风气,进而改善网络社会国家形象。

(三)拓展网络公共外交。“公共外交作为传统外交的重要补充,在对外传播与国家形象塑造方面发挥着非常重要的作用。”[②]公共外交是指国家对外交往中以非政府组织和公众作为外交目标,交流信息,影响舆论,增进了解的互动行为。公共外交中政府仍然要发挥主导作用,注重维护国家利益、扩大国家影响、改善国家形象。互联网的兴起为公共外交活动提供了良好的平台和环境,为不同国家的多向度对话交流

① 甘险峰:《国家形象传播范式辨析》,《中州学刊》2014 年第 11 期,第 12 页。

② 范红:《国家形象的多维塑造与传播策略》,《清华大学学报(哲学社会科学版)》2013 年第 2 期,第 151 页。

提供沟通渠道。网络公共外交的优势在于政府可以零距离、低成本、宽领域地向不同国家公众进行多种外交活动，克服了现实社会中地理条件、空间距离、经济环境、制度束缚等因素制约，对于实现政府的外交战略有着重要的现实意义。网络社会“目前最重要的统治方式是操纵沟通方式，提供信息影响人们的思维方式”，[①]不同主体之间的力量均衡变化，多元化的利益、价值、文化给公共外交战略带来挑战，政府需要寻找利益结合点、政治对话点、文化交融点等，保证政府在网络社会中能够充分发挥自身政治优势，把握网络公共外交的走向和趋势。网络公共外交不仅是对外宣传自己国家的政策主张，更重要的是通过网络话语与其他国家地区建立互利合作关系，从心理上实现共通共融，才有可能逐步扩大国家认同对象，展现国家友好形象。在网络话语交流中中国故事传播能量巨大，需要不断挖掘中华文化资源，并进行技术加工和媒体再造，传递网络文化价值。网络公共外交既要注重情感沟通，更要强调利益共享。只有把网络公共外交建立在共商共建共享理念基础之上，才能实现交往模式的持续性和长久化。国家在网络公共外交中的经济投入既要追求利益回报，更要重视信誉积累，增进信任互助，团结合作对象，得到舆论声援，维护正面的国家形象。

（四）培育网络法治思维。网络社会中国家形象既离不开政府与公民的积极作为，更离不开法治化的网络环境和规则。网络社会必须要用法治思维来进行规范和约束，才能从整体上增进国家形象。“加强互联网领域立法，完善网络信息服务、网络安全保护、网络社会管理等方面的法律法规，依法规范网络行为。”[②]国家在网络社会行为的法治化需要着重考察网络信息流动、主体活动、社会关系、传播规律等，从

---

① ［美］曼纽尔·卡斯特：《千年终结》，夏铸九、黄慧琦等译，社会科学文献出版社2006年版，第346页。

② 《中共中央关于全面推进依法治国若干重大问题的决定》，人民出版社2014年版，第14页。

国家发展的总体要求考量，将网络立法和政府执法协同并进，克服网络行为的随机性和随意化，才能逐步塑造良好的网络政府形象。网络社会群体摆脱了现实时空制约，基于利益、价值、趣向等基础的组合群体越来越突出，群体活动也日益显现出自由化、混杂化、无序化的倾向，如果任由其野蛮生长，就有可能对网络社会国家形象带来负面影响。需要将不同网络群体活动纳入法治轨道调节之中，用法律力量成就网络群体利益追求，汇集网络群体多元力量，保持网络群体内生活力，催生网络群体主流价值，规范网络群体发展方向。网络参与随着互联网技术更新迭代越来越呈现出便捷性、交互性和社群性等特质。尤其是移动互联网技术的普及化，公众参与的社群性特征越来越明显，"群体极化"现象对于网络舆论的误导影响越来越大，要扭转片面极端观点在网络社会公众参与活动中的负面影响，就要发挥法治力量，加强法治意识，引导法治行为，通过法治作用协调国家、社会和公民利益诉求，通过公民在网络社会的遵纪守法行为展现良好的国家形象。①

网络社会中国家形象传播随着互联网技术的发展凸显重要性，传统国家形象塑造策略必须进行调整和重组，以适应网络空间的传播规律，"使网络意识形态工作从'最大变量'转变为'最稳定常量''最大正能量'"，②推进国家战略，实现国家利益。但是，网络社会中国家形象的传播机制、结构关系、变化趋势等亟须开展研究，才能加快网络国家形象的良性建构，提升国家软实力。

第三节　网络社会国家认同的分化建构

"认同是人们意义与经验的来源。"③国家认同是指公民对国家的

① 参见陈联俊：《论网络空间中国家形象的传播与塑造》，《学术论坛》2018 年第 1 期。

② 张志丹：《意识形态功能提升新论》，人民出版社 2017 年版，第 49 页。

③ ［美］曼纽尔·卡斯特：《认同的力量》（第二版），曹荣湘译，社会科学文献出版社 2006 年版，第 5 页。

认知、情感、态度等方面的意义感和归属感,包括经济、政治、社会、文化等不同维度认同的统一。互联网技术应用生活化,带来社会关系变化,影响国家认同形成。

一、网络社会中国家认同的分化机理

网络社会中国家认同分化通过公民在虚拟空间中的心理活动和外在行为,逐步体现出来,遵循着一定的规律性变化。

(一)认知分化。在互联网技术作用下,人们获取和加工信息的方式发生改变,逐渐从以地域条件为基础的信息环境中解放出来。尤其是移动网络技术发展以后,信息载体和呈现方式越来越场景化、智能化、个性化,给个体带来不同的认知基础。“移动互联网的显著特征就是场景化。”①场景是指在移动互联网技术普及条件下,主体与环境相互连接构成的活动空间。在场景中,数据是匹配主体需求的关键要素,没有数据就没有信息传输,也就不可能产生用户需求的对应性满足。个体借助网络数据传输可以在一定的时空中形成实践场景,并与相关的环境进行信息交换。场景已经成为主体认知信息的主要来源,并且在不断改变着主体对世界的认知方式。不同的场景带给主体不同的信息体验,无形中将主体的生活空间进行精确区分,主体不再孤立地存在于不变时空之中。网络技术在场景中将主体认知进行分化,主体需要从碎片化的信息中构建起自身的价值观念。不同个体之间也会通过网络将自身的场景体验进行认同分享,进而对其他主体的信息认知产生冲击和改变,促使其思维方式的转换和适应,改变国家认知基础。在网络社会中,电子终端的智能化水平越来越高,依赖于大数据、云计算的技术支持,不同主体的言行活动可以随时被记录分析,从而形成自己的行动轨迹。智能化信息模式会从不同视角带给主体多样化的信息体

① 王力:《移动互联网思维》,清华大学出版社 2015 年版,第 68 页。

验,并不断进行最新的信息推送,在不知不觉中分化主体原有的信息认知,尤其是大量的商业文化信息充斥网络社会之中,物质主义和消费主义价值取向诱导民众放弃崇高的精神追求和奉献精神,逐渐消解国家意识。从另一方面来说,智能化技术也可能削弱主体获取信息的能力和机会,不断筛选主体认知信息来源,使得主体适应同类信息的消费模式,丧失信息搜寻和整合的积极性和主动性,形成固化思维。网络技术推动以个体为中心的信息流动,每个个体都在信息网络中彰显各自需求,表达自我价值,进行社会交往,开展虚拟实践。可以说,互联网帮助个体在虚拟世界中实现最大化的个性追求,不同个体的个性化追求也在不断丰富网络交往实践活动,带来了内生活力和发展动力,但是"信息流量和流速的爆炸性增长,在增强了个人的认知能力的同时,也加大了不同认同之间的互动,动摇了某些本来就不稳固的认同"。① 也就是说,从国家层面上加速了集体主义意识和社会凝聚力的下降。而且,个性化空间中意见群体的分化尤为突出,具有相似认知特征的个体借助网络迅速积聚起来,形成与国家相抗衡的反对力量,影响国家安全和稳定。

(二)情感分化。"一般认为,具有稳定而深刻社会含义的感情性反映叫做情感。"②在网络社会中,主体情感从现实社会环境转向虚拟空间场域,情感生成的社会基础发生了巨变,给情感的酝酿、体验、变化和发展带来深刻影响。"新的权力存在于信息的符码中,存在于再现的影像中","这种权力的部位是人们的心灵"。③ 在虚拟环境中,个性化的信息供给机制为情感的发生提供不同的信息刺激,信息来源广泛,数量庞大,促进个体情感的丰富多样性。而且,在互联互通场域中,场景化应用越来越频繁,个体情感激活的虚拟情境越来越多,情感酝酿场

① 俞可平等:《全球化与国家主权》,社会科学文献出版社 2004 年版,第 88 页。

② 孟昭兰:《情绪心理学》,北京大学出版社 2005 年版,第 8 页。

③ [美]曼纽尔·卡斯特:《认同的力量》(第二版),曹荣湘译,社会科学文献出版社 2006 年版,第 416 页。

域越来越大。在虚拟空间中,情感事件是由主体与环境之间的互动作用所决定,主体与环境结合得越紧密,互动性越强,情感体验越深刻。网络技术的智能化水平越来越高,能够为主体与环境之间的互动提供越来越便利的条件,必然为主体情感体验开辟更为广阔空间。主体可以利用网络从事诸多现实社会无法完成的行为活动,获得更为丰富的情感体验。虚拟环境中社会关系在不断变化,人们的交往实践活动更加活跃。无论是大脑对信息接收的刺激性增加,还是情感的自由度发挥,都大大增加了变数。主体将现实与虚拟环境感受综合起来,转化为自身的情感驱动,进一步强化情感动机。网络社会为群体情绪舆论的形成创造了条件,激发了认同危机的因子。在虚拟空间中,个体的生存状态为现实与虚拟并存,人格特征也从现实延伸到虚拟场域之中,而且由于虚拟空间的技术中介性,主体人格可以在不同场域中表现出不同状态。在不同的人格状态下,主体的情感调节能力得到锻炼和提升,扩大主体的情感维度,放大主体的情感影响。个体可以在网络社会中发展自己的情感表达、情感交往、情感控制等能力和水平。无论是情感的酝酿、体验、变化和发展,都给主体国家认同的归属感和信任感带来冲击,推动分化性改变。

(三)认同分化。"以互联网为核心的思维方式正在逐渐扩散,并对整个大时代带来深远的影响。"①网络技术扭转了传播可控性,现实社会的身份地位被隔断,媒介对社会结构进行重组。互联网提供了主体交往的新型信息平台,主体在不同的场景中被改变思想意识,网络社会意识形态多元、多变、多向性特点突出,权力、利益、文化的角力较量成为网络信息传播的重要推手。在无边界的网络社会中,微信、微博、QQ、视频、游戏、直播、网站、论坛等都会成为意识形态传播载体,进而影响国家认同。网络社会中多种价值观并存,尤其是个人主义价值观

① 金圣荣:《颠覆世界的互联网思维》,中国经济出版社 2015 年版,第 2 页。

盛行,冲击国家主义和集体主义价值观思想。随着现实与虚拟主体的分离,网络信息在群体交往的普遍化中大幅扩散和裂变,离心力威胁增加,改变个体思想观念,解构国家的制度约束力。“技术的工具性力量对文化认同具有根本上的解体作用。”①民族文化传统在互联网时代被逐渐分割,多元文化的冲突境遇改变民族心理、情感、意志和行为,从而对网络社会的国家认同产生负面效应。“全球传播所造成的国家认同危机,归根结底在于人的存在方式的变化。”②网络社会国家传统要素发生改变,地域性特征消失,人口混合化程度增加,主权界限模糊。国家认同的物质载体转变为信息载体,认同场景的流动性特质明显,不可控程度增强。在虚拟认同环境中现实的行政管制、信息封锁、话语统治等手段逐渐失效,国家认同面临信息环境改变的挑战与威胁。网络社会中的国家认同需要不同的条件,尤其是主体之间的交流互动以及多因素的相互作用。主体之间的互动关系从绝对主体性向交互主体性转变,主体的强目的性向相互依赖性转变,主体关系以主体间性交往形式表现出来。网络社会中国家认同变化是技术和社会的多重条件综合作用的结果。“随着物理边界的不断变化与超越,民族国家这样最为稳定的组织载体同样淹没在流动的现代性之中。”③网络社会中认同情感的地域依托已经消失,内在的精神支柱濒临瓦解,外在的依恋转化为内在的信念,个体从“本体性安全”走向“本体性焦虑”。“意义系统只有通过个人的理性批判和反思机制进入到个人的社会认同后才能真正发挥效力,才能既维护社会的团结又增进个人和整个社会的活力。”④在

① 翟学伟、甘会斌、褚建芳编译:《全球化与民族认同》,南京大学出版社 2009 年版,第 14 页。

② 刘国强:《媒介身份重建——全球传播与国家认同建构研究》,四川大学出版社 2009 年版,第 60 页。

③ 金太军、姚虎:《国家认同:全球化视野下的结构性分析》,《中国社会科学》2014 年第 6 期。

④ 李友梅、肖瑛、黄晓春:《社会认同:一种结构视野的分析》,上海人民出版社 2007 年版,第 21 页。

网络社会中,主体不断受到其他主体价值观念冲击,增大自我意志分化的可能性。国家难以决定所有个体在网络社会中的信息输出、接收和传播,从而逐渐降低国家的意识形态主导力。

二、网络社会中国家认同的分化要素

网络社会中的国家认同分化有着内在的要素构成,从不同层面上产生协同互动效应,从而改变认同结构。

(一)主体状态。"认同是确定群体的符号边界、实现内群体向心力的生产和再生产、确立群体的内向的合法性的必要条件。"①网络群体认同对于最大限度地凝聚网络政治力量,实现国家目标有重要作用,但是前提建立在主体认同基础之上。互联网技术本身的进化特性越来越建立在移动终端之上,实现了互联网技术的便捷性和随身化,从而带来了主体自身生活与互联网技术的紧密结合,使得公民能够随时随地进行群体交互活动,改变了现实时空中受限于地域条件的独立行动状态。网络社会中的个体开始改变自身的存在状态,从信息接收、认知方式、综合利用、互动传播、行为模式等产生了不可逆转的转变,进而对人本身的思维习惯和情感寄托产生重要影响,也改变主体对国家的认同感和归属感。主体意识随着主体的存在环境而改变。在网络社会中主体意识的发生环境与现实环境有着本质上的差异,主体意识条件变化,主体状态发生转变。主体意识的作用对象无论是从范围,还是种类上都极大地扩展开来,从而为主体的认知思维和信息加工提供了源源不断的鲜活材料,进一步增加了主体的思维开放性和活跃度。在网络社会中,主体意识丰富程度提升以后,主体能动性大大增强,将虚拟实践和现实实践活动相互结合起来,充分发挥出自身的创造性能力和水平。而且,在一定意义上,主体自由程度也得到扩大,可以在虚拟社会交往

---

① 李友梅、肖瑛、黄晓春:《社会认同:一种结构视野的分析》,上海人民出版社 2007 年版,第 12 页。

中不断增加自己的社会阅历和经验，延伸自己的社会交往范围，提升自己的社会化层次。在网络社会中，主体社会性程度增加以后，对国家的现实依赖性开始下降。主体不再依赖于国家为其提供信息资源，可以通过网络信息网络来获取所需的资源关系以及信心动力。而且，主体在网络社会中以自己为中心建构社会存在感，只有主体需要的信息资源才会被吸纳聚拢，对国家主流意识形态传播增加了障碍。

（二）利益机制。“科学与技术的不均衡发展，使得信息化生产的逻辑脱离了其国家基础，并转移到多重区位的全球网络。”①互联网推动消费模式共享化，主体在网络平台上实现了信息资源的平等化和公开化，最大限度地规避了现实经济信息垄断或信息闭塞所造成的不充分竞争，丰富了交换产品，节约了交易成本，提高了资源效率。但是，在共享经济发展中，会对原有利益机制产生冲击，迫使网络交易参与者改变商业模式，重组商业关系，适应网络竞争格局，促使社会经济关系变化。不同生产要素也会在新型环境中改变自身作用，带来市场信心和信任结构的变化。而且，网络智能经济的快速发展，也会带来经济产业结构和劳动力供给的急剧变化，尤其会对教育文化水平较低和就业竞争能力较低的劳动者就业状况产生冲击，影响其生活水平，改变国家认同情感层次。“现代性借助消费的分化成为使人们认同分化的动力。”②网络场景分化推动服务范围深化拓展，消费过程中的价值递增效应明显。用户群体规模越大，场景的更新速度越快，消费分化越深远。“没有价值或不再有价值的一切事物和人口便脱离了网络，最后被抛弃。”③利益主体必须在网络环境中重新定位，包括政府、企业、媒

① ［美］曼纽尔·卡斯特：《网络社会的崛起》，夏铸九、王志弘等译，社会科学文献出版社 2006 年版，第 117 页。

② 韩震：《全球化时代的文化认同与国家认同》，北京师范大学出版社 2013 年版，第 60 页。

③ ［美］曼纽尔·卡斯特：《网络社会的崛起》，夏铸九、王志弘等译，社会科学文献出版社 2006 年版，第 121 页。

体、社会组织与个人等共同作用，形成新型网络利益机制。网络社会利益主体的交往对象选择范围广泛，多元色彩浓厚，交叉变动突出，角色互换频繁，利益分化在所难免。网络利益分化的风险在于瓦解价值信仰，破坏利益格局，激化利益矛盾，形成阻碍网络技术发展的利益集团。在网络利益分化发展中，国家需要承担起应有的责任，协调好利益群体之间的博弈关系。“在网络经济条件下，财富需要再定义，权利也出现了再分配。”①互联网打破了经济规则，改变了利益分配规律，必须重新规整利益关系，激发主体活力，规避经济风险，实现经济激励基础上的利益认同。

（三）政治互动。网络社会中公民与国家之间的政治互动中，政府要充分考量不同诉求的价值共识，既要有主导性，也要有包容性，巩固网络社会国家认同的价值基础。网络技术不仅改变主体自身，也在不断改变着国家存在。国家作为政治共同体，存在形式从根本上受政治价值和政治制度的制约，随着技术社会发展而改变自己的表现形式。在网络社会中，国家权力被网络技术无形分散，国家对个体的制约方式也从纵向转化为横向，技术的中介性作用被充分利用起来。国家治理的方式方法需要随着沟通交流方式而改变，适应网络传播技术的规律和特性，在新型信息空间中不断增强民众对国家的认同心理。“互联网通常被认为是一种具有社会变革潜质的技术。”②认同是主体自我的反思，网络社会中政治主体变化是所有人都可以直接参与到政治活动之中，对政治行为进行政治判断或评论，从而产生政治影响。个体不再仅是国家政治行为的服从者，逐渐成为政治决策的指引和监督者，从某种意义上扩大了政治主体的参与度。国家认同是在复杂的社会关系中逐渐建构起来，网络社会中的政治关系变化表现是主体之间全时空的

---

① 刘文富:《网络政治:网络社会与国家治理》,商务印书馆 2002 年版,第 92 页。

② 袁峰、顾铮铮、孙珏:《网络社会的政府与政治》,北京大学出版社 2006 年版,第 45 页。

平等互动性，现实社会的身份樊篱被打破，地域时间限制被解除，政治关系与生活关系的距离被大大拉近，要破解政治关系僵局，必须从生活关系的构建着手。个体的政治影响可以通过数据、影像、社交等个性化形式扩散，进而影响政治方向。政治透明化程度越来越高，底层政治的影响力越来越大。网络社会中政治文化的主流与非主流因素相互交织，从表现形式、话语模式、交流群体、价值取向等不同方面呈现独有特点，文化表现形式越来越多样化，而且呈现出混合化特性，政治文化侵蚀现象比较突出，强势文化会对弱势文化产生渗透性影响，而且政治评价体系发生了改变，个体对主流政治的反向评价作用增大。

（四）舆论文化。“通过互联网而表达的公众舆论在中国的公共空间中占有独特和显著的地位。”①网络社会舆论起因众多，因素复杂，扩散迅速，呈现出分众化、差序化、“长尾化”等特性，对社会稳定和国家认同产生巨大影响。在网络技术应用中，以微信朋友圈为代表的网络工具是分众舆论传播的基础。在微信传播中，不同的朋友圈就是不同的网络群体，以个体为节点的群体相互联结起来，构建出微信舆论生态。舆论事件从个体朋友圈出发，通过无数节点扩散开来，如果在一定的节点被激发，可能出现“群体极化”现象。差序化的表现是网络舆论在舆论扩散过程中影响效应逐步递减的现象。网络传播中的身份构建相互影响，只有强关系的身份群体之间才会有较大的影响力，弱关系的身份群体传播效应不断减少。“长尾化”是指在网络舆论传播中少数人的个体意见，能够借助技术工具影响主流认知，产生巨大的社会力量。“人数众多的人所形成的舆论意见几乎都是含糊的、混乱的，无法据此行事，除非对其进行要素整合，引导归纳，形成统一。”②网络舆论文化越来越建立在手机、平板电脑等客户端上，跨界颠覆影响波及几乎

---

① 胡泳：《众声喧哗：网络时代的个人表达与公共讨论》，广西师范大学出版社 2008 年版，第 310 页。

② ［美］沃尔特·李普曼：《幻影公众》，林牧茵译，复旦大学出版社 2013 年版，第 29 页。

所有社会领域，社交文化、定位文化、体验文化等相继崛起。社交文化是以移动社交工具为载体的社会互动性大大加强，所有人都在建立自己的移动社交圈，而且在移动社交圈中参与网络舆论生态建构。定位文化是指网络社会中的个体能够迅速被技术地理定位，从而为其提供独特的信息消费，满足其个性需求。体验文化是指网络社会文化打破传统理性消费模式，体现出典型的感性体验和情感消费特点。网络社会中的群体建构有较大的自主性与盲目性，尤其是诸多群体的粉丝人群被大众舆论、流行观念、"意见领袖"等深度"催眠"，丧失自己的理性判断力。网络群体舆论的社群化色彩浓厚，"互联网上的社群发展趋势逐渐向兴趣图谱靠拢"。[①] 不同社群有不同的兴趣倾向，形成不同的舆论话题，产生不同的社会效应，改变国家认同。

三、网络社会中国家认同的建构维度

网络社会中国家认同的建构过程既需要提倡政党权威以及公民参与，也要营造良性政治环境和总体国家安全。

（一）政党权威。"现代化要求具有变革能力的权威。"[②]网络社会权威缺位可能带来多方面政治危机，公民政治价值观在多样化社会思潮冲击下，极易分崩离析，失去政治信仰方向，政党权威能够强化政治价值的影响力。"个人认同与信任是紧密相关的。"[③]政党权威不是来自恐吓与威逼，而是建立在民意基础上的政治信任，进而整合认同矛盾与冲突。网络社会公民的信任水平高低直接决定着政党权威的可靠性。那么，如何开展网络社会治理，改善网络社会公民与政党之间的信

① 唐兴通：《引爆社群：移动互联网时代的新4C法则》，机械工业出版社2016年版，第66页。

② ［美］塞缪尔·亨廷顿：《变化社会中的政治秩序》，王冠华、刘为等译，世纪出版集团2008年版，第84页。

③ 胡泳：《众声喧哗：网络时代的个人表达与公共讨论》，广西师范大学出版社2008年版，第155页。

任关系，增强政党权威？“答案在于将网络空间看成了一个特别的‘地方’，它有与真实世界不同的结构、规则以及行为方式。”[①]政党要遵循网络空间规律进行科学执政，要将依法治理理念渗透到网络执政行为中，强化网络公民监督作用，提升政党的执政效能。另外，政党要注重发挥网络技术特质，加强对网络执政统筹规划，打造执政形象，积累执政信誉，构建起网络执政的制度系统、组织系统和话语系统，及时跟进网络技术发展，转变政治沟通方式方法，与民众的日常文化、地域生活联系起来，用生动活泼的交流形式打破情感隔阂，实现网络社会政治话语的大众化。“有效的经济激励系统之所以能够推动民族国家认同，一个很重要的原因在于它使国家成为为民众提供‘本体性安全’的载体。”[②]网络社会中不同主体利益的满足是保证权威地位的关键所在。个体在网络社会中的自由、尊严、名誉、隐私等与人身相关的权益，需要得到有效保护。网络犯罪、网络暴力、网络欺诈、网络色情等不断出现，对公民在网络社会中经济、政治、文化、社会权益的尊重和保障，是维持网络社会关系协调运转的基础，也会促进政党权威在不同网络领域的延展。网络社会群体互动现象突出，以微信为代表的移动 App 为群体互动创造了便利条件，不同群体利益诉求需要区别对待，将多元化的群体利益引导到法治轨道，有序增进社会整体利益。随着互联网技术的发展，公共利益的保护愈发重要，只有坚持以人为本的利益导向机制，才能将政党权威建立在广泛的利益认同基础之上。

（二）公民参与。身份是个体实现社会化的必备条件，“公民身份和国家成员身份是主要身份和纽带”。[③] 网络社会中要将个体与国家

---

① ［英］安德鲁·查德威克：《互联网政治学：国家、公民与新传播技术》，任孟山译，华夏出版社 2010 年版，第 309 页。

② 金太军、姚虎：《国家认同：全球化视野下的结构性分析》，《中国社会科学》2014 年第 6 期，第 15 页。

③ ［美］菲利克斯·格罗斯：《公民与国家——民族、部族和族群身份》，王建娥、魏强译，新华出版社 2003 年版，第 184 页。

之间的身份符号有效建立起来，突出微观个体与宏观国家之间的具体联系，通过鲜活、感性、互动的方式手段进行身份建构，突出公民身份，强化国家意识。在网络社会要充分重视国家符号的创建与传播，“将国家这个政治观念演化成亲历的体验、情感和日常的事物”。[①] 只有融入符号环境，创造特有的国家文化符号，标示国家核心价值，才能得到最大化的传播效应。政府在网络社会中要将现实国家标识和虚拟国家表征有机结合起来，提升国家认同效果。“国家认同行动的核心是公民对国家公共政治的参与。”[②]随着移动网络技术的不断进步，运用政务 App、微博、微信等新媒体传播政府信息，加强政府服务成为大势所趋，公民参与成为网络社会政治发展的重要推动力。第一，创造网络公民参与条件。“公民在成长过程中是在民主参与中相互教育、自我教育，生成为认同国家、忠诚于国家的负责任的公民。”[③]网络社会没有也不可能改变权力主体，政府应该强化服务意识，为公民的网络参与创造技术、政策、渠道、保障等不同条件，奠定网络公民参与基础。第二，激发网络公民参与动力。“现代国家必须调动各方面的积极因素来提升公民的国家认同感。”[④]公民自身的主动精神是取得良好参与效能的关键因素。网络公民参与的动力包括政府执政公信力、政治文化传统、法律制度安排、公民自身诉求等，要用网络技术精准识别公共需求，激发公共精神，保证公民权利，监督国家权力，从多方面完善激励机制。第三，培养网络公民参与水平。理性精神是网络公民参与的基本素质条件。多元价值并存是网络文化的表征，网络公民参与的价值观念需要

---

① ［英］戴维·莫利、凯文·罗宾斯：《认同的空间——全球媒介、电子世界景观与文化边界》，司艳译，南京大学出版社 2003 年版，第 90 页。

② 王卓君、何华玲：《全球化时代的国家认同：危机与重构》，《中国社会科学》2013 年第 9 期，第 19 页。

③ 韩震：《全球化时代的文化认同与国家认同》，北京师范大学出版社 2013 年版，第 147 页。

④ 吴玉军：《国家认同视阈中的社会主义核心价值体系》，《中国特色社会主义研究》2011 年第 4 期，第 73 页。

引导,既要强调个人权益,也要突出个体社会责任。网络公民参与能力内涵广泛,不同参与领域需要不同的能力水平,政府要重视引导网络社会中公民参与的方式方法。第四,规范网络公民参与路径。“因特网将彻底改变公民与国家之间的关系,政治家必须习惯公民更多、更直接地参与政治,对新型利益集团的出现也应该适应。”①政府要开辟网络参与路径,及时充分运用 App、VR、AR 等前沿技术,深化与非政府组织合作,提升政府服务质量,增强政府公信力。并且不断提高网络公民参与的制度化水平,促进公民与政府之间的良性互动,增进政治认同。

(三)公共精神。“塑造个人心理状态最重要的社会条件来源于生产、管理、分配的组织之中。”②网络社会组织是网络社会动员的主要场域,要发挥其在塑造国家认同中的作用,主要环节是组织自治和规范建设。网络组织自治中要充分发挥个体潜能,塑造主体归属感,社会动员才有实质意义。网络社会认同处于动态变化之中,自我认同的数字化危机会以不同形式重现出来,要解决自我认同与社会认同危机,实质上就是要处理好现实与虚拟空间的认同关系,通过技术开发、价值指引、制度安排等消解多重困境,重新建立新的自我概念、心理归属、人际环境与社会评价等,促使个体与社会获得协调稳定的认同氛围,进而共同发展。网络组织激励既包括国家为其发展提供支持和帮助,也包括虚拟空间中个体主体之间的协同共赢,共同发展,其中以公益众筹、互联网慈善等新兴社会组织兴起为代表。“群体行为的产生取决于人际吸引的情感动力。”③网络社会组织的积极影响是有效促进了成员互动关系的传递,借助不同的社会项目开展相应的活动,推动了公益文化等理念的推广,充分展现出互联网的传播优势,进一步增强了社会凝聚力。

① 刘文富:《网络政治:网络社会与国家治理》,商务印书馆 2002 年版,第 169 页。

② 李强:《社会分层十讲》,社会科学文献出版社 2011 年版,第 125 页。

③ [澳]约翰·特纳:《自我归类论》,杨宜音、王兵、林含章译,中国人民大学出版社 2011 年版,第 96 页。

而且，在互联网空间中，无数个体的介入大大增加了社会组织的透明化运作程度，压缩了“暗箱操作”的空间，提升了行业可持续发展能力。网络社会个体自主性充分发育，传统的价值系统被零碎的信息文化所解构，社会体系没有在新型公共空间中建立起来，社会认同情感与价值意义消失。“如果国家机构不能尊重人民的文化和认同，结果可能就是严重伤害人民的自尊心和自主感。”①网络公共领域是网络认同空间的代表，国家要提供保障和底线要求，创造理想的沟通情境。网络公共领域形式多样，微信、微博、QQ、直播等都渗透到个体与个体之间，群体与群体之间，以及个体与群体之间的多样化交流沟通领域。“不同群体中的不同个体被场景连接在一起，这种连接所创造的独特价值，会形成体验，促成消费，甚至创造个体生存意义。”②网络公共领域中国家应鼓励通过多样化的社会活动培育公共精神，公共精神的培育是网络社会活力和社会认同的基础源泉。国家要平衡个体、社会、国家的理性需求，避免国家权力的滥用，实现工具理性与价值理性追求的和谐统一。

（四）国家安全。“网络安全已经成为我国面临的最复杂、最现实、最严峻的非传统安全问题之一。”③网络社会的安全环境及国际关系发生巨大变化。网络主体脱离了现实安全环境，原有的约束机制濒临崩溃，国家安全机制亟待重建。网络社会总体国家安全构建要从网络生态出发，沟通虚拟与现实，确立相应的安全标准，夯实国家认同的环境基础。网络安全既需要不断加强技术开发，占领技术前沿，更要强调公民的安全责任，“我们对自己进行自愿的责任限制，不允许我们已经变

---

① Will Kymlicka, *Politics in the Vernacular: Nationalism, Multiculturalism and Citizenship*, Oxford: Oxford University Press, 2001, p. 33.

② 吴声：《场景革命》，机械工业出版社 2016 年版，第 28 页。

③ 中共中央宣传部：《习近平新时代中国特色社会主义思想三十讲》，学习出版社 2018 年版，第 259 页。

得如此巨大的力量最终摧毁我们自己(或者我们的后代)”。[①] 互联网的特性决定着网络社会关系更加自由开放,需要在更大程度上突出主体的自律性作用。网络自律是人表现自身能力的更高层次体现,是主体摆脱技术奴役,成就主体发展的必然路径。安全责任要求主体在网络社会中承担应有的言行后果。从主体自身来看,网络社会是自我虚拟发展领域,主体责任是虚拟发展的内在要求。从社会交往来看,网络社会是新型社会交往领域,主体责任是享有网络权利的前提条件。从国家竞争来看,网络社会是国家主权的竞争领域,公民负有维护主权的责任义务。国家可以通过技术引导、道德教育、媒介宣传、典型示范、习惯转化等不同手段突出安全要求,发挥互联网全时空、立体化、贴身化的传播方式重塑安全空间。责任意识的价值内化不仅需要规范制约,更需要在网络社会中突出人文精神和道德理想,用人文关怀和心理疏导来教化公民认同责任,吸引公民践行责任。网络安全文化能够给予网络主体心灵寄托,是主体在网络社会保持精神独立,国家保持自身影响的动力源泉,要在网络社会中重新发掘出意义系统,唤醒具有共同文化特质的“集体无意识”。互联网解构了自我认同的现实情境,为其提供了虚拟的认同空间。国家意识要成为自我认同的组成部分,国家共同体中的信仰、习俗、价值、传统、语言、思维等,要成为个体在网络社会中进行自我认同的价值塑造基础。国家要在网络社会的文化互动中不断吸收多元文化的时代特点,丰富自身文化内涵和意蕴,增强民族文化的传播效应。“文化是被实践的,并且是从实践中建构出来的。”[②]网络社会中公民需要通过实践行为体现社会价值,国家要把握公民在不同网络实践活动中反映的认同倾向,通过对自身文化的反省,对外来文化的吸收,在更高层次上实现国家认同。

---

① 甘绍平:《应用伦理学前沿问题研究》,江西人民出版社 2002 年版,第 112 页。

② [美]乔纳森·弗里德曼:《文化认同与全球性过程》,郭建如译,商务印书馆 2003 年版,第 311 页。

“以互联网为基础的网络化，不单单是组织和斗争中的一个工具，而且是一种新的社会交往、动员和决策形式。”①网络社会中的国家认同面临着信息化变革的挑战与机遇，不确定性和非均衡性成为常态，如何对其进行有效建构，增强网络社会的国家凝聚力，是互联网时代国家治理的重要命题。②

---

① ［美］曼纽尔·卡斯特：《认同的力量》（第二版），曹荣湘译，社会科学文献出版社2006年版，第159页。

② 参见陈联俊：《移动网络空间国家认同的变化与建构》，《宁夏社会科学》2017年第3期。

第五章　网络社会国家凝聚力的建设路径

网络社会国家凝聚力需要从不同方面来进行建设:注重社会主义核心价值体系的主导性,改善网络社会意识形态教育范式;从网络社会特性出发,探索网络社会群体凝聚力引导方向;依据网络传播的特点与规律,巩固网络社会文化软实力;探讨网络社会的自由限度和治理规范,推进网络社会秩序的良性发展。

第一节　网络社会意识形态的教育范式

"互联网及其新兴传播方式塑造了全新的话语权力平台,依靠信息流动和话语表达增强意识形态掌控权,成为当今思想文化领域斗争的重要方式。"①意识形态作为国家的"观念的集合",需要为国家提供辩护,反映经济基础特征和内涵,对社会存在产生反作用。网络社会意识形态环境变化,带来了教育范式转变。

一、网络意识形态教育理念变革

"不同的媒介可以激发不同类型的认知过程。"②在虚拟空间中,需

① 赵丽涛:《我国主流意识形态网络话语权研究》,《马克思主义研究》2017 年第 10 期,第 79 页。

② ［美］哈里斯:《媒介心理学》,相德宝译,中国轻工业出版社 2007 年版,第 25 页。

要运用互联网思维来进行意识形态教育。

（一）网络社会意识形态教育环境。“虚拟空间的出现是现代相对时空存在观的现实运用，使意识形态在时间和空间的维度上被重构，虚拟空间中的人、物和实践活动为意识形态在这一超时空场域中的延伸奠定了社会存在的基础。”[①]意识形态要成为现实物质力量，必须深入考察分析社会环境，并从社会基础出发开展教育活动，才能实现意识形态教育目标。网络社会中意识形态教育环境要素呈现出流动性、不确定性、多变性特点，技术更新代替自然因素，信息传输打破地理距离，网络据点替换居住空间，文化背景重于生活习性，教育环境系统从现实到虚拟的转换，决定着教育理念的更新。“一切技术都具有点金术的性质”，[②]都倾向于创造一个新的人类环境。网络社会中的意识形态教育环境既要注重作为主体的人的主观能动性，更要重视作为客体的人在虚拟环境中符号化演变，也就是说人在虚拟环境中符号化特质凸显出来，反过来会对人的主体性产生反作用。一方面网络社会中人的符号化形式由主体人选择和支配，主体人根据技术水平、个人取向、社会需要等变换自身在虚拟环境中的符号表现，并通过符号来体现出自己的情绪心理、价值判断、交往倾向等。符号就是主体人意愿和期待的表达，网络社会中的符号轨迹在一定程度上反映主体的行为模式。另一方面网络社会中人的符号化给主体自身带来言行及思维方式的变化。符号化是将人的现实性存在转变为虚拟性存在的关键，虚拟化的符号实质就是人的存在性分化的开始，由此人以符号为依托从事虚拟实践和虚拟交往，在虚拟环境下的主体活动方式、交往模式与心理体验产生改变，意识形态教育环境随之变化。

---

① 王涛、姚崇：《网络虚拟空间社会主义意识形态传播及其建设研究》，《北京师范大学学报（社会科学版）》2017 年第 2 期，第 100 页。

② ［加］埃里克·麦克卢汉、弗兰克·秦格龙编：《麦克卢汉精粹》，何道宽译，南京大学出版社 2000 年版，第 363 页。

（二）网络社会意识形态教育思维。“互联网是意识形态工作的主战场、最前沿。”①针对不同的意识形态教育环境，要采用互联网思维来进行教育设计。互联网思维是相对于工业化思维而言的一种思维方式，工业化思维体现的是人与产品之间的关系，更大程度上是用理性思维主导的关系思维，也可以说是工具性思维。人在工业化思维中为了实现目标，甚至可能不择手段，最后促使人本身成为机器的附属品，人被异化为工具性存在。但是，互联网思维不是人与技术的交换，技术仅仅只是中介，人才是最终的目的，无论是网络信息的交流、网络产品的交换、网络服务的应用、网络文化的推广等，最终的目标都是人的目的性实现。可以说在互联网思维中，必须要把人放在首要的位置，才能真正把握互联网思维的根本。而且，互联网思维中的人不仅是单一的个体，而是群体性存在的人，要意识到网络社会中产品、语言、信息、服务等都面临着万千用户的选择和判断，必须要接受用户的挑剔和责难，在激烈的竞争中凸显自身的优势和特色，尽可能地吸引用户、保持用户、激励用户，要学会跨界思考，从用户心理出发设计自己的产品，推销自己的服务，输出自己的信息，最重要的是要学会在网络社会中重建游戏规则，掌控着网络游戏规则的主体才有可能把握主动，占据先机，才能最终赢得用户，成为网络社会的主导者。

（三）网络社会意识形态教育理念。“随着互联网快速发展，包括新媒体从业人员和网络‘意见领袖’在内的网络人士大量涌现。……这部分人我们不去团结，人家就会去拉拢。要把这些人中的代表性人士纳入统战工作视野，建立经常性联系渠道，加强线上互动、线下沟通，引导其政治观点，增进其政治认同。”②网络社会中意识形态教育对象

---

① 中共中央宣传部：《习近平新时代中国特色社会主义思想三十讲》，学习出版社 2018 年版，第 220 页。

② 《习近平谈治国理政》第二卷，外文出版社 2017 年版，第 325 页。

存在方式的改变，传统教育模式遭遇极大的挑战和困境。要改善网络意识形态教育效果，就必须实现理念变革。第一，互动理念。要将价值教育与意识形态教育紧密结合起来，注重人文关怀和心理疏导，考虑意识形态教育受众的接受度问题，要把意识形态教育的重心从内容转移到形式上来，从单向度灌输为主的教育模式转向双向度互动为主的教育模式，网络社会意识形态教育效果必须在教育者与被教育者互动中得以体现和衡量。第二，主导理念。网络社会中意识形态必须要有坚定的价值坚守，不能放弃植根于自身文化传统、政治制度、民众期待、国家实际的核心价值，要将核心价值作为意识形态教育的基本内核。无论网络技术如何变化，价值内核不能改变，否则就会陷入技术陷阱，将工具理性凌驾于价值理性之上，失去意识形态方向，最终可能丧失意识形态主导权，危及意识形态安全和国家稳定。第三，包容理念。网络社会意识形态多元化是事实性存在，而且多元化关系是彼此交融、相互渗透的。极端的意识形态教育思维难以在网络社会中得到广泛认同，要想不断扩大意识形态的社会认同范围，尤其是在网络社会意识形态教育范式中，必须要对符合社会发展趋势和广大人民利益的价值范畴进行吸收和改造，使之成为增强意识形态凝聚力和吸引力的重要元素。

二、网络意识形态教育关系翻转

"意识形态在网络虚拟空间中的传播模式决定了意识形态话语权在虚拟空间中将如何实现。"[①]教育是教育者与受教育者之间的关系构建，对教育关系的透视和把握影响网络社会意识形态教育的成败。

（一）网络社会意识形态教育主体。"能否做好意识形态工作，事

① 王涛、姚崇：《网络虚拟空间社会主义意识形态传播及其建设研究》，《北京师范大学学报（社会科学版）》2017 年第 2 期，第 103 页。

关党的前途命运，事关国家长治久安，事关民族凝聚力和向心力。”①主流意识形态的目的是为现存政权辩护，提供政权存在的合法性依据，主流意识形态的话语权是由国家控制和把握，失去主流意识形态话语权的政权将会逐渐丧失合法性和存在基础。网络社会意识形态多元化特征明显，不同国家的意识形态在虚拟空间中夺取话语权，意识形态主体的影响范围被挤压，要想谋取更大的扩展力，必须要适应网络社会内在运行规律，充分发挥自身优势，在激烈的网络意识形态竞争中占据一席之地。“在网络空间中，主体作用的发挥对于坚持和加强马克思主义意识形态话语权建设至关重要。”②国家共同体是社会生活发展的产物，有什么样的社会就会产生什么样的国家。在现实社会中，人们主要社会关系是生产关系，国家共同体也是建立在生产关系基础之上，但是在网络社会中，不仅有基于生产关系的社会基础，也出现了基于网络关系的社会结构，国家共同体构成发生了更为复杂的转变。国家的实力基于生产规模和效率，国家实力越强，越有利于开展网络意识形态教育。但国家实力并不简单等同于网络意识形态影响力，国家需要将现实实力转换为网络意识形态主导力，才能进一步延伸自身的话语权。国家权力行使方式随着网络社会出现而改变，要巩固国家权力的权威性和有效性，必须要变换治理方式。现实社会治理更多地依赖于纵向权力结构，网络社会治理必须转向横向多元结构，意识形态传播机制发生变化。国家关系根本上是由国家利益所决定，国家关系变化也受国家利益影响。网络空间中的国家关系不仅受现实利益所影响，而且受网络利益关系所驱动。网络利益关系既包括国家利益，也包括公民群体和个体的利益关系。

---

① 中共中央宣传部：《习近平新时代中国特色社会主义思想三十讲》，学习出版社 2018 年版，第 213 页。

② 侯天佐：《网络空间中提升马克思主义意识形态话语权的对策》，《思想理论教育导刊》2018 年第 1 期，第 79 页。

（二）网络社会意识形态教育客体。“唯物史观是群众史观，将民意视为民心，将民意和民心视为最大的政治，争取民意是网络意识形态安全的重要任务。”①网络社会意识形态教育客体即受众，突出表现是可控性大大削弱。在传统人际教育模式中，教育对象越多，教育有效性边际效应递减。网络社会的无边界性特质从理论上将意识形态教育对象迅速扩大，彻底地改变了人数的地域局限性。现实社会中，意识形态教育可以通过对受众人口的精准控制，进而提升教育的影响力。网络社会中的人数规模加大了意识形态教育难度，国家无法通过传统模式有效地对网络受众开展意识形态教育。网络社会中意识形态教育对象不仅数量增加，而且来源复杂。从教育对象的利益诉求来说，网络社会中的个人利益、群体利益、民族利益、国家利益等交错纵横，难以分辨，不同利益主体都会在网络社会中寻求支持；从教育对象的社会意识来说，网络社会中的新自由主义、民主社会主义、新左派、新儒家、民粹主义、传统马克思主义、创新马克思主义等诸多社会思潮层出不穷，分化受众；从教育对象的文化背景来说，网络社会中不同民族文化、国家历史、社会习俗等广泛流传；从教育对象的政治倾向来说，网络社会中教育对象的政治认知、情感、价值、态度、信念等有个体差异，决定着意识形态教育的网络境遇。网络社会中人缘关系不稳定性大大增加，这既是由网络社会的技术基础所决定，也是由于网络社会关系的脆弱性存在，虚拟社会关系没有现实社会生活基础作为支撑和保障，网络技术更新带动网络社会关系改变。从网缘关系本身来说，主客体的非现实性交往，隐藏着人际互动的风险性。

（三）网络社会意识形态教育过程。“网络空间中虚拟主体在交往实践的基础之上形成了主体际意义上的新型的主客体关系。”②网络社

① 方世南、徐雪闪：《唯物史观视野下网络意识形态安全的民意基础》，《思想理论教育》2018 年第 1 期，第 30 页。

② 张再兴：《网络思想政治教育研究》，经济科学出版社 2009 年版，第 198 页。

会意识形态教育的主客体关系变化,也体现在教育过程本身的变化之上。网络社会意识形态教育是横向的传播机制,传播主体无法控制所有的传播环节,只能在传播交流互动中诠释信息,改变受众的认知和态度。网络社会意识形态教育通过对受众的认知、情感、意志和行为施加影响,从而达到转变思想,认同主流意识形态的过程。意识形态教育主体要利用网络技术展现自身的思想和观点,从网络受众视角出发,了解受众思想需求与意识形态之间的契合点,最大限度地在网络空间实现意识形态大众化。意识形态教育主体要回应网络受众的情绪心理,摆脱意识形态高高在上的单调形象,以丰富多彩的表现形式来贴近受教育者。从社会主义意识形态的人民性出发,充分考虑民众网络情感的个性化色彩,找准情感共鸣点,激发内在情感动力。意识形态教育主体不仅要让网络受众认知思想观点,而且要从内心产生认同和坚守,这是网络意识形态教育成功与否的关键所在。网络意识形态认同既取决于意识形态本身的价值主张,也在很大程度上受受众对意识形态理解程度影响,教育者要在网络空间中保持主流意识形态影响力,就要将意识形态与受众的网络生活方式紧密结合起来,在网络生活化中持续发挥认同作用。意识形态教育主体不仅要实现受众思想认同,还要通过网络行为来推动意识形态在网络社会实践化,这是网络意识形态教育的最终目标和归宿,从而维护主流意识形态在网络社会的主导权。意识形态需要将价值观念与受众的利益需求相互联系起来,让其在实践意识形态行为中实现自身利益,从而不断增进价值认同。

三、网络意识形态教育话语转换

“意识形态的转型的前提,是思维方式的转换和思维方法的创新。”①意识形态教育话语是将主流价值观念传递给社会的必要手段,

① 闫方洁:《自媒体时代意识形态工作研究》,人民出版社 2018 年版,第 251 页。

只有深入研究网络意识形态教育话语转换的方式方法，才能实现预期教育效果。

（一）网络社会意识形态教育场域。在网络话语系统中主体对话语境不再是主体间的场域关系，而是多维关系的组合。网络话语系统不是“我—你”之间的对话，而是“我—你—他”之间的对话语境。也就是说，网络意识形态教育不可能是彼此之间的对话过程，必须要面对教育过程中来自他者的话语干扰。在网络社会意识形态教育场域中，对话空间是动态空间，主客体之间存在着争夺话语权力的过程，都在扩张自身的话语建制逻辑。“以核心价值观为基础的网络意识形态话语权蕴含着认知图式、解释框架、思维方式，它在互联网传播过程中不仅生产知识、舆论和权力，而且还实现对舆论秩序的整理，并通过价值渗透、语言塑造等产生支配性力量，促使人们认同主流意识形态。”[①]网络话语在独特的虚拟空间中形成的主体话语规则，形成了独特的网络话语逻辑，同时与现实话语系统相互贯通、相互吸收、相互转化，共同推动社会语言系统的进步和发展。从网络社会意识形态教育场域构成来说，需要强调网络场域中信息知识的普及化问题。作为现实个体来说，对信息知识的获取和存储有限，意识形态教育主体占据着知识的普遍化优势，可以利用信息知识优势来对个体进行意识形态教育，引导和控制受教育者的认知思维方向和模式。但是，在网络社会中，个体同时拥有对普遍化知识或信息认知和运用的权力，信息优势对于教育主体来说已经消失，无法通过知识垄断来操纵受众思想，支配受教育者行为。而且，在网络社会意识形态教育场域中，新技术在不断更新创造民间话语体系，论坛、贴吧、QQ、微博、微信等新技术的出现，不断建构出新的舆论场域。在网络舆论场域中，教育主体不再是话语规则的制定者，需要适应网络舆论生成规律，把握舆论发展的节点，顺应舆论发展方向，疏

① 赵丽涛：《我国主流意识形态网络话语权研究》，《马克思主义研究》2017年第10期，第80页。

导民意,达成共识。

(二)网络社会意识形态教育语言。“网络大众化宣传要坚持以网民为中心的理念,话语表达要更丰富、多样,根据现实环境的变化不断完善网络话语,将理论术语与现实生活话语有机结合。”[①]网络语言是随着网络技术发展逐渐形成的语言形式,最大特色是打破传统语言习惯,超越常规语法,充分体现出网络表达的生动、活泼、自由、随意、便捷等特点,加快沟通效率,提升交流效果。网络语言的生命力取决于流传的效度和广度,在网络传播中越有效,范围越广,越能够发挥社会效应。“网络语言是互联网传播兴起之后最典型的群体行为特征之一,它成为互联网群体传播的表达方式。”[②]从网络语言发展历史来看,大多数网络语言来自网络民众的约定俗成,随着网络交往需要或网络兴趣热点不断变化,不稳定性尤为明显。网络社会意识形态教育语言要从网络语言的特点出发,改进自己的教育话语模式。“坚持主流意识形态内容表述的深入浅出是进行话语转换应遵循的理念。”[③]从意识形态理论本身来说,有自身的理论基础和话语体系,但网络社会中信息流动都是以碎片化形式流动,对于知识系统来说,碎片化不利于知识积累和完善,但是却有利于网络传播,尤其便于在网络社会不同场域空间中流动。意识形态语言碎片化是要将系统的理论语言转化为社会口语化语言,与网络生活特质紧密结合起来,用通俗化的网络口语解释社会现实,宣传政策观念,提出发展愿景等。意识形态语言要想得到网络民众的广泛认同和传播,比较有效的方式就是将意识形态语言“娱乐化”。“娱乐化”不是要改变意识形态的本质取向,而是从形式上加以调节,

① 刘永志:《西方意识形态网络渗透新态势及我国对策》,《马克思主义研究》2017年第12期,第104页。

② 陈静静:《网络语言的互联网群体传播本质及互动》,《当代传播》2017年第4期,第56页。

③ 谢玉进、赵玉枝:《网络主流意识形态传播的基本矛盾与优化策略》,《思想理论教育》2018年第8期,第80页。

充分运用幽默、讽刺、调侃等众人喜闻乐见的风格，使得意识形态面貌更为亲近民众。社会主义意识形态本身是为广大民众服务，从群众网络语言中汲取精华，还原到群众网络生活中去。网络语言在不断变动之中，意识形态语言不能固守不变，尤其要与年轻网络人群语言相互结合起来，成为网络青年群体的思想主流。网络青少年群体语言形态与其群体文化、思想动态、榜样偶像等联系在一起，网络意识形态语言要摆脱千篇一律的宣传模式，将个性化、立体化、新锐化等符合青年需求的语言特色充分展现出来，才能真正实现网络社会意识形态教育的实效性。①

（三）网络社会意识形态教育文本。“价值观的正确、合理和科学固然重要，但传播的技艺也很重要。”②现实意识形态教育受制于条件制约，难以对所有的教育资源进行有效整合，集中进行意识形态传播。但是，网络社会中意识形态教育文本内涵被大大拓展，动漫、音频、视频、游戏、图片、表情、符号等都可以成为教育载体。只有运用网络文本来开展网络意识形态教育，才能不断推进意识形态网络化进程。网络视频不仅是将文字转换为图像，更为本质的是将文字材料具象化，通过生动形象的表现形式来传递意识形态，进而在潜移默化中开展价值观教育，传承民族文化和国家精神。动漫是通过比拟、象征、夸张、隐射等艺术手法来描述社会，表达想象，突出观念。动漫在网络社会传播中具有强烈的娱乐性，能够迅速地通过合适手法来吸引公众、教育人民。网络意识形态教育中利用动漫技术来对意识形态进行艺术化处理，能够在相当程度上提升意识形态的接受度和认同度。大数据时代的来临，利用网络技术进行大数据收集、捕捉、处理、分析，可以为社会创造更大的价值。在意识形态教育中，充分发掘网络行为数据，可以观察网络民

① 参见陈联俊：《移动网络空间中感性意识形态兴起的价值省思》，《马克思主义与现实》2018 年第 2 期。

② 童世骏：《意识形态新论》，上海人民出版社 2006 年版，第 336 页。

众行为轨迹和活动区域,分析民众兴趣爱好及价值取向,进而大幅度提升意识形态教育的针对性和有效性。

四、网络意识形态教育路径拓展

在网络社会中,主流意识形态教育要从立足点、关键点、控制点等不同路径拓展自身影响,进而实现价值引领作用。

(一)网络意识形态教育的立足点。"互联网是一个高度自我管理的网络世界。"[①]网络意识形态教育的立足点在于网络意识形态环境的优化。只有营造出良性的网络意识形态环境,才能顺利开展意识形态教育。主流意识形态要在网络社会中占据主导地位,必须要高度重视自身的网络阵地建设,代表国家方向,发出主流声音。网络阵地建设要投入人力、物力、财力,把符合国家需要的互联网人才培养放在网络意识形态教育首位,既要求互联网人才有坚定的政治立场,也要求具备良好的网络媒介素养,能够灵活运用互联网技术,开展网络对话沟通,占据网络意识形态话语前沿。在网络阵地建设中,要高度重视新兴网络媒介技术,保证国家媒体与其无缝连接,防止主流意识形态阵地空白现象。网络社会思潮对社会意识和社会心理的影响力巨大,对网络社会思潮的辨析关系网络舆论风向。社会思潮的形成因素纷杂,既有历史文化的精神遗存,也有西方社会的价值思想,既有经济社会的推动要求,也有政治体制的变革倾向,既有积极正面的客观成分,也有消极负面的主观臆想。主流意识形态要在网络社会中加以甄别,组织力量对核心观点和本质诉求进行批判揭示,不能任由网络社会负面思潮发展壮大,蛊惑人心,误导舆论。网络社会本质上是技术社会,是以互联网技术为基础的虚拟社会,技术安全是网络意识形态安全的保障。重视网络技术安全是指国家要将互联网核心技术和前沿技术作为国家安全

① [英]安德鲁·查德威克:《互联网政治学:国家、公民与新传播技术》,任孟山译,华夏出版社2010年版,第309页。

战略进行顶层设计，充分考虑技术发展中的人文要素，避免工具理性支配价值理性。即使在商业层面的网络技术应用中，也不应忽视国家力量的地位和作用，这既是国家意识形态安全的基本要求，也是社会经济安全的重要保障。网络意识形态教育环境建设不仅依赖于国家和政府，更是社会和公民合力的产物。

（二）网络意识形态教育的关键点。“网络对国家政治秩序与政治稳定提出了挑战。”[①]在网络意识形态教育中，关键在于提升主流意识形态的影响力，占据网络空间的主流声音。在网络空间中，国家的存在形式发生变化，与个体之间的连接手段发生改变。大部分个体在虚拟场域中追寻属于自己的网络生活，国家意识逐渐被消解和重构。但是，在网络社会发展中，国家功能不能缺位，个体的国家意识不能消失。网络社会意识形态教育要将提升网络国家意识作为核心内容，发挥中华优秀传统文化的价值优势，树立爱国主义价值导向的网络主流倾向，对无视国家利益的网络社会思潮进行理性驳斥。国家利益是网络意识形态教育不可回避的话题，只有将国家利益转化为广大民众的内在诉求，才能依赖民众力量来保障网络意识形态安全。网络社会中网络群体的聚合力大大超越现实社会，网络群体是以内在需求为基础，超越地理距离的虚拟群体。网络群体意识对于网络主流意识形态既有挑战，也有机遇，关键是群体意识价值取向如何。网络意识形态教育要把握不同网络群体的价值倾向，从网络群体的人员构成、群体活动、舆论话题等不同层面掌握特点，将价值引导与解决需求相互结合起来。在网络群体意识形态教育中，树立主体间平等互动意识，既不能无视网络群体意识的酝酿发展，也不能简单粗暴地开展意识形态灌输教育，否则可能适得其反。网络社会意识形态教育不仅需要开展主流意识形态宣传，更需要培育网络公民意识。网络社会公民意识教育的核心是权利与义务

---

① 刘文富：《网络政治：网络社会与国家治理》，商务印书馆 2002 年版，第 396 页。

教育，要求公民在网络社会中既要学会主张权利，更要学会承担义务。公民需要在网络社会中增强自律意识，通过自身言行推动网络社会发展。网络公民意识的发生既需要公民良好的素质修养，也需要国家主体的规训引导。网络公民意识的形成无论对于国家、社会，还是公民自身都具有深远的积极意义。

（三）网络意识形态教育的控制点。“尽管我们确实极有可能拥有一个开放的、人人共享的网络，但仍有必要维护互联网的边界，并在这一新空间内构建防御体系。”①网络社会意识形态教育过程中，要准确把握控制点，掌握网络社会意识形态传播机理。“网络为马克思主义意识形态的传播提供了现代化的传播手段，拓宽了马克思主义意识形态话语权的渠道。”②网络据点是随着网络技术逐渐形成的网络个体或群体活动的场域，包括网络社会早期形成的论坛、空间、BBS 等活动场所，也包括随着网络技术更新逐渐出现的微信、微博、QQ、App 等移动应用程序。在网络社会中开展意识形态教育不能仅通过网页或网站来发布信息，要将意识形态理念通过网络据点来进行传播，使之进入网络传播快速通道，并采取切实可行方式推动传播进程。既要投入技术力量开发相应的网络游戏、视频、音乐、动漫等，也要结合网络热点，主动开展网络讨论或辩论等，占据网络舆论的主导话语权。在网络社会中，“意见领袖”的地位和作用非常重要，在网络事件中或是积极组织参与者，或是深谙内幕的利益相关方，或是掌握权力的规则制定者，在网络舆论中能够深刻影响事件发展方向。网络意识形态教育要将“意见领袖”作为教育的重点对象，深入了解其利益、背景、德性、趣味等，尽量争取价值立场上的支持和拥护，对与国家对立者要公开揭露其本质倾

① ［美］弥尔顿·L.穆勒：《网络与国家：互联网治理的全球政治学》，周程等译，上海交通大学出版社 2015 年版，第 30 页。

② 申文杰：《马克思主义意识形态话语权理论阐释与实践探索》，人民出版社 2017 年版，第 422 页。

向，让网络民众明辨是非，做出正确的价值选择。意识形态教育是为现存政权服务的教育，没有法治保障的意识形态教育难以实现目标。"对于自媒体传播不利于弘扬主流意识形态的内容要加强法治管理，加强执法力度。另一方面，加强法治教育，形成法治文化，通过法治保障网络主流意识形态引领作用。"①网络社会法治教育既要帮助民众了解网络法治的重要性和必要性，更要利用网络技术积极引导民众在网络社会中知法、懂法、守法。法治是社会发展的进步理念，在网络社会中积极开展法治教育，是建设法治国家、法治政府、法治社会的必要组成部分。

第二节　网络社会群体凝聚力变革引导

没有群体凝聚力就没有国家凝聚力。所谓群体凝聚力是指群体成员在共同的价值、目标、需求或规则下，逐渐形成的对群体的归属感和认同感。考察网络社会群体凝聚力变革机理对构建网络社会和谐秩序有着突出的价值和意义。

一、网络社会群体凝聚力的表现特征

"网络以及信息的流动，使那种曾经在民族国家中凝聚起来的经济、军事和文化权力发生了奥菲（Claus Offe）所说的'内爆'，即自上而下和自下而上地同时发生碎裂与侵蚀。"②网络群体构成有其内在规律，不同群体结构影响群体凝聚力强弱，进而在网络社会中发挥的作用不同。

① 张爱军、秦小琪：《网络意识形态去中心化及其治理》，《理论与改革》2018 年第 1 期，第 95 页。

② 张康之、向玉琼：《网络空间中的政策问题建构》，《中国社会科学》2015 年第 2 期，第 127 页。

（一）个性化与离散性并存。“在网络中，每个人都是一个节点，每一个节点都可以与其他节点之间进行多渠道、多方位的信息交流，从而打破了信息的单向传输，进而摧毁了所有的信息中心。”[①]网络个体有着强烈的自我意识，在网络群体中以高度独立的身份参与群体凝聚力建构。个体在群体中的身份认同以获得尊重作为前提，没有群体对个体自我表达的接受和包容，个体随时可能脱离网络群体，并对群体凝聚力产生负面作用。网络群体中个体的身份来源各不相同，在各自的生长环境中形成了性格气质、语言风格、思维模式、处世观念等，必须要在群体成员交往的磨合中增强凝聚力。如果网络群体与现实群体高度重合，群体成员之间关系密切，容易将群体关系推向深入，形成线上与线下互动，能够发挥出个体的现实特色优势。在网络社会群体组织中，个性化带来的负面效应是群体离散性突出，群体成员之间即使有一定的网络规约，但是难以形成真正的威慑力量。社会中群体成员之间虽然存在着人情礼仪、宗族传统、风俗习性等约束纽带，但是这些群体组织要素在网络社会中的作用大大减弱，影响网络社会群体的归属感和向心力。而且，网络群体成员成分复杂，加入群体的动机和心态不一，彼此之间也不可能保持非常密切的现实接触，个体的现实社会生活变化都可能改变网络群体的思想认识和交往行为。在微信、微博、QQ 群等网络群体中，不同群体成员之间也会发生人员迁移，即随着用户网络习惯的改变，原有网络群体成员会逐步向新型网络据点转移，从而发生人员、结构和组织权力改变，影响网络群体凝聚力变迁。即使是相同用户在不同网络群体中保留个体身份，但由于个体的时间和精力的有限性，不可能在不同网络群体中付出同样的关注和活动。

（二）异质性与同一性并存。“在这个巨大的信息场中，人与人之间并不是彼此隔离的，而是以兴趣爱好、价值理念、目标利益等因素为

① 张康之、向玉琼：《网络空间中的政策问题建构》，《中国社会科学》2015 年第 2 期，第 129 页。

组带形成了一个个虚拟社区。”[①]网络群体组织的异质性是指群体成员、群体价值、群体需求等不同方面存在差异，进而影响凝聚力在空间分布和力量大小上的不均匀性和复杂性。在现实社会群体中也会存在群体组织的异质性，但是网络群体组织更为突出，这是网络社会群体构成所决定。网络群体成员在不同群体中的存在状态不同，成员人数上的差距，必然会在网络社会产生不同的影响力。网络社会群体成员之间教育程度高低、互动频度差别、利益关联紧密、地理环境来源等，都会在群体凝聚力上有所表现。网络群体价值差异明显，取向各不相同，或是纯粹的兴趣爱好，或是共同的政治诉求，或是文化的内在信仰等，不同群体价值对群体凝聚力的作用机制不同。“人们在共同参与的仪式中共享意义，确认秩序，由此建构并维系一个具有强凝聚力的文化共同体。”[②]网络群体需求不同影响成员密切程度。基于情感需求的网络群体成员之间有较强的凝聚力，彼此之间不以网络群体作为工具性手段，信任度和归属感相对较高。基于利益需求的网络群体成员的功利性色彩较强，彼此之间更多的是相互利用的关系，利益目标的实现会在群体凝聚力上体现出来。网络群体凝聚力的同一性是指网络群体成员的结合大多基于自愿原则形成，强制性色彩较少，彼此之间从心理上存在相关性。如果在网络群体交往和群体活动中，心理相关性在不断增长，那么网络群体的归属感和向心力就会增加，网络群体的凝聚力就会不断提升。网络群体凝聚力的异质性与同一性之间既不可分割，又此消彼长，群体凝聚力的异质性以同一性为前提，没有同一性存在，异质性无所依托。反过来说，网络群体凝聚力的同一性以异质性为表现，没有群体凝聚力的异质性，同一性无所表现。

---

① 蔡骐:《网络虚拟社区中的趣缘文化传播》,《新闻与传播研究》2014 年第 9 期,第 9 页。

② 蔡骐:《网络虚拟社区中的趣缘文化传播》,《新闻与传播研究》2014 年第 9 期,第 12 页。

（三）积极性与消极性并存。“虚拟社群应是一个经由网络互动性、想象性经验及文化建构出来的虚拟实境，也是一种意义和社会控制的系统。”[①]网络社会群体凝聚力的形成对于国家凝聚力来说，有积极意义，也有消极影响。网络社会中国家凝聚力的形成不是一蹴而就的，而是建立在网络社会无数个体和群体的组织之上，只有网络社会群体组织有强大的凝聚力和向心力，国家凝聚力才会牢固地建立起来。反过来说，如果网络社会个体和群体都处于混乱无序的状态之中，国家凝聚力也就无从谈起。网络社会群体凝聚力的形成可以为网络个体与群体逐步确立网络行为规范，有利于网络社会的内生秩序形成。在网络社会国家凝聚力生成之中，由于网络社会群体的多样性和复杂性，国家必须要依赖于网络群体对个体的统摄和引领作用。在网络群体凝聚力的构建过程中，无形之中帮助国家进行社会秩序的协调和平衡，帮助个体适应虚拟空间，找到自己与他人在网络公共领域中的相处之道。网络社会群体凝聚力既关系群体自身在网络社会的生存和发展，也关系国家和个体在网络社会中的地位和作用。网络社会群体凝聚力对于国家凝聚力的正面价值有内在前提，就是网络群体凝聚力的目标指向与主流意识形态有内在的契合度，两者有共同的价值取向以及舆论支持。如果网络群体凝聚力中的价值观念与主流价值观背离，两者之间的对抗性就会不断增加，甚至出现网络群体性事件，危及国家主流意识形态安全。“存在于网络虚拟社群中的群体同质化趋势或群体极化现象造成对社会的离心作用，从而异化文化价值认同与文化凝聚。”[②]网络群体凝聚力越强，消极效应影响越大，要消除其威胁，国家需要付出更大成本实现网络社会稳定。而且，网络社会群体形成消极效应以后，还可

① 杨嵘均：《网络虚拟社群对政治文化与政治生态的影响及其治理》，《学术月刊》2017年第5期，第75页。

② 杨嵘均：《网络虚拟社群对政治文化与政治生态的影响及其治理》，《学术月刊》2017年第5期，第83页。

能与现实群体形成互动,从线上发展到线下,带动现实社会群体的对抗情绪和舆论风向,对国家形成内外压力,改变政治生态环境。

二、网络社会群体凝聚力的形成过程

网络社会群体凝聚力的形成遵循由外及内、由内及外的循环过程,在这个过程中群体意识的变化对于群体凝聚力有着潜在的影响。可以说,群体意识的变化过程就是群体凝聚力的转变过程。

(一)群体凝聚力的发生。“人的意志在很多方面都处于相互关系之中。”①群体总是由不同数量的个体集合而成,网络群体凝聚力的发生离不开网络社会个体力量的集聚和会合。网络社会群体形成原因复杂,不同个体加入群体的动机多变。任何的网络社会群体都不会无缘无故地自发产生,即使是随机性群体组合,也会存在群体发起人。网络个体的语言、行为、符号等,都可能在有意无意之中成为网络群体的发起意向。发起人角色对于群体凝聚力而言,就是群体存在的象征,在无形之中代表着群体的期待和希望。网络群体一体化是群体凝聚力形成的关键性步骤,是指群体成员之间相互交往的程度和效果。网络群体形成以后,成员之间的相互交流不断加深,沟通频繁,理解深入,不同群体成员之间的影响力逐渐增加,对于个体的价值驱动越来越大,个体对网络群体的认同感和归属感也就相应地提升。网络群体虽然不像现实群体的纵向结构特征明显,但是不同个体在网络群体中也会有不同的角色分配。群体角色意味着个体在群体中的地位和价值,一旦个体认识到自身在网络群体中的角色位置,并能够接受自我定位,则意味着从个体角度来说,已经在心理上认同网络群体与自己的关系建构。“虚拟社群为虚拟自我建构中的个体自我、关系自我、集体自我提供了新的框架性的结构。”②在网络群体中,群体凝聚力出现表示群体从形式上

① [德]斐迪南·滕尼斯:《共同体与社会》,林荣远译,商务印书馆 1999 年版,第 52 页。

② 马忠君:《虚拟社群中虚拟自我的建构与呈现》,《现代传播》2011 年第 6 期,第 141 页。

接纳了个体,个体也承认群体价值存在。

（二）群体凝聚力的发展。“虚拟社群中的共识源于成员的实际目的、兴趣等,最主要的体现是成员间对于‘所处的沟通情境’的认同。”[①]网络群体在持续发展,群体凝聚力始终处于动态建构之中,体现出一定的规律。网络群体凝聚力的深化建立在群体成员之间关系发展的基础之上。网络群体关系的发展在于群体成员彼此的吸引和交流,在网络群体内部的沟通过程中,群体成员来源广泛,个体能够从其他成员身上获得信息和资源,会从情感和心理上不断巩固群体凝聚力。网络群体成员之间关系强化以后,个体会对群体产生依赖感和归属感,能够不断从群体中获得支持和鼓励,也会逐渐遵循网络群体的规则和要求。在这个过程中,个体的个性化意识和批判性思维会在一定程度上降低,从而加剧了网络社会群体“沉默的螺旋”现象的出现,甚至出现网络群体极化现象。这些现象对于个体来说,并不一定是主动选择要求,但却是网络群体的同化结果。网络群体同化个体的时间越长,对个体的影响越大,个体在长期的网络群体生活中逐渐陷入群体思维模式,用群体的立场、观点、方法等对信息进行加工、判断和表达,不知不觉中使自己的思维方式与群体利益相互符合。从网络群体凝聚力的角度来看,群体思维显示出群体凝聚力达到相当高度,个体与群体之间的隔阂消失,群体内部形成了较强的吸引力和向心力。

（三）群体凝聚力的演变。“场域是力量关系——不仅仅是意义关系——和旨在改变场域的斗争关系的地方,因此也是无休止的变革的地方。”[②]网络群体凝聚力的形成与发展有特定的过程,与网络社会的虚拟场域特性密不可分,群体环境与群体成员都会受不确定因素影响。现实社会群体一旦形成以后,群体内部会形成相对封闭的信息环境,外

---

① 马忠君:《虚拟社群中虚拟自我的建构与呈现》,《现代传播》2011年第6期,第140页。

② [法]皮埃尔·布尔迪厄、[美]华康德:《反思社会学导引》,李猛、李康译,商务印书馆2015年版,第130页。

部信息输入群体的速度和效率相对较低,难以在短时间内对群体凝聚力产生冲击性改变。由于网络群体立足于虚拟空间,信息更新迅速,传输量巨大,与群体相关的信息都会及时进入群体内部交流,形成群体互动,影响群体意识,改变群体生态。现实社会群体成员有其特定的社会身份和角色,群体通过成员识别可以实现对个体的身份定位,进而用社会关系来约束其群体行为。网络群体构成虽然也存在实名注册要求,但是群体成员的匿名性仍然普遍存在。在个体网络身份匿名情况下,自我的道德约束感和责任心无形降低,对网络群体的忠诚度也就相对削弱,从而加大群体凝聚力下降的风险。网络群体成员来源广泛,既有现实社会关系的延伸,也有虚拟社会关系的建构。群体成员内部关系构成相对脆弱,即使网络群体对个体的精神感召力强大,也难以赋予个体现实社会生活的所有需求,个体必须要在现实关系中生存和发展,随时可能摆脱对网络群体的精神依赖和寄托,造成网络群体凝聚力崩溃。

（四）群体凝聚力的衰减。“群体边界的开放性构成了网络社群的基本特点。”①网络群体凝聚力在一定时期内逐步上升,但是经过阶段性发展以后,逐渐走向衰减,乃至消失。网络群体的形成有其特定的目标任务,可以说群体目标是网络群体存在的依据。群体目标可以是信仰、利益、情感、兴趣等物质或精神追求,可以是显性或隐性目标、现存或预设目标、长远或暂时目标、个人或社会目标等。网络群体目标为网络群体成员的加入或留存提供了期待或愿景,如果网络群体目标消失,就会给网络群体带来离散情绪和心理,进而逐步解构网络群体凝聚力。网络群体关系虽然相对自由,但是群体成员仍然存在身份角色。在群体交往互动之中,不同身份角色的个体之间也会出现矛盾和冲突,如果得到理性处理,就能够维持群体关系。反之,网络群体成员如果在价值观念、利益分配、决策方案等重要问题上出现分歧,难以达成共识,则网

① 庞正、周恒:《场域抑或主体:网络社群的理论定位》,《社会科学战线》2017 年第 12 期,第 190 页。

络群体关系就会破裂,造成群体凝聚力丧失。网络群体信息来源广泛,与现实社会信息流动相互贯通,这既是网络群体保持信息开放的基础,也可能造成信息失真的问题。在网络群体中,由于信息来源路径繁杂,如果群体没有信息过滤机制,就可能使得失真信息流传,造成群体内部不信任心理蔓延,逐渐解构网络群体凝聚力。

三、网络社会群体凝聚力的影响因素

网络社会群体凝聚力环境是虚拟空间,不同性质的网络群体凝聚力来源不同,不同结构的网络群体凝聚力大小不同,不同状况的网络群体凝聚力强弱不同。

(一)虚拟环境。“网络世界中不同的主体在相关规制之下,自主地参与社会建构的过程,而在这个过程中,技术平台的特性决定了他们的行为逻辑。”①网络社会群体在虚拟环境中生成,虚拟场域的变化对群体凝聚力产生影响。网络社会的互联共通性使得不同网络群体之间有着不可分割的联系,群体境遇各不相同,共同成为虚拟空间秩序的组成部分。“互联网以其特有的方式改变了我们的心灵世界、延伸和隐喻了我们的身体,并且为我们的心身同一性寻找到了一个理想的‘场域’。”②在虚拟空间中,现实社会秩序被颠覆,性别、年龄、种族、外貌、家庭、身份、地位、财富、声望、区域等社会交往因素的价值影响发生变化,人们在虚拟环境中重新组合,形成了两类网络群体。第一类是以现实社会关系为基础的网络群体,这类交往群体的凝聚力以现实社会关系的强弱为前提。第二类是以虚拟社会交往为基础的网络群体,交往目的和交往场域都在虚拟环境中生成,群体凝聚力在主体身体“缺场”下形成,由主体虚拟生活体验和精神感受的比重所决定。网络技术构

① 张文宏:《网络社群的组织特征及其社会影响》,《江苏行政学院学报》2011 年第 4 期,第 68 页。

② 唐魁玉:《虚拟空间中的心身问题》,《哲学动态》2007 年第 4 期,第 34 页。

建的虚拟社会中充分展现出共享特性，信息资源在网络平台上互动交换，网络群体的内外环境共通共存，而且随着网络技术的更新进步，技术价值越来越开放互通。网络群体关系随着技术变化不断地分化组合，群体凝聚力始终处于动态调整之中。尤其是在虚拟现实技术的发展过程中，虚拟与现实之间的界限更加模糊，运用虚拟现实技术的个体同时受到来自不同虚拟与现实环境的直接影响，必然会给网络群体凝聚力带来诸多变数。

（二）群体性质。“网络群体的形成正是来源于网民在虚拟世界中不同的角色担当和身份建构，通过依托互联网电子沟通的方式在不同时空聚集，进行社会交往，形成了各式各样的网络社群。”[①]网络经济改变了现实经济活动规律，重新构建了利益分配机制。在网络利益群体中，群体凝聚力来源是经济利益，只有能够为群体成员源源不断地提供利益来源，才能始终保持群体内部的吸引力和向心力。在网络利益群体中，利益来源越广，利润率越高，群体影响力越大，从而对内部成员的凝聚力越强。反之，网络利益群体失去利益依托，就可能崩溃瓦解。政治群体的价值导向是政治理想和政治诉求，集中体现群体成员之间的政治凝聚力。在网络政治群体中，既有符合主流政治价值的群体组合，也有倡导非主流政治价值的群体构成，甚至有反主流价值的群体存在。多重政治价值的复杂并存，给网络政治群体凝聚力带来的挑战与冲击异常激烈。政治群体必须要适应互联网传播规律，最大化地运用网络新媒体技术阐释政治主张，传播政治愿景。互联网为兴趣爱好相同的人群提供了广阔的交流平台，网络游戏等娱乐活动也为诸多群体开辟了全新的趣向爱好，吸引了社会注意力，创造了新型网络群体空间。趣向群体凝聚力来自于群体对兴趣、爱好、娱乐的交流互动，激发群体的趣味程度是保持群体凝聚力的关键所在。趣向群体类别混杂，对社会

---

① 周建新、俞志鹏：《网络族群的缘起与发展》，载于姬广绪主编：《网络与社会——互联网人类学研究前沿》，社会科学文献出版社 2018 年版，第 224 页。

发展的功能不一，需要甄别对待。网络空间中既有逐利群体，也有情感群体。情感群体既有现实亲情、友情、爱情的延续和发展，也有虚拟空间逐渐培养起来的情感关系和活动。在网络情感群体中，人的情感需求占据首位，成为凝聚关系的关键性因素。只有在网络空间中不断培育情感载体和情感纽带，才能保持网络情感群体的凝聚力。

（三）人员结构。“群体的社会网络对于集体行动的生发有着非常重要的影响。”①网络社会群体人员构成复杂多变，对网络群体凝聚力产生内在驱动或解构作用。熟人群体是指在现实社会中有一定交往关系，彼此之间产生社会互动的网络群体。这种群体成员之间有一定的社会基础，相对来说信任度较高，在虚拟空间的群体凝聚力较强。“网络技术使家庭、族群、兴趣相投的人之间的联络更方便，巩固了已有的社群。”②网络熟人群体关系也有层次区分，在中国文化群体中，家族亲属网络群体之间的关系最为紧密，其次是工作关系的网络熟人群体，彼此之间需要配合互动，再次是现实朋友关系的网络熟人群体。生人群体是指在虚拟空间通过不同途径和方式结合而成，彼此互动交往的网络群体。网络生人群体交往工具是网络技术，交往领域是虚拟空间，彼此生活环境存在隔阂，相对而言信任度较低，群体凝聚力差异较大。如果网络生人群体成员之间存在较强的交往动机和互动欲望，则群体成员之间凝聚力不断增强，甚至延伸发展至现实交往，成为熟人群体。反之，交往不畅，则会带来群体解体和成员解散。如果在网络群体中既有现实社会交往的熟人成员，也有虚拟社会交往的生人成员，群体凝聚力高低关键在于现实熟人群体能否发挥自身号召力和吸引力，只有不同群体成员之间的关系协调，才能够共同成就网络群体凝聚力。

---

① 曾鹏：《群体网络与集体行动生发的可能性》，《浙江学刊》2009 年第 1 期，第 196 页。

② ［法］埃里克·麦格雷：《传播理论史——一种社会学的视角》，中国传媒大学出版社 2009 年版，第 208 页。

（四）群体状况。“群体意识的酝酿、发育过程是一个渐进发展的过程。”①在网络群体中，群体自身状况会在不同时期改变群体凝聚力强弱。在网络群体中，群体成员能够找到自己位置，并且能在网络群体中实现自身价值，那么网络群体对成员的吸引力增加，群体凝聚力就会增强。而且网络群体成员能够不断获取信息或资源，满足自身需要，丰富自身体验，支持自身发展，那么网络群体成员之间的交往互动无形之中不断促进群体凝聚力。互联网技术最大的特点就是信息公平，网络群体中公平感对于群体凝聚力有着不可忽视的作用。也就是说，网络群体成员之间对于自身和他人在群体中的地位和价值有比较准确的认知，并且对现在的群体地位结构比较满意，群体成员之间形成良性互动。“人们希望在社群中获得心理上的满足感，包括归属感、自豪感、安全感等。虚拟社群确实满足了其成员在这方面的要求。”②互联网群体存在于虚拟空间，可以借助于网络技术扩大自身影响力，但是网络群体影响力扩大需要有独特的优势和特色，否则难以在信息海洋中获得持续关注。网络群体影响力越大，群体凝聚力越强。网络技术不断更新变化，新技术替代旧技术是虚拟空间不可逆转的趋势。网络群体建构的基础是互联网技术平台，在不同技术工具中建立的网络群体也会随着技术更新而变化。凡是符合技术发展趋势的网络群体就会越来越壮大，而且网络群体的价值取向也会对群体发展产生驱动作用，符合社会价值需要的网络群体会逐渐扩大自己的规模，施展自己的能量。

四、网络社会群体凝聚力的引导策略

网络社会群体凝聚力需要进行一定的引导，可以从任务导向、群体规范、“意见领袖”、激励机制等方面着手，逐步促进网络社会国家凝聚

---

① 陈联俊：《网络社会中群体意识的发生与引导》，《政治学研究》2010 年第 2 期，第 90 页。

② 陈晓强：《虚拟社群：一种新的、真实的社群形式》，《社会》2002 年第 9 期，第 43 页。

力增长。

（一）任务导向。“网络社群不应仅被视为管理和防范的对象，更应作为社会治理的重要力量。”①网络群体离散性突出，要保持群体凝聚力需要为群体存在与发展提供任务依据。虽然互联网空间信息来源广泛，信息传播速度迅速，但是不同网络群体对信息需求量和需求方向各不相同，网络群体要维持自身的凝聚力就应及时推送成员所需信息，并且与现实社会保持密切互动，洞察社会动态，了解群体需求，成为群体成员准确、有效的信息资源库。网络群体凝聚力包括情感凝聚力，网络群体要对群体成员的情感需求有体察感受。虽然网络群体存在于虚拟空间，通过成员言行举止来判断情感动态有一定难度，但是群体成员在群体中的表现也可为推断情感状况提供参考依据，从而为活跃群体氛围做出改变。网络群体都有自身的价值取向，这种价值取向是由群体需要所决定，价值取向能够反映出网络群体与社会需求之间的契合度。网络群体凝聚力来源既要考虑群体成员的价值追求，也要考虑群体价值与社会价值之间的关系，尽可能在两者之间取得平衡，从而既为个体实现价值提供平台，也为群体实现发展提供机会。网络技术日新月异，网络群体只有在动态发展中不断完善自身，才能始终保持强大的吸引力和向心力。网络群体发展既包括群体环境、群体结构、群体互动、群体目标、群体文化等方面的优化进步，同样包括群体成员个体自身的知识、能力、素质、水平等多方面的完善发展。只有网络群体与个体始终保持不断发展态势，才能适应网络社会发展要求。

（二）群体规范。群体需要规范约束，才能保持群体活动的延续和统一。“群体规范在群体成员的共同活动中一经形成，便具有一种公认的社会力量，它通过不断内化为人们的心理尺度，而在个体社会化的

① 陈氚：《构建创新型网络社会治理体系——以网络社群治理为分析对象》，《中国特色社会主义研究》2017 年第 6 期，第 90 页。

过程中发挥出积极作用。”[①]网络群体需要遵循一定的运行规则调节个体行为,保持群体关系的和谐协调以及群体目标的实现。网络群体规范通过教育和约束两方面来实现:一是通过群体成员之间的相互约定,逐渐形成群体活动观念,加入网络群体的个体都在自觉或不自觉中适应群体观念要求,进而成就特有的网络群体文化。群体观念对个体的压力虽然不是强制性,但是会在人际互动和心理情感上产生压迫感,使得违反群体要求的个体可能被孤立、排斥或歧视,从而迫使成员遵守。另一方面是通过网络技术手段来对群体成员的言行或活动进行限制,保障网络群体场域的生存和发展。网络群体形成的基础是互联网技术平台,不同的技术特性可以创造不同形式的网络群体,如微信群、微博群、QQ 群、贴吧群、论坛群、视频群、游戏群、商业群等,无论网络群体形式如何变化,但对技术应用的依赖始终存在,网络群体也可以运用网络技术来规制群体成员交往模式,实现群体要求。由于网络群体之间互通共享性存在,相同类型的群体规范要求相同或相似,保持个体在不同群体之间的自由流动,对网络群体凝聚力有无形冲击作用,需要注意网络群体规范的差异形式,通过不断改善和提升网络群体内在交往层次和品质,实现网络群体价值。

（三）“意见领袖”。“网络社群,它作为中间群体联系了个体和社会,作为权力网络中的一元权力主体参与到社会权力和国家权力的互动博弈中。”[②]网络群体成员之间交往互动频率各不相同,个体对群体的影响力有较大差异,部分成员能够在网络群体中起到舆论引领、意见主导、增进交流、活跃氛围作用,可称为“意见领袖”。开创者在群体规范和群体文化的形成上占据不可忽视的地位,对于群体凝聚力有着内在促进作用。要引导网络群体发展方向,可以通过培养群体创始人的

---

① 时蓉华:《现代社会心理学》(修订版),华东师范大学出版社 2007 年版,第 363 页。

② 张华:《网络社群的崛起及其社会治理意义》,《编辑之友》2017 年第 5 期,第 53—54 页。

方式,不断开创新型网络群体,带动网络文化良性发展。网络舆论总是在互动交流中酝酿发生,群体活跃分子对于群体舆论走向有着显著影响。网络群体活跃分子能够为群体成员提供最新信息、沟通个体有无、协调群体关系,从而为维系群体运行起到推动作用。善于发掘和利用网络群体活跃分子来控制信息流通节奏,是网络社会治理的必要手段。网络群体开创者可能成为领导者,但在相当多的网络群体中,由于利益、政治、趣向、习性等缘由,群体自觉或不自觉地会对在德性、资源、能力、水平等方面占据优势的成员产生偏向,拥护支持其观念言行的人越来越多,这部分人逐渐成为网络群体领导者,对群体产生倾向性影响。要增强网络群体凝聚力,发挥群体领导者的号召力必不可少。网络群体研究者在群体领域有一定的学识、见解和立场,能够在群体关注的信息舆论上发表意见,并得到关注和支持。专家、学者、媒体、知识分子等具备知识基础或实践经验,在网络群体中能够引发舆论转向。

(四)激励机制。"网络社群突破了原有社会组织的构建方式,通过蜂群思维模式,飞速地自组织为独特的网络群体,并在自组织过程中表现出去中心化、反权威、割裂式的后现代主义倾向。"①网络群体凝聚力需要保持人员合理流动和交往互动,将群体内生动力和外部压力有机结合起来,形成良性竞争氛围,创造群体特色文化。网络群体成员来源广泛,背景不一,需要为群体成员创造群体目标,提出群体发展方向。尤其是要在网络群体中对个体目标与群体目标进行有效整合,将两者统一起来,找到契合点,起到凝聚人心作用。当网络个体目标与群体目标发生矛盾时,既要考虑群体利益,也要兼顾个体利益,避免群体矛盾扩大,带来群体分裂危险。在网络群体目标实现过程中,还需要不断强化正面激励,巩固群体意识,推进目标进程。网络群体多元化色彩浓厚,诸多网络群体成员之间存在着志向、兴趣、爱好、特长等方面的一致

① 李志雄:《网络社群的变迁趋势和负效应》,《当代传播》2013 年第 3 期,第 19 页。

性，要维持网络群体凝聚力，必须要深入挖掘群体成员内在动力，激发团队意识，调动个体积极性，促使网络群体成员之间协调互助，取长补短，在不同的群体角色中发挥出自身优势和特点，增强群体信心和力量。网络群体成员之间存在差异、矛盾和冲突，为群体发展带来生机和活力，要增强群体凝聚力，必须要对群体冲突进行有效管控和治理，将冲突控制在合理幅度之内，避免极端化事件发生，带来无法挽回的后果。网络群体心理疏导就是开展群体活动，维持群体规范，建立群体成员之间的信任感。社会心理学研究表明，群体在遇到外来压力或威胁时，群体的凝聚力会相应提升。网络群体需要创造条件引进不同形式的压力因素，从而激活个体成就动机，增进群体绩效。一方面网络群体要不断保持与其他群体之间的交流沟通，比较群体差距，形成开放刺激机制；另一方面要在群体内部成员之间提倡构建良性竞争机制，避免群体内部阶层固化现象出现，形成动态调整趋势。

“网络空间中的社会群体，可以通过信息交流沟通形成影响不断放大的力量，并进而转化为改变社会秩序的强大动力。”①网络群体形态会不断变化和发展，要增强网络社会国家凝聚力，需要充分重视网络群体舆论和群体结构变迁，将改进网络群体治理作为国家治理现代化的重要组成部分。

第三节　网络社会文化软实力强化保护

文化软实力是国家凝聚力的核心力量。网络社会文化软实力事关国家凝聚力良性环境营造的根本，要将强化和保护国家文化软实力作为推进国家凝聚力的主要方面。

① 刘少杰：《网络空间的现实性、实践性与群体性》，《学习与探索》2017 年第 2 期，第 41 页。

一、坚守网络社会的核心价值体系

文化的核心是价值观,需要确保社会主义核心价值体系持续稳定地在网络社会发挥影响作用。“要十分重视其与法律规范和道德规范之间的辩证关系,遵循价值观和法律规范、道德规范的特点,在它们的结合和互动中寻求契合点,有效推进公民价值观教育。”①

(一)社会主义核心价值体系的网络场域。价值观的形成有着特定的规律。不同的价值主体在价值场域中形成不同的观念,反过来支配主体的思想和行为。在网络社会中,价值主体的存在环境、交往方式、发展空间等发生了根本性变化,从不同层面影响社会主义核心价值体系的价值作用。从存在环境上,主体不再以真实的身体固定于时空维度之中,而化身为多样符号隐身在网络技术构建的虚拟空间,主体的价值能动性大大增强,不再受制于现实社会价值环境的约束。社会主义核心价值体系与主体之间的作用关系发生了变化,价值体系必须要依赖于自身的价值魅力来吸引价值主体。从交往方式上,主体之间不再是以面对面为主要交流手段的沟通联络,而更多地依赖于网络技术中介提供的传播工具,全方位、全时空、全人员地交往打破了现实时空局限,大大拓展了人际交往范围和领域。社会主义核心价值体系传播方式随着交往方式而改变,必须要适应网络社会交往时空特点,融入到主体互动的方方面面。从发展空间上,网络社会中人的发展凸显出虚拟发展的特质,呈现了建立在虚拟社会关系基础上的虚拟实践活动特性,开辟出与现实社会完全不同的发展路径,进一步丰富了人的本质性力量。社会主义核心价值体系需要在网络社会中与人的发展同步协调,融入到人的虚拟发展路径之中,抵制网络社会中不良价值倾向对主体的侵蚀和误导,成为保证人的虚拟发展的价值力量。

---

① 李泽泉:《德法并举:规范视域下的公民价值观教育》,《中国特色社会主义研究》2016年第5期,第58页。

（二）社会主义核心价值体系的网络挑战。“随着互联网技术的普及，主流价值的认同建构成为优化网络空间社会秩序的新课题。”①在网络社会中，社会思潮和价值观念的多元多样多变是现实社会无法比拟的，所有的思想观点都必须要在公开传播中接受网络大众的理性审视和批判。“由于发达国家利用其经济、文化和网络技术优势，不断通过各种方式在网上渗透其意识形态、推行其价值观念，给发展中国家的网络文化安全带来了严重挑战。”②在网络社会中，社会主义核心价值体系与西方价值文化并存，两者之间存在着价值冲突，甚至是价值对立。价值主体都有自身的教育经历、社会活动和人际关系等个性背景，从而形成不同的价值倾向。价值主体在进行价值选择和价值判断时，需要开展价值分析和价值比较，进而决定自己的价值行为。网络社会为价值主体自主选择价值观念提供了无限空间。在网络社会中，尤其是随着移动互联网技术的普及式发展，价值传播从理性传播为主转向感性传播为主，从线性传播为主转向立体传播为主，从官方传播为主转向民间传播为主。也就是说，传播范式发生了根本性变革。社会主义核心价值观要最大限度地发挥效用，就必须要迎接传播挑战，适时转化自身的传播方式和手段。价值观念要在发挥价值功能中体现社会影响，网络社会环境复杂多变，价值功能的不稳定性和不均衡性成为常态。社会主义核心价值体系的功能发挥不可能一帆风顺、一蹴而就，必然以长期曲折的价值影响体现出来，要坚持不懈地进行社会主义核心价值体系的网络功能开发。

（三）社会主义核心价值体系的网络机遇。在网络社会中，社会主义核心价值体系既需要面对多重挑战，也将迎接前所未有的时代机遇。

---

① 陈联俊：《网络空间中主流价值认同的分化与重塑》，《中国特色社会主义研究》2017年第6期，第72页。

② 赵惜群、许婷、翟中杰：《国外网络文化建设的经验及其启示》，《当代世界与社会主义》2013年第1期，第88页。

在现实社会中，社会主义核心价值体系在很大程度上依赖于教育体制和科层体制的纵向传播，但在网络社会中，网络技术的集成性极大地丰富了社会主义核心价值体系的传播渠道，拓展了横向传播的可能性。个体与个体之间、群体与群体之间、个体与群体之间都开辟了价值传播的时空路线和社会主义核心价值体系的传播空间。社会主义核心价值体系在网络社会中可以通过不同的价值符号来进行流动传播，“对这些符号所表征的意义进行深度加工，如意义预设、意义诠释、意义组合、意义连接、意义引申或意义延展、意义更新、意义再造等。在此基础上，构建为网民所喜闻乐见的官方网络话语模式”，[①]不仅可以融入国家的宣传机器，可以融入民众的公共生活，还可以渗透到个体的私人空间，从而无孔不入地成为社会生活的有机组成部分，充分地发挥出自身的价值导向作用。在网络社会中，不同的社会资源都可以通过网络实现共享配置，节约了时间和经济成本，最大化地提高了资源利用效率和效果。价值观念虽然属于主体精神世界，但是同样需要坚实的物质基础和广泛的社会资源作为强劲的社会后盾，增强价值观念的说服力和吸引力。社会主义核心价值体系在网络社会中可以实现对社会人力、物力、财力的充分整合利用，将精神指引和物质资源紧密联系起来，夯实价值基础，充实价值动力，扩大价值影响。

（四）社会主义核心价值体系的网络坚守。“文化软实力通常以民族凝聚力作为其作用发挥的表现形式，而民族凝聚力的大小和强弱又取决于人们对社会核心价值的认同程度。”[②]从网络社会的文化软实力强化保护来说，社会主义核心价值体系需要从不同方面加以坚守。价值立场是社会主义核心价值体系与西方社会价值观的根本区别所在。

① 奚冬梅：《社会主义核心价值观网络话语构建的特征与策略研究》，《思想教育研究》2017年第8期，第85页。

② 沈其新、邓学源：《论社会主义核心价值体系与当代中华民族凝聚力的进一步增强》，《湖南大学学报（社会科学版）》2009年第2期，第102页。

社会主义核心价值体系从本质上来说体现出社会主义的价值属性，突出人民立场和人民利益，并且与网络社会的互助共享精神相互一致。在网络社会中个体力量得到充分的激发和展示，但是必须要将其与社会价值需求相互联系起来，不能放任自流，导致网络社会的混乱无序化发展。社会主义核心价值体系的主要内容是由马克思主义价值目标和社会内在需求所决定，在网络社会中既要积极宣传社会主义核心价值体系的主要内容，更要注重正确解读价值观点。也就是说，对于相同信息的不同解读会导致迥然不同的价值方向，要避免误读信息，甚至被西方势力或别有用心的人士加以利用，制造出价值陷阱。"在网络社会特别是移动互联网造就的传播权力平移时代，网络在建构社会镜像、抗争动员中扮演了重要角色。"①社会主义核心价值体系的价值载体需要与时俱进，与网络社会的技术发展齐头并进，及时更新载体形式，充分发掘利用微信、微博、直播、QQ 等多样化的传播工具，促使核心价值观与网络社会生产生活方式融为一体，不断创造价值生长空间。

二、推行良性循环的网络互动机制

"由网络空间所赋予信息以权力的属性对国家权力以及国家治理产生了重要影响。"②网络社会文化软实力需要国家力量的干预和支持，政府要充分发挥政策功能进行调节协调，通过良性循环的网络互动机制促进文化软实力提升。

（一）国家与社会互动机制。国家建立在一定社会基础之上，"不是国家制约和决定市民社会，而是市民社会制约和决定国家。"③国家作为阶级社会特有的社会现象，有着自身产生、发展和消亡的过程。但

① 林晖：《断裂与共识：网络时代的中国主流媒体与主流价值观构建》，复旦大学出版社 2013 年版，第 150 页。

② 周蜀秦、宋道雷：《现实空间与网络空间的政治生活与国家治理》，《南京师大学报（社会科学版）》2015 年第 6 期，第 50 页。

③ 《马克思恩格斯全集》第 21 卷，人民出版社 1965 年版，第 247 页。

是，社会存在却贯穿始终，在不同的历史发展阶段表现出不同的社会形态。随着互联网技术的普及性发展，网络社会彻底改变了社会存在方式，以互联网技术为基础重新建构起虚拟交往空间。国家与社会之间的关系进一步深化，社会基础更为广阔而复杂，不仅包括现实社会关系和社会活动，而且必须要考量虚拟社会关系构成以及虚拟实践活动状况。要提升网络社会文化软实力，需要畅通国家与社会之间的良性互动机制，就是将国家机构、国家职能、国家能力、国家责任等与网络社会变化紧密联系起来，避免简单地移植现实社会治理模式进行网络社会治理。国家社会互动机制的建立不是短期应对模式，而是随着网络社会出现以后，两者之间主体身份的转换，即由垂直型沟通机制转向扁平化交流机制。尤其是在网络社会舆论和社会矛盾事件中，国家需要转变身份角色，既要维护自身的国家利益，又要以平等主体身份参与到社会互动之中，听取多方意见和声音，从而寻找合适舆论引导方向和矛盾解决方式，从科层制管理转向多元主体治理，以免造成网络舆论矛盾激化。

（二）国家与公民互动机制。国外学者研究显示，与一般公民比较，网络社会中公民参与的民主精神表现更为突出。[①] 在网络社会中，公民与国家之间的关系存在着“变”与“不变”，一方面公民作为国家成员的身份没有改变，仍然需要受到国家法律法规的规范和制约，需要承担自身网络言行的社会后果，另一方面，公民借助网络技术大大拓展了自身的活动空间，扩大了言行影响力。“在全球化使民众的人权和公民权利意识空前激发，网络化使‘他者’意识成为自我的一种‘意识觉醒’时刻，公民意识的‘他者’化只是一种基于现实的交流需求。”[②]文化软实力的建构不仅需要国家层面的设计和推广，同样离不开公民个

---

① Kevin A.Hill, John E.Hughes, *Cyber politics: Citizen Activism in the Age of the Internet*, Lanham: Rowman & Littlefield Publishers, Inc., 1998, p.42.

② 李西杰:《国家认同视野下的公民意识“他者”化问题》,《哲学研究》2015 年第 12 期，第 86 页。

体的积极参与。国家与公民良性互动机制开辟出文化传播新渠道，畅通了文化交流新路径，主要在于两者之间信息公开和信任关系构建。也就是说，国家对于公民来说，尽可能利用互联网技术提供信息公开的平台，将涉及公民自身权益，不会危及国家安全的信息传递给公民，不断提升公民对于国家的认知度和理解性。“网络参政可以提升公民的政治参与意识和参与效能”①，公民通过网络及时反馈信息动态，使得国家能够全面掌握社会发展规律和趋势，及时发现社会问题，协调社会矛盾。另外，国家需要在网络社会中加强与公民的信任沟通，既要从技术上提供公民参与国家各项事务的机会，还要从利益上关照不同的公民群体需求，从文化上包容差异化的风俗习惯和观念主张。反过来说，公民也应该具备一定的公民意识，既考虑自身的权利需要，也承担自身的责任使命，积极融入网络社会的国家建设之中，以自己的智慧力量来促进网络社会中国家的发展。

（三）公民与社会互动机制。“今天的互联网已经不是一个简单的意见表达、意见参与的渠道，它还可以变成一个瞬间动员社会力量甚至是社会实践和社会行动的推手。”②社会是无数个体的多样化构成，公民与社会的实质就是个体与群体的关系。网络社会中个体与群体之间构成是自由、松散、交叉式结构，个体可以加入无数群体，不同群体由差异化个体推动改变。公民与社会之间的关系打破了时空束缚，呈现凝聚态特征，即社会群体之中无数个体之间彼此联系、相互作用。在这种社会状态中，公民既可能无限地开发内在潜能和活力，寻找适合自身发展的群体支持，也可能陷入迷茫困惑之中，产生虚拟现实的错觉，扭曲自身社会认知和情感心理，甚至走向违法犯罪之途。网络社会中公民

---

① 闫利颖、颜吾佴：《国家治理视野下公民网络参政的引导与规制》，《北京交通大学学报（社会科学版）》2017 年第 4 期，第 119 页。

② 胡正荣：《权利表达与协商民主：辨析新媒体时代的公民网络社会参与》，《郑州大学学报（哲学社会科学版）》2012 年第 6 期，第 6 页。

与社会互动机制要从个体与群体的复杂性出发，寻求市场配置资源的力量，即充分运用价格机制、竞争机制、供求机制等来合理调节网络社会中文化信息，将文化活力与市场动力相互结合起来，既能够调动公民投身于文化创造，又能够发动社会聚焦于文化创新，进而将两者之间的文化取向紧密联系起来，搭建起畅通的网络文化桥梁。“网络特别是微博、微信等对政府行为的监督，增强了社会对公权力监督的力量。”① 在网络社会中，公民与社会互动机制是动态发展的，尤其是随着网络新媒体工具的变化而变化，微信、微博、直播、QQ 等多样化网络场域中的互动机制呈现出迭代更新的特性，不同的场域文化进一步丰富了公民思想，活跃了社会思维，提供了文化发展的多元空间。

（四）国家与国家互动机制。“世界主要国家都把互联网作为未来竞争的战略方向，都在努力加强新一代网络信息技术的战略布局和推广应用，争夺网络空间发展的国际主导权。”②在网络社会中，国家与国家之间既竞争又合作，彼此之间的交融交锋程度进一步增强，无论是经济、政治、文化、军事、外交等各个领域都可以开展互动交流，从而构成了网络命运共同体。要想使得网络社会成为共享资源、共同发展的空间，就必须建立国家与国家之间良性互动机制。这个机制不是从某个国家利益出发，而是着眼于国际社会的整体利益，秉承公平公正公开的原则加以设计构造，所有国家都能在这个机制中发出自己的声音，提出自己的主张，并且接受国际社会的质疑和监督，不会被网络强权所控制。这个机制是基于国家之间平等自愿原则而构建，服务于所在国的社会大众，而不是维护少数人利益或被资本集团所支配。网络社会中国际互助合作机制的建立是长期，而非短效的追求。尤其对于文化交流而言，要避免以强势文化取代弱势文化，推崇网络文化主体性，保护

① 汪玉凯：《网络社会中的公民参与》，《中共中央党校学报》2015 年第 4 期，第 36 页。

② 汤景泰、林如鹏：《论习近平新时代网络强国思想》，《新闻与传播研究》2018 年第 1 期，第 6 页。

网络文化多样性，使得世界各民族文化都能够在网络社会中获得自己的生存和发展空间。

三、促进中华优秀传统文化网络化

中华优秀传统文化是我国宝贵的文化遗产，有着丰富的思想资源和文化典籍，发挥过不可磨灭的历史价值。“人们在通过网络进行互动交流的过程中，在相互的激励下，将人类社会创造的文化成果和财富在网络上传播和发扬光大，尤其是对散落民间的、几近消失的文化遗产的继承和延续意义非凡。”①在网络社会中，中华优秀传统文化可以通过互联网技术发挥巨大影响。

（一）文化理念网络化。西方文化提倡主客两分的分析式思维，将自己置于世界之外，强调文化的客观存在性。中国文化则更多地提倡主客关联的整体性思维，自己与世界连为一体，强调文化与环境的统一性。近代以来，西方文化思维促进了科学发展，但是带来了诸多问题。在网络社会中，西方思维方式占据优势，不断地将网络发展推向分裂主义倾向，也就必然产生了网络空间价值割裂现象。要弥补价值裂痕和价值虚无带来的负面影响，需要引入中华优秀传统文化的和谐理念，强调人与人之间、人与社会之间、人与技术之间的和谐平衡，尤其是克服西方工具理性中片面强调技术至上，忽视人的价值存在的偏颇做法，高扬人的主体性存在，将价值理性置于工具理性之上，使得网络技术始终服务于人的发展。“网络文化可以提高传统文化的表现力，按照人民群众文化需求的新特点和审美情趣的新变化，促进广播、电视、报纸、图书等传统媒介的重整组合，推动不同艺术门类和文化活动相互融合，推进文化内容形式的创新，实现题材体裁、风格流派和表现手法的多样化，不断满足人们日益增长的文化需要。”②要实现中华优秀传统文化

---

① 李娟、王卓君：《网络文化与社会秩序构建》，《学术界》2012 年第 12 期，第 76 页。

② 张欧：《网络文化的意蕴》，《思想教育研究》2011 年第 12 期，第 62 页。

理念的网络化不仅需要国家力量的推动干预，从顶层设计上推行文化精神，而且需要每个公民都能在网络社会中自觉践行传播中华优秀传统文化，从而通过自身的实际行动成为中华优秀传统文化的载体榜样。

（二）文化内涵网络化。中华优秀传统文化的内涵博大精深，如何能够将其网络化，直接关系文化软实力在网络空间的展现程度。中华优秀传统文化中对于君子人格的价值追求，可以说是道德文化的根基。在中国传统主流文化中，个体需要以社会价值标准来要求自己的言行举止，从而不断提升自己的道德修养。网络空间中恰恰缺乏对于人格力量的重视，网络的疏离感加剧了对于人格影响的忽视，需要不断吸收中华优秀传统文化的内涵，强化人格完善，促进虚拟空间人的发展。中华优秀传统文化的仁义精神对网络社会环境可以起到潜移默化的价值渗透作用，逐步消解网络社会中的暴戾之气和怨恨心理，凸显中华优秀传统文化正能量。中华优秀传统文化中处世准则是其文化哲学的中心。儒家的“仁”“礼”思想相互印证，成为从思想和行为上规范中国人言行的精神支柱，延续了中国数千年文明更替的文化基因。网络空间中和谐社会秩序的构建离不开网络民众的价值塑造，可以将中华优秀传统文化中的为人处世思想加以改造，并且用于网络空间的道德教化，从而优化网络环境。“面对网络空间多元价值共生、共存、共处的现实以及交流、交织、交锋的挑战，如何彰显网络阵地的价值追求和价值导向是网络强国建设的核心要义。”①网络空间是当代国家发展的第五空间，世界强国都将网络治理作为国家战略，网络治理成败关系国家前途命运。中华优秀传统文化对于国家治理有诸多的思想贡献，强调爱国、德治、民本、担当、和合、大同等。这些思想对于提升网络空间的国家文化软实力有其独到的价值意义。

---

① 岳爱武、张尹：《习近平网络强国战略的四重维度论析》，《马克思主义研究》2018年第1期，第62页。

（三）文化产业网络化。文化产业是社会生产力发展的必然产物。中华优秀传统文化效用的发挥需要通过文化产业普及化，文化产业既能承载文化精神和文化内涵，又能通过产品和服务渗透到人民生产生活之中，影响民众的思想和行为。文化产业形态众多，既包括图书、报纸、网络的文化出版，也包括影视作品、艺术表演、音像媒介等文化创作，还包括文化遗产、文化用品、文化设备等保护销售等。“网络文化产业发展所在的文化生态场域隐含了技术、制度、市场、集群等诸多驱动因子的互动共生。”①在网络空间中，文化产业形态越发复杂多变，日益与网络技术发展变化紧密结合起来。中华优秀传统文化需要在文化产业的网络化进程中发挥自己的影响力量，紧紧抓住网络文化出版主动权，不断开辟中华优秀传统文化的传播领域。中华优秀传统文化的数字化传播要有整体性规划和系统性设计，避免随机性、碎片化地传播方式，无形之中破坏文化形象和文化影响。同时，积极开展中华优秀传统文化的网络创作，推进文化创造性转化。网络创作具有自身的特性和规律，更加注重感性化、娱乐化、青年化，要将传统文化的精华与网络空间的需求紧密结合起来，避免指令性、盲目性的创作导向，破坏产业发展规则。另外，不断加大中华优秀传统文化产品供给，占领网络文化市场。文化资源供给在调节文化市场平衡中占据重要地位。中华优秀传统文化网络产品的丰富性和多样性、精品化和吸引力等方面都有待提高，需要通过加大投资、集中攻关、消费引导等方面拓宽市场渠道，开辟市场方向。

（四）文化活动网络化。文化活动主要是指人民群众自我参与、自行开展的文化交流、文化演出、文化普及性活动。中华优秀传统文化的网络化不仅要依赖于政府和市场进行不同方面的调节、引导和配置，还需要人民群众发挥出自身的力量，将自己喜闻乐见的传统文化活动从

---

① 解学芳、臧志彭：《网络文化产业动态演化机理与新治理体系构建》，《东南学术》2015 年第 4 期，第 115 页。

线下转移到线上，进行更大规模的扩散和传播。“在虚拟性的网络世界中，凭借高科技的手段，中华优秀传统文化的弘扬能够突破物理时空的限制，做到传播时间的多维延伸和传播空间的瞬间变换，实现弘扬时空的创新。”①中华优秀传统文化来源于千百年来中国人民的集体力量和智慧结晶，需要人民群众进行鲜活的改造或创造，才能具有长久的生命力和感染力。在网络空间中，开展中华优秀传统文化活动需要体现微型化、个性化、分众化等特性，从微信、微博、微视频等类似传播方式手段着手，既要考虑整体层面上的活动需求，更要突出不同群体不同个体的差异化需要，充分利用网络空间中的“长尾效应”，集中小众资源，逐步推进中华优秀传统文化在网络空间中的潜在影响和长远基础。另外，中华优秀传统文化网络化要善于运用网络符号、动态场域和多维文本，突出网络符号的便捷沟通效果、动态场域的开放交流特性以及多维文本的形象表达形式，进而不断加速中华优秀传统文化的网络化进程，将网络文化活动塑造为吸引群众融入文化情境的重要手段。

四、构建网络社会中国文化生态

文化生态是指人们在生产生活实践中创造出来的具有整体性、系统性、长远性影响的文化环境。文化生态的形成受主体、客体、中介、手段等多重因素制约和促进，反过来对主客体也会产生反作用。

（一）网络社会文化主体。从理论上来说，网络社会打破了地理界线，所有人都可以没有障碍地进行交流沟通活动，但是事实上网络社会中个体都有自己的国家归属，都会受到国家法律和道德的约束和规范，而且也有特定的现实社会文化背景和思维方式，网络社会文化主体影响文化生态的特质和方向，需要高度重视文化主体的思想观念和行为模式。“在网络的时代，文本、语言、符号本身就构成了意义，而当思想

① 龚婷：《网络社会：弘扬中华优秀传统文化的新场域》，《云南行政学院学报》2017 年第 6 期，第 103 页。

和情感的矛盾冲突深入到人们的内心世界，这甚至可能意味着某些符号对人的直接掌控，这是在网络上主体性面临的新问题。”①要塑造网络社会中国文化软实力，就必须充分调动大众情感和行动，用中国民众的积极性、主动性和能动性来逐步推动网络社会文化生态的变革和发展。网络社会文化主体不是孤立存在的，必然有复杂的社会关系构成。这些社会关系就是主体在网络社会中的存在依据，需要通过社会关系主体的交往互动来塑造文化生态，倡导积极、健康、文明的网络文化交往活动，展示网络社会中国文化美德，摒弃低俗、庸俗、媚俗的文化传播，扼制反动、暴力、色情等违法犯罪的文化毒瘤。网络社会主体素养高低关系能否正确传播中国文化，文化主体要能够对中国文化有相对准确的认知、理解和践行。在网络社会中，必须要树立中国文化的主体意识，扭转网络社会主体身份模糊的思想观念。网络社会的虚拟性存在方式使得主体获得不同于现实社会的身份体验，改变主体的权利意识和责任意识，从而带来文化生态环境的变化，要加大引导规制网络社会主体意识的力度，逐步增强主体在网络社会中的文化担当和文化创新，进而重塑网络社会文化生态。

（二）网络社会文化客体。网络社会中的文化客体是指文化传播的对象，文化软实力的增强是以文化传播影响的客体不断增加为标志。“网络媒体最突出的特征就在于它的开放性和实时性，它使全球成为了一个共存的超越国界的有机整体，网络传播面对的是整个世界。”②中国文化在网络社会中传播客体既包括广大中国民众，也面向网络社会中世界各国人民。世界各国不同网络民众对中国文化的接受程度千差万别，难以在短期内达到相同的水平。但是，中国文化内在具有包容

---

① 杨聪：《网络符号文化主体与客体》，《北京师范大学学报（社会科学版）》2010 年第 5 期，第 107 页。

② 唐丹：《网络时代中国传统文化的传播策略》，《武汉理工大学学报（社会科学版）》2013 年第 4 期，第 513 页。

精神，其根本理念是和谐共处，与网络社会的互利共享技术方向彼此契合。要想在网络文化语境中，提升中国文化的影响力和辐射力，就要加强基础和前沿网络技术的文化进程，强化网络技术承载中文的广度和深度，加快中国文化国际化推广的速度和力度。世界各国存在巨大的发展差距和价值区别，不同国家人民对于文化接受程度和方式各不相同，不可能采取相同的传播方式取得一致的效果。而且，文化传播之中存在着意识形态因素的制约和干扰，西方国家对于中国文化传播有着强烈的防范意识，难以对其进行与国内民众相同的文化传播，要进行针对性分类传播，改造文化传播内容，改进文化传播形式等。对于与中国经济交往相对密切的友好国家，加大网络文化传播范围，利用中国民众进行网络社会中的个体互动和群体活动，文化传播的生态效应就会逐渐显现。

（三）网络社会文化中介。文化生态系统的生成不是单一因素的产物，而是全方位的文化循环造就而成。网络社会中，文化中介主要是指承载着特定文化内涵和文化价值的不同形式的文化作品和服务。具体来说，就是指网络影视、网络游戏、网络音乐、网络文学、网络购物、网络医疗、网络教育、网络展览、网络纪念、网络外交等。“传统文化应该成为网络文化建设中的资源。”①可以说，网络社会中人类实践交往活动都或多或少地打上了文化烙印，要构建网络文化生态，就需要将中国文化的特性发掘出来，通过多重网络载体加以传播，才能逐渐展现出中国文化的深厚内涵和长久魅力，使得世界各国人民都能在网络社会中感受、欣赏、认同中国文化。从目前来说，网络社会文化中介发掘运用应该着重于网络消费领域，就是将网络文化传播与中国文化产品和服务紧密结合起来，既打造中国强大的网络经济实力，又积极传播中华优秀传统文化。同时，可以突出中国的特色精品文化艺术和文化服务，展

① 曹学娜:《推动传统文化在网络文化中的传承与发展》,《理论探讨》2010 年第 4 期，第 61 页。

示中国文化的独特性和不可替代性，诸如中国饮食、养生、武术、中医、绘画、建筑、戏曲、民俗等。在网络社会中，用数字化、具体化、形象化的电子文化媒介通过网络互动来体现出中国文化的现代价值，既有利于中国民众自身传承悠久的文化传统，也在潜移默化中逐渐扩大了中国文化的网络影响力。

（四）网络社会文化手段。网络文化传播依赖于网络技术工具的文化传递和文化转化，日益凸显文化手段的传播价值。微信、微博、微视、QQ、空间、论坛都是网络社会文化传播的重要工具。但是，不同的网络工具有不同的传播特性，需要根据网络传播工具特点进行文化传播，才能取得最大化的传播效果。"微信作为新型社交媒介，文化多元性突出。"①在微信传播中，不同文化价值观念之间的交叉渗透性明显，依赖于熟人网络进行情感叠加，制造了文化互动新型场域，而且在文化共享过程中形成了价值观念的仪式感。微博与微信的不同之处在于其开放性互动格局，其人际网络的公共性、发散性、不稳定性等特质更加突出，而且由于微博主体的广泛性程度更高，微博场域中的文化裂变性更加迅速，能够通过人际传播弘扬文化传统，获取文化资源。在网络社会中的其他文化传播手段都有共同或不同的传播特点，需要有针对性加以运用，形成综合效应。网络社会中的文化传播手段不是一成不变的，必然将会随着网络技术的进步而变化。"网络文化自生成开始，就表现出对传统的叛离。而技术的发展促进了文明的变迁，网络文化又在对传统发生着改造和发展。"②网络文化生态的形成是文化主体自觉地投入文化情感，扩大文化客体，借助文化中介，运用文化手段，提高文化素养，促进文化循环的过程。

---

① 陈联俊：《"微信"场域中的舆论生态及其治理》，《首都师范大学学报（社会科学版）》2017 年第 5 期，第 154 页。

② 曹学娜、蔡静静：《冲突融合中的网络文化与传统文化》，《理论与改革》2011 年第 5 期，第 112 页。

第四节　网络社会制度规范的治理路向

“在公司企业等私人领域机构中，凝聚力的关键不在于人们对目标达成共识，而在于人们能对手段达成共识，即就服务于参与者不同利益的规则、权利和责任取得一致意见。”①网络社会自由度大大延伸，带来社会结构调整及内在活力激发，需要重新建构网络社会的制度规范，持续推进网络社会秩序的良性发展。

一、网络社会的数据治理

数据是网络社会形成和发展的基石，对数据的掌握和运用关系到网络社会治理的方方面面。数据已经成为个人、组织和国家的重要资产，直接影响不同主体的思想观念、行为模式以及判断决策能力和水平。

（一）数据意识。信息是不同数据的组合，没有数据流动，就不可能有信息的存在。数据的不同解读产生不同的信息，对数据的认识、理解和运用影响网络社会的结构组成、信息变化、人际互动、技术变革、文化生态等。不同的主体需要改变对数据的认知观念，不断改进自身对数据的理解和运用，才能从微观、中观和宏观等不同层面促进网络社会良性秩序构建。随着时代进步和社会发展，技术更新速度越来越快，人类的活动范围和活动能力在不断提升，自然和社会领域中的数据积累越来越多，如何收集数据就成为能否形成数据意识的首要问题。在互联网技术大规模应用以前，数据收集工作缓慢低效小样本进行，在云计算、数据存贮、挖掘技术飞跃以后，对数据的收集整理规模迅速增加，数据质量水平成为数据核心。“当我们日复一日地置身于信息爆炸、节

① ［美］约瑟夫·奈：《巧实力》，李达飞译，中信出版社 2013 年版，第 162 页。

奏飞快的现代文明之中，感到一切都行将失控时，数字素养就是我们摆脱无助感的强大武器。”①在大数据时代，要使所有人都能意识到数据价值，需要尽可能地公开数据，使得绝大部分人都能从数据中获益或体会到数据价值，逐步培养公众的数据素养，从内在提升社会整体数据环境。数据公开中要排除国家安全、商业秘密、个人隐私等不符合道德法律的情况要求，避免数据公开的负面效应带来社会失序。在海量数据面前，大众难以选择、判断和理解，不同的社会人群对数据的需求和关心迥然不同，需要开展相应的数据提取分析。对于数据的阐释既要考量国家和社会整体利益，也要深刻体会个体对数据的利益需要，尽可能创造条件为大众利益服务，促进数据价值最大化。

（二）数据竞争。“网络安全的核心就是大数据安全，大数据安全关系并影响着网络安全和国家安全、公民个人隐私权益和社会安全稳定等。”②大数据时代，无论是对于企业、个人和国家，只有将自己对趋势的判断建立在可靠的数据基础之上，才有可能占据竞争优势，取得竞争胜利。在数据竞争中，能够利用的数据数量是竞争的前提条件。掌握收集数据的手段越来越多样化，移动终端、身份系统、社交网络、搜索引擎、地图定位、金融信息等数据几乎渗透在社会所有领域之中。只要拥有相应的权力或技术，就有可能利用数据网络对需要的数据进行提取，从而获得隐藏在数据脉络之中的“密码”。而且，信息权力越大，技术水平越高，能够获得的数据越多，竞争优势越明显。在庞大的数据面前，能够对其进行有效整合利用才能充分发挥数据优势。在不同的国家或企业之中，对数据的整合程度受制于自身的经济能力和技术水平，不得不借助于外来力量，就有可能丧失对数据信息的掌控权。要能够竞争领先，就需要不断强化改进数据洞察的方法、手段和工具，从而对

① ［美］霍华德·莱茵戈德：《网络素养：数字公民、集体智慧和联网的力量》，张子凌、老卡译，电子工业出版社2013年版，第4页。

② 程琳：《切实保障国家数据安全》，《光明日报》2018年7月10日第2版。

大量更新数据进行集中消化和有效输出，不断增强价值互信。[1] 数据创新是指能够对数据进行不同寻常的创新思维运用。如果说数据收集和整理主要受制于技术，那么数据创新则主要决定于数据重组和扩展。对数据的理解来自于数据之间的关联性、系统性和趋势性，随着数据的不断累积，数据关系在不断变化之中，需要及时进行对比分析和动态考察。

（三）数据法则。在网络社会中，对于数据的处理需要遵循相应的法则，避免出现道德和法律上的问题。根据数据收集要求可以分为任意收集数据、选择收集数据和自愿提交数据。任意收集数据是指可以根据需要进行相应的数据收集处理，不需要征求他人意见或许可。选择收集数据就是在收集数据时，必须要加以评估权衡，在不侵犯国家、社会或个人利益的情况下才能加以处理的数据。自愿提交数据是指没有他人的同意许可，不能进行收集的数据。只有根据不同数据类型进行数据治理，才能既发挥数据最大化效用，又不会带来额外的社会问题。在数据治理中，要对数据进行统一标准，防止数据之间的冲突矛盾，带来复杂错乱的社会影响。同时，要加强数据流通的监督管理，完善质量监控流程，防止数据的失真、过时、低效等不良情况的出现。另外，还需要有相应的纠错办法，在公众对数据质疑和挑战时，要能够及时应对和补救，避免公信力流失。[2] 随着数据数量不断增加和应用广泛性，对于数据立法要求越来越迫切。数据立法就是通过法治力量来协调平衡国家、社会和个人之间在数据应用上的多方关系，防止数据失衡带来社会失序。既要保护公民的数据隐私，也要满足国家的数据积累；既要促进商业活力，也要维护企业权益；既要权衡多方力量，也要规范社会发展。

---

① 参见许子敬：《链接未来：迎接区块链与数字资产的新时代》，机械工业出版社 2018 年版。

② 涂子沛：《大数据》，广西师范大学出版社 2015 年版，第 132 页。

（四）数据文化。“用数据来说话、用数据来管理、用数据来决策、用数据来创新。”①数据文化是基于事实和理性的社会文化，因为数据本身就能说明问题，从不同数据中可以解读社会方方面面。只有在全社会形成了尊重数据、运用数据、创新数据的文化氛围，才能使得社会整体有序发展。在数据文化形成中，需要启蒙和引导、开放和合作、参与和竞争、分析和预测等。也就是说，国家需要投入力量在全社会进行数据教育，让每个社会成员都能融入数据发展之中，能够自觉运用数据，贡献数据，并且发挥出自身的能力水平，加速数据文化形成的进程。要在全社会提倡数据开放和数据合作，最大限度地消除数据壁垒，促进数据流通，降低数据成本，繁荣数据文化。要提倡不同主体之间积极参与数据竞争，激发数据活力，完善数据质量，扩大数据效益，从而从整体上提升数据水平。要充分利用数据进行多方面应用，增进数据效能，把握数据趋势，利用数据思维进行社会的优化治理，促进数据治国。“数据资产正在当仁不让地成为现代商业社会的核心竞争力。”②数据文化已经深刻渗透当代社会生活，既可能会带来巨大的商业领域变革，也必然带来社会治理的方方面面变革，还会逐渐改变人的生产、生活和思维方式。人们对事物之间关系的理解也随着大数据时代来临发生改变，公民、社会和国家必须要面对复杂多变的数据关系重组带来的文化生态，从而逐渐形成新的行为方式、社会结构和国家体系。

二、网络社会的舆论治理

网络社会中的舆论变化彻底颠覆了现实舆论形成发展模式和路径，从现实人际传播转向虚拟扩散传播，从有序可控传播变为无序失控传播。网络舆论对国家凝聚力有直接效应，要把握网络舆论发生发展规律，有效开展舆论治理。

---

① 涂子沛:《大数据》，广西师范大学出版社 2015 年版，第 345 页。

② 陈潭等:《大数据时代的国家治理》，中国社会科学出版社 2015 年版，第 3 页。

(一)社交舆论治理。截至2018年12月,我国即时通信用户规模达到7.92亿,占网民总数的95.6%。[①] 网络社会中以微信、微博为代表的社交工具影响力越来越大,对舆论的形成发展产生巨大的启动和扩散作用。“对于所有听众来说,完全相同的报道听起来也不会是同样的。由于没有完全相同的经验,每一个人的领会也就有不同,每个人会按照自己的方式去理解它,并且掺入他自己的感情。”[②]尤其是在以微信为代表的舆论场域中,表现出“个性化与强关联、异质性与仪式感、共振性与双面化”等特征,[③]带来网络舆论生态的规律性变化。对于微信舆论而言,需要从治理技术媒介的短视化着手,针对微信舆论中的集群化、盲从性、即时性特点,抓住微信朋友圈和群聊关系之中的关键人物和舆论节点,及时进行技术干预,结合舆论导引,压缩微信谣言和不实信息的传播空间和影响范围。在微博场域中,舆论传播呈现出一对多的传播格局,不确定性传播更为明显,公共性特点更为突出,更重要的是微博舆论传播的裂变性特质突出,舆论热点可以从微博场域的个体传播中掀起舆论风暴,从而改变社会舆论方向。对微博舆论治理关键在于微博博主的价值倾向,“网络大V”以及有广泛社会影响力的人物表态对于舆论引领作用尤为明显。要定期对“网络大V”博主进行价值教育,发挥社会导向的正面功能。在QQ等社交舆论场域中,较为突出的舆论特性是群体分类交流明显,不同的QQ群体比微信群体较为稳定,且具有比较明显的社会渗透性,囊括游戏、视频、兴趣部落、钱包、会员、理财、购物、直播平台等几乎所有与网络相关领域,与主体的日常生活紧密相关。在网络社交应用中,豆瓣、知乎、领英、天涯社区等用户也占据一定比例,用户特性区分度较为明显,重点在于从人群

① 中国互联网络信息中心:《第43次中国互联网络发展状况统计报告》,http://www.cnnic.cn/hlwfzyj/hlwxzbg/hlwtjbg/201902/P020190318523029756345.pdf。

② [美]沃尔特·李普曼:《舆论学》,林珊译,华夏出版社1989年版,第114页。

③ 陈联俊:《“微信”场域中的舆论生态及其治理》,《首都师范大学学报(社会科学版)》第5期,第149页。

类型剖析舆论因素，并加以适度引导。

（二）网站舆论治理。“技术和资本的共同作用，重塑了网络舆论生态，给网络安全带来诸多挑战。”①从类型上来说，网络社会中商业网站的影响力最大，与人民群众的生活密切相关，纯粹的商业网站虽然不会直接引起舆论热点，但是其通过商品销售、信息推送、服务提供等无形之中诱导网络舆论风向，甚至逐渐改变社会道德风尚。在商业网站信息推送中，往往以点击率作为信息取舍的标准，商业效益远远超过社会效益，有些商业网站为了谋求更高的关注度，不断推送低俗庸俗、耸人听闻、违背公序良俗的舆情信息，客观上对网络舆论起到负面作用。② 在学术思想网站中，不同学术观点交融交锋现象突出，新颖观点容易获得舆论关注，掀起舆论热潮，要对不同学术领域中影响力人物进行重点关注，同时在重大事件节点，及时发现舆情动态，进而采取舆论应对措施。尤其要对境外网站发布的涉华信息，要防止以学术交流名义进入中国网站传播渠道，以西方价值立场进行价值解读，渗透西方价值观念，瓦解中国价值基础。在新闻资讯类网站中，信息量巨大，来源复杂，更新频繁，难以及时跟进发现，但是此类网站涉及面广泛，要对不同新闻网站进行信用等级划分，重点筛选出公信力高，社会效益好的网站进行普及性宣传，便于民众自行判断信息来源的可靠性。可以重点建设国家各级各类重点辟谣网站，及时对重大网络谣言等进行澄清，尤其对那些长期发布不实信息，误导民众价值倾向和社会公德风气的不良网站要关停并转，最大限度地消除舆论隐患。

（三）直播舆论治理。截至 2018 年 12 月，中国网络直播用户规模达到 3.97 亿，用户使用率为 47.9%。③ 在网络社会中，直播空间已经

① 韩运荣、何睿敏：《中国网络舆论生态的变化与特点》，《新闻与写作》2018 年第 7 期，第 27 页。

② 参见陈联俊：《警惕资本逻辑影响网络舆论导向》，《红旗文稿》2018 年第 9 期。

③ 中国互联网络信息中心：《第 43 次中国互联网络发展状况统计报告》，http://www.cnnic.cn/hlwfzyj/hlwxzbg/hlwtjbg/201808/P020180820630889299840.pdf。

成为青年亚文化传播和信息舆论形成的重要领域。这些直播空间中，为了吸引眼球，个别直播播主不断采取道德出位方式博取点击率和物质“礼物”，引起舆论广泛关注。比较典型的负面舆论有：通过暴露身体器官、粗俗语言发泄、残害虐杀动物等低俗媚俗庸俗信息；通过精心策划、人为造假、散布谣言等煽动舆论、蛊惑人心的出格言行；通过攀比炫富、扰乱公共秩序、侵犯他人权益等诱导不良价值风气等。对于网络直播等社交媒体带来的破坏社会公序良俗的言行不断出现，必须要加以大力整治，首先建立网络直播登记制度。网络直播乱象原因就是缺乏监管，在没有监督的情况下，主播逐利为所欲为，挑战社会道德底线，甚至涉嫌违法犯罪。其次建立网络监管举报制度。网络直播平台乱象难以通过政府机关部门有限人手进行监督，需要依靠广大网民加以监督，鼓励举报，认真核实，及时处置，防患于未然。第三建立行业诚信机制。为了防止个别网络“直播大V”或网络红人屡屡犯规，要将违法违规言行加以登记公布，达到一定限度后，彻底封号，避免其长期污染网络社会环境，净化网络空间。

（四）场景舆论治理。“媒介世界已成为人们直接接触的世界，而传媒对事物的表征对人们认识客观世界起着至关重要的影响。”[①]移动互联网已经成为互联网应用的主要形式，场景是指以移动互联网和移动终端为基础形成的立体化交互场域。移动互联网促进了“万物互联”，服务场景不断丰富，数量不断增加，规模加速提升。人们的生活基本被不同个性化、智能化场景所囊括，形成新型场景舆论的发酵空间。主要表现在购物、娱乐、支付、视频、金融、政务、餐饮、出行、公共服务等各个领域中线上和线下的互动交流。网络空间中的金融交易不同于现实金融，在很大程度上依赖于网络技术进行信息交换和资金流通，具有广泛性和便捷性特征，但是随机性、风险性也大大增加，必然带来

① 方建移、章洁：《大众传媒心理学》，浙江大学出版社2007年版，第5页。

舆论变化的隐蔽性和突发性特质，要加强网络金融风险评估和监控机制建构，减少舆论风险。在网络政务不断普及性应用的同时，网络政务场景逐渐成为人们日常生活中必不可少的生活空间，通过政务系统建构了公民与政府之间的沟通桥梁。网络政务舆论主要围绕公民与政府互动交流之中产生的热点问题展开，已经成为政府形象展现的必要渠道，要通过不断优化完善网络政务服务来累积政府网络信誉，提升政府公信力。

三、网络社会的政府治理

"网络社会下，技术的变革导致交易成本的变化，从而引发了组织的变革，政府内外组织的变革改变了组织内外的权力关系和功能定位，从而对政府治理形成挑战，要求政府治理进行变革。"[①]网络社会中政府、社会与公民之间关系发生变化，政府必须要调整治理方式，才能有效开展政府活动，增进国家凝聚力。

（一）经济调控。"政府能否采取一些类似的手段，来规制网络上的代码以增强网络行为的可规制性？答案显然是肯定的。"[②]网络社会经济运行方式发生改变，从实体经济逐步向虚拟经济转变。在虚拟经济运行中，信息流转的速度和效率起到至关重要的作用。要调控虚拟经济发展，实质上就是对信息流动进行有效规制，尤其是对虚拟经济风险的监测与防范，在某种程度上随着互联网技术的普及已经成为保障国家经济安全的必要手段。在虚拟经济中，经济主体活动与社会生活密不可分，无数中小型企业在网络社会中发挥出巨大的经济效应，政府要为经济主体提供安全的网络环境，一方面要利用政府集中资源能力

---

① 李齐、李建呈、李松玉：《网络社会政府治理变革的逻辑结构》，《中国行政管理》2017年第7期，第49页。

② ［美］劳伦斯·莱斯格：《代码2.0：网络空间中的法律》，李旭、沈伟伟译，清华大学出版社2009年版，第76页。

进行技术攻关或政策支持，解决关系经济发展的网络技术难题，尽可能地掌握核心网络技术前沿，避免技术外置，要处理好国有经济和民营经济在网络技术发展中的创新关系。既要保持国有经济在关系国家经济安全领域中的领先地位，也要激发保护民营经济的经济活力。另一方面政府要充分利用法治力量对网络社会经济进行系统调控，既要维护先进前沿网络技术开放应用的网络市场环境，也要通过法治及时保障网络空间技术的稳定发展和正面效应，最大限度地降低网络经济风险，尤其是网络金融风险，防止网络经济波动冲击国民经济安全。从中国网购、支付宝、共享单车等社会化经济形态来看，政府发挥了积极推动作用，最大化地发挥出中国在网络经济领域的创新领先地位，从而形成了良好的正面循环效应。

（二）政治效能。“在网络通信技术进入现代社会之后，日新月异的变化对政府的管理提出了新的挑战，同时也给予了其改变的机会。”[①]网络社会中的政府权力可以借助国家技术实力进行更大范围的延伸，渗透社会不同领域，从而全方位地及时掌握社会动态，了解社会变化，更好地制定政府方针政策。同时，网络社会中由于技术赋权，社会组织、公民群体和个人都能利用网络技术开展不同类型的政治活动，从而对国家政治生态产生不同影响，给政府治理带来诸多挑战。“网络空间给予治理一种新的形式与表达：个体、政府与社会制度之间权力关系的范例转变”，[②]国家主体既要维护自身在网络社会中的主导地位，通过意识形态传播、舆论监控、电子政务、电子民主等具体措施来适应网络社会信息传播规律，掌控网络政治权力范围，也要给予其他主体在网络社会中的权力空间，使其能够通过适当有效的网络渠道表达自

① 袁峰、顾铮铮、孙珏：《网络社会的政府与政治》，北京大学出版社 2006 年版，第 53 页。

② N.Bingham, *The governance of cyberspace: politics, technology and global restructuring*, Transactions of the Institute of British Geographers, Vol.24, No.2, 1999, pp.249-251.

身权利，从而实现彼此之间的权力制衡。政治机构需要在与其他组织或个人之间协调互动中才能施加政治影响，网络政治关系的协调机制需要遵循网络社会复杂的政治生态系统要求，既要保持网络政治系统本身运行的封闭可靠性，又要能够及时感知网络即时信息的开放活跃性，在动态稳定中发展政治关系。网络社会的政治活动虽然仍然从政治利益出发，但是与现实社会不同的是，需要从网络特点出发，进行流程再造或人员整合。网络社会政治活动的生活化程度大大提升，政治活动和日常生活之间的联系更为紧密，需要从民众的日常生活化维度进行活动设计，运用大众话语，贴近大众诉求，解决大众问题，才能不断改善政治活动效能。

（三）文化繁荣。“网络平台扩大了文化生产者的数量，改变了他们的构成，从而也催生了许多新的文化形态和产品，形成了新的、更为多元的价值观念和生活方式，形塑着新的社会制度、规则和结构，但是其开放性和多元性又对主流文化的建设带来了挑战。”①要从正面意义上看到网络文化交流的便捷性和广泛性，可以从更大范围内调动文化资源，激发文化活力，促进文化传播，成就文化使命，也要看到网络文化中的负面因素带来的不利影响，尤其是对青少年成长的负面影响。政府应采取严厉打击措施来扼制网络不良文化传播，也要通过制度力量建立长效机制来调控网络文化的良性流转。在网络社会中，政府要建立正确的文化价值导向，将主流意识形态的价值观念融入网络文化传播之中，使其成为民众日用文化话语，逐渐建构起符合发展需求的文化生态。在网络文化生态中，主流文化与非主流文化、本土文化与外来文化、传统文化与当代文化、现实文化与未来文化等能找到自身位置，并在相应网络群体和网络空间中有序传播。不同的社会主体可以及时从网络文化领域吸收文化养分，补充文化能量，并通过网络文化参与活动

① 刘胜枝：《当前我国网络文化生态的问题、原因及对策研究》，《北京邮电大学学报（社会科学版）》2015 年第 3 期，第 30 页。

推进或改善文化状态。良性文化生态不仅需要政府力量的介入和推动，更需要政府将网络组织和民众的文化素养提升作为必要条件，同时对各种文化形态进行创造性转化和创新性发展，通过最新的网络技术手段呈现文化风貌，展现文化特色，体现文化魅力。中华优秀传统文化博大精深，资源丰富，能够对网络文化繁荣作出巨大贡献，政府要将中华优秀传统文化资源的网络转化作为基础性工程进行推动，吸收世界文化精华，促进网络文化繁荣。

（四）社会调节。在网络社会中，不同社会组织和群体的爆发式出现和几何式成长是突出表现，原因在于网络社会主体之间跨地域的交互性机会和人员资源组合的重复性不断增加，造成了网络社会中非均衡性多样态社会群体发展状况，即能够通过网络吸纳社会资源的网络组织变得越来越强大，而小众群体也可以借助网络找到自己生存的基础环境。“对于话题的共识是对社群成员最具约束力的隐性规范，占据优势的网络社群通常表现得更为激烈，更易形成内群偏好和外群偏见。”①要针对性地对网络社会群体进行有效治理，关键在于既要积极创造有利于促进网络社会群体发展的政策环境，也要出台限制不良网络群体聚集的制度手段。在不同网络社会主体关系中，国家、社会和公民从本质上来说，都需要对自身的网络行为进行准确定位。国家既是网络社会的主导者，也是参与者，既负有调节网络社会关系的责任和义务，也享有通过不同方式获取网络资源的权力和权利；社会群体是网络社会的主要构成，必然是网络社会发展的主力军和助推器，具备利用网络技术发展壮大自身的机遇和挑战，内外群体关系的双面效应同时并存；公民个体是网络社会的基本因子，不同个体言行内在推动网络社会关系转换，形成社会舆论和社会压力。在网络社会主体调节中，政府承担国家职能，要自觉承担应有社会责任，主动介入网络社会失范状态，

① 何明升：《网络治理：中国经验和路径选择》，中国经济出版社 2017 年版，第 3 页。

运用不同手段协调矛盾、解决冲突、恢复秩序。网络群体要自觉遵守道德和法治规范，逐渐形成自治习性，在自我要求中形成行业规则，从而自我净化和自我发展，网络群体的交互关系可以相互监督、共同提升。公民个体的网络修养决定网络言行，既依赖于自身道德能力和道德水平，也需要政府对公民进行网络引导和规制。

四、网络社会的德法治理

"在虚拟空间，新的伦理规则建设会不断受到传统伦理规则的抗拒，新旧规则体系的并存、冲突，必然造成虚拟行为的两重性。"①网络社会是人类自身建构的虚拟世界，自律与他律依然是维持网络社会秩序的两个基本维度。

（一）道德发展。"网络空间的终极管理者是道德价值而不是工程师的代码。"②道德从本质上来说是人类为自己的立法，将自我言行进行自我约束和自我指引。网络社会中的道德内化要求比现实社会更为突出，因为在更大程度上突出了主体的价值，给予主体更大范围的自由空间和选择余地，事实上也就无形之中赋予主体更大的社会责任和使命。网络自由与网络责任之间相辅相成，只有拥有自由的个体主动承担责任，才能进一步享受自由；反过来说，主体承担更多的网络责任，才有可能不断丰富扩大网络自由。从这个意义上来说，网络社会的主体首先就是对自我道德要求的提升，不仅要承接现实社会道德要求，而且要依据网络社会虚拟场域进行道德净化。网络社会的道德净化基础就是虚拟社会关系和社会活动，根据虚拟关系和虚拟活动的要求，不断推进网络道德发展。网络社会初建时期，人们对网络社会的认知处于初级阶段，无法处理好在网络社会中的言行关系，从总体上失去网络道德

---

①　张明仓：《虚拟实践论》，云南人民出版社 2005 年版，第 241 页。

②　［美］理查德·斯皮内洛：《铁笼，还是乌托邦——网络空间的道德与法律》，李伦等译，北京大学出版社 2007 年版，第 44 页。

意识,导致虚拟空间道德迷茫。在互联网技术应用不断普及的过程中,人们发现可以运用互联网从事自己在现实社会无法完成或不敢完成的事情,从而不断出现道德失范言行。在网络社会与现实社会并行不悖以后,人们发现要想维持网络社会的可持续发展,必须重新在网络社会中遵守基本道德要求,并且随着网络社会发展不断改进网络道德规范。经过网络道德不同发展阶段以后,网络道德自律逐渐成为人类在虚拟空间中的自我立法。

(二)道德机制。"网络空间的变化通过挑战我们的基本道德观念,尤其是我们对于个体权利和责任的概念,对我们追求的善的理念,以及那些包含在我们社会制度中的战略的方式,来影响人与人之间的关系与人类的社会制度。"[①]网络社会道德不仅需要自我要求,同样离不开道德机制构建。也就是说,要适应网络社会要求,逐渐建构起对不同主体的网络道德调控系统。对于政府官员来说,网络社会是服务型政府的延伸,要不断优化网络政务道德,更好地为人民群众做好服务工作。对于企业组织来说,网络社会是连接市场和客户的桥梁,必须要最大化地保护客户利益,改善客户体验,改进市场环境,形成道德口碑,将创造经济效益和社会效益有机结合起来。对于公民个人来说,网络社会能够扩大自身影响,需要恰当地运用互联网技术工具维护自身权利,创造社会价值,推进网络繁荣。网络道德机制的建立过程就是网络社会自我发展的过程,需要多方主体的合力推动,并不断完善发展。"网络虚拟空间的二元性易致主体道德认知弱化,网络虚拟生存的非实体性易致主体道德情感淡漠,网络虚拟交往的匿名分散性易致主体道德责任缺失,网络虚拟活动的超现实性易致主体道德人格分裂。"[②]中华优秀传统文化的德治思想可以为网络道德机制的建构提供有益启示,在网络社会中倡导中华优秀传统文化的仁和思想,摒弃网络暴力和网

---

① D.G.Johnson, *Computers and Ethics*, National Forum, Vol.71, No.3, 1991, pp.15-18.

② 张元:《网络虚拟社会的道德困境与规范建构》,《理论月刊》2017 年第 9 期,第 158 页。

络对抗，无论是国家与国家之间，群体与群体之间、个人与个人之间都需要将彼此视为相互依存的命运共同体，从而改变网络社会道德风气。在网络社会中倡导通过礼治来作为言行准则，解决彼此之间的矛盾和冲突，而不会动辄诉诸情绪发泄、网络欺凌或网络攻击等极端手段，将网络技术制衡作为彼此尊重的前提条件。“在网络社会中，强调等级秩序的儒家伦理文化面临着信息化挑战，必须要通过虚拟实践活动加以有效转化，形成具有网络适应力的文化价值观，才有可能形成新型道德文化关系”，[①]不断提升网络社会道德凝聚力。

（三）法治信仰。“在自由国家里，至高无上的是法律而不是统治者，因而法律应当受到公民的尊重，即使在特定的情形中法律于他不利。”[②]法治工具依赖于法治信仰，只有建立了法治信仰才能有效执行法治工具。网络社会中法治信仰是建立在道德治理基础上的深化，是对善恶标准的制度体现，能够最大限度地调节网络社会发展方向。新时代中国特色社会主义对法治的信仰代表着对国家意志的信任，社会主义国家意志就是人民的集体意志。无论是在现实社会，还是网络社会，法治信仰从根本上都体现出社会的平等性，所有公民都有权公开获知法律内容，享有法律权利，受到法律约束，消除由于权力、利益、地位、资源的不平等分配导致的社会差别。“公众对政府的法治化信心对于公众凝聚力指数的影响最大。公众对政府的法治化信心越强，中国公众的凝聚力就越强。”[③]在网络社会中，由于所有主体都是基于网络平台开展的相应活动，只有通过法治体现出权利与义务之间关系，才可能从整体上推进网络社会繁荣和进步。网络社会法治信仰涵盖了国家、

---

① 陈联俊：《网络社会道德认同的变化与引导》，《首都师范大学学报（社会科学版）》2016 年第 3 期，第 131 页。

② ［美］乔治·萨拜因：《政治学说史》（第四版）（上），邓正来译，上海人民出版社 2010 年版，第 47 页。

③ 人民智库：《2016 年中国公众凝聚力调查报告》，《人民论坛》2016 年第 S2 期，第 79 页。

政府和社会之间关系，将法治国家、法治政府与法治社会统一起来，既要求从国家层面上设计网络社会的法律指引，也要求从政府层面上突出网络社会的法律执行，还要求从社会层面上强调网络社会的法律遵守，才能保证网络社会法治化进程越来越快，真正起到保障网络社会良性运行的作用。网络社会法治信仰的确立离不开理性健全的法治心态，要求人们从心底产生对宪法和法律的信任感和认同感，并能够在自己的网络活动中自觉践行，从而逐渐产生法治的内驱动力，促使网络社会的法治秩序能够逐渐形成良性循环。

（四）法治规范。网络社会的出现改变了现实法律环境，“损害了传统以地域为基础的法律的可行性和合法性，新的网络空间需要创造出不同与现实物理空间不同的法律规范和司法机构”。[①] 网络社会的法治信仰需要法治工具来实现，通过对网络社会权利、权力、义务、责任等多重要素的制度设计和合理分配来实现社会关系的有效平衡。从网络社会特性出发，确定享有相应权利的网络主体，以及具备的资格条件和场域环境。对不同主体相应享有的网络社会的具体权利和承担义务进行界定，并进行相应的制度化建设。对法律赋予主体实现权利的网络社会渠道、途径、手段和方法，进行较为明确的区分。对在网络社会中权利受到侵害的主体提供有效的救济方法。通过在网络社会中对权力的制度化建设，体现网络权力的公开性、平等性、正当性，进而将不同主体的网络权力透明化，防止权力越界或滥用，扼制资本力量泛滥。[②] 在网络社会法治建设中，要突出内部关联性和外部关联性，从内部来说，就是网络社会法治之间要彼此呼应，从制度设计到法律执行，不能相互矛盾冲突，形成系统效应。从外部来说，网络社会法治要与网络社会变迁因素相互关联，既要体现法治体系的本质稳定性，也要突出网络

① 郭玉军：《网络社会的国际法律问题研究》，武汉大学出版社 2010 年版，第 19 页。

② 参见陈联俊：《网络空间中马克思主义认同的挑战与应对》，《马克思主义研究》2017 年第 6 期。

法治的适时动态性。对于网络社会组织而言，要从不同组织特性出发，鼓励支持甚至强制性要求制定行业规范，遵循国家法治理念，体现网络组织发展要求，从而逐渐形成网络社会自发内生秩序，保护网络社会原发活力，将网络社会的合理性和合法性融为一体。同时，值得注意的是要将网络社会的无边界性和法治的国家化要求相互区分开来，在追求网络命运共同体的过程中体现出国家意志和国家力量，防止超越现实条件的法治设计，在坚持推进法治实效性和发展性相互统一过程中，形成新时代中国特色社会主义网络法治体系，不断增强和扩大网络社会的国家凝聚力。[①]

① 参见王人博、程燎原：《法治论》，广西师范大学出版社 2014 年版。

结 语

“一种新媒介的长处，将导致一种新文明的产生。”[①]在互联网技术与人类社会生活全面融合的时代，也就是网络文明时代来临之际，如何认识和理解网络社会中国家凝聚力的变化机理，进而构想合理的治理路向，不仅是国家治理现代化的需求，也是个体能否认清发展趋势，寻求虚拟发展路径的必然选项。

“在信息时代的黎明之际，合法性危机正在掏空工业时代的制度的意义和功能。”[②]在工业时代的制度文化逐渐失去价值功能之际，现代民族国家在网络时代必须要重新创建新型规则力量，以创造出不同的社会文化。无论是现实社会还是网络社会，只有把握住人的思想情感心理变化，才能进一步考察国家凝聚力的变化方向。网络社会中人的变化源于信息逻辑，信息逻辑改变了社会关系和社会活动形态，进而改变了人的现实性存在方式。在网络社会国家凝聚力的状况调查中，影响网络社会中国家凝聚力的因素众多，权重不同，方式不一，但不能忽视的主要因素是加强政府与公民之间的良性互动频率，不断提升彼此的信心和信任程度，从现实社会的强制性管理逐步走向相互依赖的

---

① [加]哈罗德·伊尼斯：《传播的偏向》，何道宽译，中国人民大学出版社 2003 年版，第 28 页。

② [美]曼纽尔·卡斯特：《认同的力量》，曹荣湘译，社会科学文献出版社 2006 年版，第 411 页。

信任性治理。信任关系的构建既需要法治力量作为规范性要素，同时也要充分发掘中华优秀传统文化资源优势。微信、微博、QQ 等网络公共领域的形式在不断变化之中，通过不同的技术工具聚合网络群体，改变群体活动规律，产生群体实践效应。网络社会国家凝聚力的变化呈现因果循环，将会给国家权力、社会力量和个体发展带来改变。

"技术对社会发展起决定性作用，但它却不是决定社会的唯一因素，也不能直接决定社会的发展状态。社会诸领域对技术的发展起巨大的制约作用，这种作用是能动的反作用，它延缓或加速技术的发展。"[①]互联网技术究竟如何改变国家凝聚力？网络社会体现的是虚实的、多维的、共时的时空，技术的、混合的、个性的文化，虚拟的、符号的、交互的情景，国家凝聚力不可能依赖技术本身实现，而必须在经济互联共振、政治机制变换、社会结构解体、文化价值交融等不同领域作用下的实践延伸。网络社会中个体的认知条件来源于虚拟空间中的信息流动，自我体验和自我认同发生转换，社会群体成员之间的心理作用机制在不断改变，体现出网络社会中国家的吸引力和向心力的变化。那么，如何看待网络社会国家凝聚力的变化机制和特质呢？根本性的是信息传播改变了主体的思想和行为方式，带来个体意识、群体意识和意识形态的变化，"同时，网络技术的更新及其引发的社会变革极大地拓展了公共领域的边界和疆域"。[②] 在变化过程中，微观基础和群体环境也在重组中产生新的运行方式。在网络社会中，国家权力和市场规律、社会力量、公民权利之间的关系相辅相成、相互制约、共同发展。国家凝聚力是多元开放的能量组合，可以从国家吸引力、社会信任度、群体归属感、公民权责心等方面加以体现。经济上的资源配置、就业

① 牟焕森：《存在"马克思主义技术决定论"吗？》，《自然辩证法研究》2000 年第 9 期，第 35 页。

② 陈潭：《治理的变革：网络空间的意义世界与行动逻辑》，人民出版社 2017 年版，第 2 页。

机会、生活体验的变化，政治上的公民参与、政治机制、政府执政的变化，文化上的传统、载体和创新的变化，精神上的信仰、信任、信心变化都能够从不同层面反映网络社会国家凝聚力的变化。网络社会国家凝聚力的变化方向要为国家、社会和个体的共同发展服务，突出引导价值。

技术与社会的联动必然带来国家权力和公民权利的变化，要重新建构良性循环模式，带来积极效果。信息时代的国家既要在网络社会中维护国家利益，也要秉承包容开放的精神，维护自身的网络主权，承担相应的网络责任，提供信息服务、参与网络治理、主导价值法规、创造全球文明，适应网络社会的传播规律，调整和重组国家形象战略。网络社会国家凝聚力的建设就是再造国家认同，将现实关系认同转移到虚拟空间之中，必然经历着“阵痛”过程，要从系统化、一体化、长期化的考量来设计，从而使得网络社会中的国家认同在公民参与、政治信任、公共精神、道德生态中重生，形成网络与现实社会的合力效应。随着网络技术发展无论采取何种的治理方式，关键在于深刻认知和理解互联网技术带来的颠覆性改变，适应网络主体的认知视角和行为范式，将社会运作系统建立在虚拟空间规律之中，而不仅简单地从治理需求出发，制定治理政策，要将多元主体的多种诉求融合起来，建立多边、民主、透明的全球互联网治理体系。①

“在网络中，个人已经不再是实现社会伟大目标的工具，人本身成为终极目标，人对一切值得关注的问题的关心，既是对自我的证明也是对自我的建构。”②未来已来，时不我待。互联网技术变革既在昨天，也在今天，更在明天。可以说，当今世界没有国家能够无视互联网技术变化，也不可能超脱于网络社会带来的全方位变革。对网络社会国家凝

① 参见《习近平谈治国理政》第二卷，外文出版社 2017 年版。

② 张康之、向玉琼：《网络空间中的政策问题建构》，《中国社会科学》2015 年第 2 期，第 135 页。

聚力的变化研究只是单一维度的透视，随之而来的需要在更大层面上对网络治理体系现代化变革的研究。只有越来越深入地认识变化、理解变化，才能不断优化国家、社会和个体的平衡关系，促进形成网络社会中自律与他律协调运行的长效机制。

参 考 文 献

一、经典著作、文件及工具书

《马克思恩格斯全集》第1卷,人民出版社1956年版。

《马克思恩格斯全集》第3卷,人民出版社2002年版。

《马克思恩格斯全集》第3卷,人民出版社1960年版。

《马克思恩格斯全集》第19卷,人民出版社1963年版。

《马克思恩格斯全集》第20卷,人民出版社1971年版。

《马克思恩格斯全集》第21卷,人民出版社1965年版。

《马克思恩格斯文集》第2卷,人民出版社2009年版。

《马克思恩格斯文集》第10卷,人民出版社2009年版。

《马克思恩格斯选集》第1卷,人民出版社1995年版。

《列宁全集》第37卷,人民出版社1986年版。

《习近平谈治国理政》第一卷,外文出版社2014年版。

《习近平谈治国理政》第二卷,外文出版社2017年版。

习近平:《决胜全面建成小康社会　夺取新时代中国特色社会主义伟大胜利——在中国共产党第十九次全国代表大会上的报告》,人民出版社2017年版。

习近平:《在哲学社会科学工作座谈会上的讲话》,人民出版社2016年版。

中共中央宣传部:《习近平新时代中国特色社会主义思想三十讲》,学习出版社2018年版。

中共中央宣传部:《习近平总书记系列重要讲话读本(2016年版)》,学习出版社、人民出版社2016年版。

《中共中央关于全面推进依法治国若干重大问题的决定》,人民出版社

2014 年版。

《辞海》(1999 年版缩印本),上海辞书出版社 2000 年版。

冯契主编:《哲学大辞典·上》,上海辞书出版社 2007 年版。

二、中文著作及报告

包亚明主编:《文化资本与社会炼金术——布尔迪厄访谈录》,包亚明译,上海人民出版社 1997 年版。

蔡文之:《网络:21 世纪的权力与挑战》,上海人民出版社 2007 年版。

曾令辉:《虚拟社会人的发展研究》,人民出版社 2009 年版。

陈潭等:《大数据时代的国家治理》,中国社会科学出版社 2015 年版。

陈潭:《治理的变革:网络空间的意义世界与行动逻辑》,人民出版社 2017 年版。

陈联俊:《网络社会青年公民意识的发生与引导》,中国社会科学出版社 2015 年版。

丁春燕:《网络社会法律规制论》,中国政法大学出版社 2016 年版。

丁锦红、张钦、郭春彦:《认知心理学》,中国人民大学出版社 2010 年版。

对外传播中的国家形象设计项目组:《对外传播中的国家形象设计》,外文出版社 2012 年版。

方建移、章洁:《大众传媒心理学》,浙江大学出版社 2007 年版。

冯留建:《公民意识新论》,新华出版社 2009 年版。

甘绍平:《应用伦理学前沿问题研究》,江西人民出版社 2002 年版。

郭明飞:《网络发展与我国意识形态安全》,中国社会科学出版社 2009 年版。

郭玉军:《网络社会的国际法律问题研究》,武汉大学出版社 2010 年版。

韩震:《全球化时代的文化认同与国家认同》,北京师范大学出版社 2013 年版。

何明升等:《网络治理:中国经验和路径选择》,中国经济出版社 2017 年版。

胡昌龙:《虚拟社会网络下集群行为感知与规律研究》,武汉大学出版社 2016 年版。

胡泳:《众生喧哗:网络时代的个人表达与公共讨论》,广西师范大学出版社 2008 年版。

黄传新:《社会主义意识形态的吸引力和凝聚力研究》,学习出版社 2012 年版。

姬广绪:《网络与社会——互联网人类学研究前沿》,社会科学文献出版社 2018 年版。

金圣荣:《颠覆世界的互联网思维》,中国经济出版社 2015 年版。

李辉:《现代思想政治教育环境研究》,广东人民出版社 2005 年版。

李强:《社会分层十讲》,社会科学文献出版社 2011 年版。

李一:《网络社会治理》,中国社会科学出版社 2014 年版。

李友梅、肖瑛、黄晓春:《社会认同:一种结构视野的分析》,上海人民出版社 2007 年版。

李振等:《大数据时代的网络社会》,学林出版社 2015 年版。

李智:《中国国家形象:全球传播时代建构主义的解读》,新华出版社 2011 年版。

林晖:《断裂与共识:网络时代的中国主流媒体与主流价值观构建》,复旦大学出版社 2013 年版。

刘国强:《媒介身份重建:全球传播与国家认同建构研究》,四川大学出版社 2009 年版。

刘康:《国家形象与政治传播》(第一辑),上海交通大学出版社 2010 年版。

刘朋:《中国形象传播历史与变革》,经济科学出版社 2012 年版。

刘少杰:《当代中国意识形态变迁》,中央编译出版社 2012 年版。

刘文富:《网络政治:网络社会与国家治理》,商务印书馆 2004 年版。

刘学谦、何新生、甄翠敏:《国家凝聚力理论与实证研究》,经济日报出版社 2013 年版。

刘学谦:《当代中国凝聚力大典》,红旗出版社 1997 年版。

刘志刚:《网络空间的文化治理》,江苏人民出版社 2014 年版。

龙小农:《从形象到认同:社会传播与国家认同建构》,中国传媒大学出版社 2012 年版。

卢勋等:《中华民族凝聚力的形成与发展》,社会科学文献出版社 2007 年版。

鲁传颖:《网络空间治理与多利益攸关方理论》,时事出版社 2016 年版。

鲁宽民:《网络虚拟社会建设论略》,人民出版社 2013 年版。

罗昕、支庭荣:《中国网络社会治理研究报告(2017)》,社会科学文献出版社 2017 年版。

孟昭兰:《情绪心理学》,北京大学出版社 2005 年版。

潘维、玛雅主编:《聚焦当代中国价值观》,生活 · 读书 · 新知 三联书店 2008 年版。

彭兰:《网络传播学》,中国人民大学出版社 2009 年版。

沙莲香:《社会心理学》,中国人民大学出版社 2006 年版。

时蓉华:《现代社会心理学》(修订版),华东师范大学出版社 2007 年版。

宋元林等:《网络文化与人的发展》,人民出版社 2009 年版。

孙午生:《网络社会治理法治化研究》,法律出版社 2014 年版。

申文杰:《马克思主义意识形态话语权理论阐释与实践探索》,人民出版社 2017 年版。

师曾志、金锦萍:《新媒介赋权:国家与社会的协同演进》,社会科学文献出版社 2013 年版。

汤志伟:《网络空间群体行为规律与政府治理研究》,人民出版社 2014 年版。

唐兴通:《引爆社群:移动互联网时代的新 4C 法则》,机械工业出版社 2016 年版。

童世骏:《意识形态新论》,上海人民出版社 2006 年版。

涂子沛:《大数据》,广西师范大学出版社 2015 年版。

王江燕:《全球化与中华民族凝聚力问题研究》,广东人民出版社 2007 年版。

王力:《移动互联网思维》,清华大学出版社 2015 年版。

王人博、程燎原:《法治论》,广西师范大学出版社 2014 年版。

王四新:《网络空间的表达自由》,社会科学文献出版社 2007 年版。

吴国盛:《技术哲学经典读本》,上海交通大学出版社 2008 年版。

吴声:《场景革命》,机械工业出版社 2016 年版。

夏燕:《网络空间的法理研究》,法律出版社 2016 年版。

肖峰:《信息主义:从社会观到世界观》,中国社会科学出版社 2010 年版。

许子敬:《链接未来:迎接区块链与数字资产的新时代》,机械工业出版社 2018 年版。

杨立英、曾盛聪:《全球化、网络化境遇与社会主义意识形态建设研究》,人民出版社 2007 年版。

杨雄:《网络时代行为与社会管理》,上海社会科学院出版社 2007 年版。

闫方洁:《自媒体时代意识形态工作研究》,人民出版社 2018 年版。

俞可平:《论国家治理现代化》,社会科学文献出版社 2014 年版。

俞可平等:《全球化与国家主权》,社会科学文献出版社 2004 年版。

喻卫斌:《不确定性和网络组织研究》,中国社会科学出版社 2007 年版。

袁峰、顾铮铮、孙珏:《网络社会的政府与政治》,北京大学出版社 2006 年版。

翟学伟、甘会斌、褚建芳编译:《全球化与民族认同》,南京大学出版社 2009 年版。

翟振明:《有无之间——虚拟实在的哲学探险》,孔红艳译,北京大学出版社 2007 年版。

詹姆斯·罗尔:《媒介、传播、文化:一个全球性的途径》,商务印书馆 2012 年版。

张化冰:《网络空间的规制与平衡》,中国社会科学出版社 2013 年版。

张明仓:《虚拟实践论》,云南人民出版社 2005 年版。

张再兴:《网络思想政治教育研究》,经济科学出版社 2009 年版。

张志丹:《意识形态功能提升新论》,人民出版社 2017 年版。

张志安:《网络空间法治化:互联网与国家治理年度报告(2015)》,商务印书馆 2015 年版。

张放:《想象的互动:网络人际传播中的印象形成》,北京大学出版社 2017 年版。

郑杭生:《社会学概论新修》(第四版),中国人民大学出版社 2013 年版。

郑元景:《虚拟生存研究》,社会科学文献出版社 2012 年版。

中国互联网络信息中心(CNNIC):《第 43 次中国互联网络发展状况统计报告》,http://www.cnnic.cn/hlwfzyj/hlwxzbg/hlwtjbg/201902/P020190318523029756345.pdf。

三、中文期刊及报刊

敖成兵:《QQ 空间与大学生“微我”视界》,《当代青年研究》2017 年第 6 期。

薄明华、曾长秋:《论我国时政类网络社区舆论生态及其治理》,《湖南大学学报(社会科学版)》2015 年第 6 期。

卞玉龙、韩磊、周超、陈英敏、高峰强:《虚拟现实社交环境中的普罗透斯效应:情境、羞怯的影响》,《心理学报》2015 年第 3 期。

蔡翠红:《国家—市场—社会互动中网络空间的全球治理》,《世界经济与政治》2013 年第 9 期。

蔡骐:《网络虚拟社区中的趣缘文化传播》,《新闻与传播研究》2014 年第 9 期。

蔡曙山:《网络和虚拟条件下的道德行为——基于当代认知科学立场的分析》,《人民论坛·学术前沿》2016 年第 24 期。

曹劲松:《网络论坛的民意沟通与疏导》,《南京社会科学》2011 年第 10 期。

曹学娜、蔡静静:《冲突融合中的网络文化与传统文化》,《理论与改革》2011 年第 5 期。

曹学娜:《推动传统文化在网络文化中的传承与发展》,《理论探讨》2010 年第 4 期。

曾建平、刘爽:《论 QQ 传播的层级性受众和层级性产业》,《现代传播》2018 年第 2 期。

曾鹏:《群体网络与集体行动生发的可能性》,《浙江学刊》2009 年第 1 期。

陈氚:《构建创新型网络社会治理体系——以网络社群治理为分析对象》,《中国特色社会主义研究》2017 年第 6 期。

陈静静:《网络语言的互联网群体传播本质及互动》,《当代传播》2017 年第 4 期。

陈联俊:《网络空间中马克思主义认同的挑战与应对》,《马克思主义研究》2017 年第 6 期。

陈联俊:《网络社会中群体意识的发生与引导》,《政治学研究》2010 年第 2 期。

陈联俊:《移动网络空间中感性意识形态兴起的价值省思》,《马克思主义与现实》2018 年第 2 期。

陈联俊:《网络空间中主流价值认同的分化与重塑》,《中国特色社会主义研究》2017 年第 6 期。

陈联俊:《网络社会“微博”舆论场域的生成与引导》,《社会主义研究》2012 年第 6 期。

陈联俊:《警惕资本逻辑影响网络舆论导向》,《红旗文稿》2018 年第 9 期。

陈联俊:《网络社会中国家意识的消解与重构》,《学习与探索》2012 年第 3 期。

陈联俊:《移动网络空间国家认同的变化与建构》,《宁夏社会科学》2017 年第 3 期。

陈联俊:《虚拟实践:虚拟社会人的存在方式》,《学术论坛》2014 年第 3 期。

陈联俊:《“微信”场域中的舆论生态及其治理》,《首都师范大学学报(社会科学版)》2017 年第 5 期。

陈联俊:《网络社会道德认同的变化与引导》,《首都师范大学学报(社会科学版)》2016 年第 3 期。

陈联俊:《国家凝聚力在网络社会的变化机理及其路径重构》,《中共浙江省委党校学报》2016 年第 5 期。

陈薇:《媒介化社会的认知影像:国家形象研究的理论探析》,《新闻界》2014 年第 16 期。

陈晓强:《虚拟社群:一种新的、真实的社群形式》,《社会》2002 年第 9 期。

陈载舸:《国家凝聚力与民族凝聚力之辨析》,《广东省社会主义学院学报》2009 年第 7 期。

陈宗章:《网络空间中意识形态领导权与价值秩序的建构》,《理论与改革》2015 年第 2 期。

程建家、殷正坤:《虚拟生存的意义性探究》,《自然辩证法研究》2001 年第 2 期。

程琳:《切实保障国家数据安全》,《光明日报》2018 年 7 月 10 日。

邓胜利、周婷:《社交网站的用户交互动力研究》,《情报科学》2014 年第 4 期。

邓志强:《网络时代社会认同的时空转换》,《人文杂志》2014 年第 8 期。

范红:《国家形象的多维塑造与传播策略》,《清华大学学报(哲学社会科学版)》2013 年第 2 期。

方世南、徐雪闪:《唯物史观视野下网络意识形态安全的民意基础》,《思想理论教育》2018 年第 1 期。

方志钦、朱新墉:《论中华民族凝聚力的物质基础》,《学术研究》1992 年第 2 期。

冯鹏志:《"数字化乐园"中的"阴影":网络社会问题的面相与特征》,《自然辩证法通讯》1999 年第 5 期。

付丽:《网络主体虚拟生存特征的文化学思考》,《学习与探索》2010 年第 6 期。

甘险峰:《国家形象传播范式辨析》,《中州学刊》2014 年第 11 期。

高兆明:《网络社会中的自我认同问题》,《天津社会科学》2003 年第 2 期。

葛红宁、周宗奎、牛更枫、陈武:《社交网站使用能带来社会资本吗?》,《心理科学进展》2016 年第 3 期。

龚婷:《网络社会:弘扬中华优秀传统文化的新场域》,《云南行政学院学报》2017 年第 6 期。

韩运荣、何睿敏:《中国网络舆论生态的变化与特点》,《新闻与写作》2018 年第 7 期。

何伟奇:《如何正确对待网络微信息传播》,《青年记者》第 22 期。

何哲:《网络社会治理的若干关键理论问题及治理策略》,《理论与改革》2013 年第 3 期。

侯天佐:《网络空间中提升马克思主义意识形态话语权的对策》,《思想理论教育导刊》2018 年第 1 期。

侯岩:《网络虚拟自我与人格新探》,《河南师范大学学报(哲学社会科学版)》2013 年第 4 期。

胡帆、马爱花:《网络文化:传统文化发展的新途径》,《天府新论》2008 年第 1 期。

胡海:《"流动"与"关系"——"网络社会"权力场域分析的新起点》,《现代传播》2016 年第 10 期。

胡潇:《论网络文化对哲学思维的解构》,《学术研究》2013 年第 10 期。

胡正荣:《权利表达与协商民主: 辨析新媒体时代的公民网络社会参与》,《郑州大学学报(哲学社会科学版)》2012 年第 6 期。

黄靖生、黄隆生:《民族和国家凝聚力的社会心理探析》,《广西民族学院学报(哲学社会科学版)》2000 年第 2 期。

黄滢、王刚:《网络社会治理中的政府能力重塑》,《人民论坛》2018 年第 16 期。

贾英健:《论虚拟生存》,《哲学动态》2006 年第 7 期。

姜飞、侯锷:《政务微博中传播权力和传播信用的博弈》,《现代传播》2018 年第 2 期。

蒋建国:《技术与文化的变奏:中国网络文化发展的历史考察》,《社会科学战线》2017 年第 11 期。

蒋晓丽、何飞:《互动仪式理论视域下网络话题事件的情感传播研究》,《湘潭大学学报(哲学社会科学版)》2016 年第 2 期。

解丽霞:《中国文化 · 民族精神 · 文化变迁——中华民族凝聚力的文化学寻源》,《广西民族研究》2007 年第 2 期。

解学芳、臧志彭:《网络文化产业动态演化机理与新治理体系构建》,《东南学术》2015 年第 4 期。

金太军、姚虎:《国家认同:全球化视野下的结构性分析》,《中国社会科学》2014 年第 6 期。

黎慈、孟卧杰:《国际网络社会治理中的"单边主义"困境及其破解之道》,《理论导刊》2017 年第 6 期。

李劼:《网络直播火爆,警惕助长不良风气》,《南方日报》2016 年 6 月 7 日。

李辉:《网络虚拟交往中的自我认同危机》,《社会科学》2004 年第 6 期。

李静瑞、肖峰:《论网络知识中的"奥威尔问题"》,《自然辩证法研究》2018 年第 5 期。

李娟、王卓君:《网络文化与社会秩序构建》,《学术界》2012 年第 12 期。

李梅:《宏大与细小——谈新媒介环境下国家形象片叙事方式转变》,《中国出版》2015 年第 4 期。

李齐、李建呈、李松玉:《网络社会政府治理变革的逻辑结构》,《中国行政管理》2017 年第 7 期。

李西杰:《国家认同视野下的公民意识"他者"化问题》,《哲学研究》2015 年第 12 期。

李晓岗:《战后美国犹太人民族凝聚力的盛衰》,《历史研究》1997 年第 2 期。

李泽泉:《德法并举:规范视域下的公民价值观教育》,《中国特色社会主义研究》2016 年第 5 期。

李志雄:《网络社群的变迁趋势和负效应》,《当代传播》2013 年第 3 期。

李宗桂:《优秀文化传统与民族凝聚力》,《哲学研究》1992 年第 2 期。

林伯海、刘波:《习近平"网络空间命运共同体"思想及其当代价值》,《思想理论教育导刊》2017 年第 8 期。

刘国建、刘晔:《论虚拟思维的层次、特征及价值意蕴》,《江汉论坛》2010 年第 8 期。

刘济良、霍洁、周亚文、党晶:《论微信影响下的青少年价值观教育》,《教育研究》2018 年第 1 期。

刘敬孝、杨晓莹、连铃丽:《国外群体凝聚力研究评介》,《外国经济与管理》2016 年第 3 期。

刘少杰、王春锦:《网络外卖的时空压缩与时空》,《学术界》2017 年第 3 期。

刘少杰:《网络空间的现实性、实践性与群体性》,《学习与探索》2017 年第 2 期。

刘少杰:《网络社会的时空扩展、时空矛盾与社会治理》,《社会科学战线》2016 年第 11 期。

刘胜枝:《当前我国网络文化生态的问题、原因及对策研究》,《北京邮电大学学报(社会科学版)》2015 年第 3 期。

刘学谦:《如何增强当代中国国家凝聚力》,《光明日报》2014 年 1 月 22 日。

刘学谦:《中国国家凝聚力的内涵、特点及动力》,《新疆师范大学学报(哲学社会科学版)》2014 年第 5 期。

刘艳:《论网络群体与高校思想政治教育》,《学校党建与思想教育》2008 年第 11 期。

刘永志:《西方意识形态网络渗透新态势及我国对策》,《马克思主义研究》2017 年第 12 期。

娄杰:《中华民族凝聚力的历史文化底蕴》,《中共中央党校学报》2007 年第 6 期。

鲁品越:《社会凝聚力简论》,《社会学研究》1992 年第 2 期。

吕欣:《网络话语的修辞建构与意义生成研究》,《现代传播》2017 年第 11 期。

马振清、王勇军:《国家治理现代化与正确处理政府、市场和社会的关系》,《河北学刊》2016 年第 2 期。

马中柱:《论国家凝聚力和民族凝聚力》,《岭南学刊》2009 年第 4 期。

马忠君:《虚拟社群中虚拟自我的建构与呈现》,《现代传播》2011 年第 6 期。

孟天广、李锋:《网络空间的政治互动:公民诉求与政府回应性》,《清华大学学报(哲学社会科学版)》2015 年第 3 期。

孟威:《网络"虚拟世界"的符号意义》,《新闻与传播研究》2001 年第 4 期。

牟焕森:《存在"马克思主义技术决定论"吗?》,《自然辩证法研究》2000 年第 9 期。

倪晓莉、周小军、吉瑞娜:《虚拟社会关系中的人际信任研究》,《兰州大学学报(社会科学版)》2010 年第 1 期。

牛更枫、鲍娜、范翠英、周宗奎、孔繁昌、孙晓军:《社交网站中的自我呈现对自尊的影响:社会支持的中介作用》,《心理科学》2015 年第 4 期。

庞正、周恒:《场域抑或主体:网络社群的理论定位》,《社会科学战线》2017 年第 12 期。

全燕:《"后真相时代"社交网络的信任异化现象研究》,《南京社会科学》2017 年第 7 期。

阙天舒:《中国网络空间中的国家治理:结构、资源及有效介入》,《当代世界与社会主义》2015 年第 2 期。

人民智库:《2016 年中国公众凝聚力调查报告》,《人民论坛》2016 年第 S2 期。

沈其新、邓学源:《论社会主义核心价值体系与当代中华民族凝聚力的进一步增强》,《湖南大学学报(社会科学版)》2009 年第 2 期。

宋红岩:《网络社群生成与群体性媒介素养教育》,《中国广播电视学刊》2011 年第 4 期。

孙涛:《国家市场社会三维视域下社会治理结构重塑探析》,《中共福建省委党校学报》2016 年第 5 期。

孙伟平、贾旭东:《关于"网络社会"的道德思考》,《哲学研究》1998 年第 8 期。

孙玮:《微信:中国人的“在世存有”》,《学术月刊》2015 年第 12 期。

孙余余:《论人的虚拟生存的生成》,《齐鲁学刊》2011 年第 4 期。

孙源南、权相禧:《社交网络空间认知对自我表露的影响》,《青年机制》2014 年第 8 期。

汤景泰、林如鹏:《论习近平新时代网络强国思想》,《新闻与传播研究》2018 年第 1 期。

唐丹:《网络时代中国传统文化的传播策略》,《武汉理工大学学报(社会科学版)》2013 年第 4 期。

唐魁玉:《网络文化价值与网民的核心价值观》,《学术月刊》2012 年第 11 期。

唐魁玉:《虚拟空间中的心身问题》,《哲学动态》2007 年第 4 期。

唐魁玉、张旭:《网络社会质量的数据化基础》,《自然辩证法研究》2018 年第 8 期

唐庆鹏、郝宇青:《互动与互御: 公民网络政治参与中的主体性问题研究》,《人文杂志》2018 年第 2 期。

唐任伍、邵波:《论微信在新时代治国理政中的重要作用》,《人民论坛 · 学术前沿》2018 年第 10 期。

唐远清:《习近平总书记的网络空间治理思想》,《前线》2017 年第 8 期。

田林楠:《网络情感是如何极化的? ——一个情感社会学的视角》,《天府新论》2017 年第 2 期。

田旭明:《论中华民族凝聚力发展的基本规律》,《理论导刊》2013 年第 12 期。

田佑中、陈磊:《论因特网时代的社会时空》,《南京政治学院学报》2001 年第 6 期。

童星、罗军:《网络社会及其对经典社会学理论的挑战》,《南京大学学报(哲学 · 人文科学 · 社会科学版)》2001 年第 5 期。

汪玉凯:《网络社会中的公民参与》,《中共中央党校学报》2015 年第 4 期。

王伯鲁:《技术文化及其当代特征解析》,《科学技术哲学研究》2012 年第 6 期。

王芳:《在线信任与网络空间的秩序重构》,《江海学刊》2017 年第

6 期。

王冠宇:《突发事件中微博的正能量传播机制探析》,《思想理论教育》2014 年第 11 期。

王金水:《网络政治参与与政治稳定机制研究》,《政治学研究》2012 年第 4 期。

王利明:《论网络环境下人格权的保护》,《中国地质大学学报(社会科学版)》2012 年第 4 期。

王曼、杜建:《网络视阈下大学生政治信仰培育的新路径》,《中国青年研究》2017 年第 3 期。

王涛、姚崇:《网络虚拟空间社会主义意识形态传播及其建设研究》,《北京师范大学学报(社会科学版)》2017 年第 2 期。

王希恩:《中华民族凝聚力的更新和重构》,《民族研究》2006 年第 3 期。

王秀丽:《网络社区意见领袖影响机制研究》,《国际新闻界》2014 年第 9 期。

王英杰:《网络空间的价值认同:特点、规律及其引导》,《理论导刊》2013 年第 11 期。

王真慧、龙运荣:《网络时代民族文化保护与开发互动研究》,《广西民族研究》2011 年第 2 期。

王卓君、何华玲:《全球化时代的国家认同:危机与重构》,《中国社会科学》2013 年第 9 期。

韦吉锋、曹文华:《试论网络与社会心理的交互整合》,《南昌大学学报(人文社会科学版)》2005 年第 4 期。

吴满意、景星维:《网络人际互动对人类交往实践样态的崭新形塑》,《重庆邮电大学学报(社会科学版)》2015 年第 2 期。

吴青熹:《习近平网络社会治理思想的三个维度》,《东南大学学报(哲学社会科学版)》2017 年第 6 期。

吴玉军:《国家认同视阈中的社会主义核心价值体系》,《中国特色社会主义研究》2011 年第 4 期。

吴宗英:《略论价值观与民族凝聚力》,《学术月刊》1992 年第 11 期。

[乌克兰]H.B.科蕾特妮科娃:《互联网时代的网络依赖性及人格缺失》,《社会科学战线》2013 年第 12 期。

奚冬梅:《社会主义核心价值观网络话语构建的特征与策略研究》,《思想教育研究》2017 年第 8 期。

谢维:《近代中国与民族凝聚力学术讨论会综述》,《近代史研究》1994 年第 5 期。

谢玉进、赵玉枝:《网络主流意识形态传播的基本矛盾与优化策略》,《思想理论教育》2018 年第 8 期。

熊光清:《网络社会的兴起与治理变革:中国的问题与出路》,《学习与探索》2017 年第 9 期。

徐世甫:《虚拟生存的哲学反思》,《南京社会科学》2003 年第 2 期。

闫坤如、马少卿:《人工智能伦理问题及其规约之径》,《东北大学学报(社会科学版)》2018 年第 4 期。

闫利颖、颜吾佴:《国家治理视野下公民网络参政的引导与规制》,《北京交通大学学报(社会科学版)》2017 年第 4 期。

严俊、俞国斌:《网络传播、政治沟通与社会治理:传播路径的分析视角》,《马克思主义与现实》2015 年第 6 期。

杨聪:《网络符号文化主体与客体》,《北京师范大学学报(社会科学版)》2010 年第 5 期。

杨嵘均:《人格尊严保护:网络文明和网络伦理建设的价值内核》,《道德与文明》2017 年第 5 期。

杨嵘均:《网络空间全球治理体系的价值共识与伦理责任》,《中国行政管理》2017 年第 10 期。

杨嵘均:《网络虚拟社群对政治文化与政治生态的影响及其治理》,《学术月刊》2017 年第 5 期。

杨异、王续琨:《网络时代下公民权利意识培育问题研究》,《湖南社会科学》2013 年第 4 期。

姚锦云:《QQ 人际传播对高校思想政治教育的启示》,《学校党建与思想教育》2011 年第 23 期。

殷丽萍:《美国国家凝聚力形成原因的启示》,《学校党建与思想教育》2011 年第 3 期。

尹金凤、胡文昭:《"仪式观"视阈下微信朋友圈的伦理功能与隐忧》,《道德与文明》2018 年第 2 期。

喻国明:《社交网络时代话语表达的特点与逻辑》,《新闻与写作》2017 年第 7 期。

岳爱武、张尹:《习近平网络强国战略的四重维度论析》,《马克思主义研究》2018 年第 1 期。

张爱凤:《网络舆情中的文化政治》,《新闻与传播研究》2017 年第 2 期。

张爱军、秦小琪:《网络意识形态去中心化及其治理》,《理论与改革》2018 年第 1 期。

张爱军、王喜春:《微博"意识形态极化"现象研究》,《自然辩证法研究》2016 年第 1 期。

张东、代征:《网络游戏价值导向:意蕴、困境与对策》,《探索》2014 年第 2 期。

张竑:《虚拟实践的哲学透视》,《天府新论》2018 年第 2 期。

张华:《网络社群的崛起及其社会治理意义》,《编辑之友》2017 年第 5 期。

张军:《网络时代个体分化与社会表象整合》,《天津社会科学》2013 年第 5 期。

张欧:《网络文化的意蕴》,《思想教育研究》2011 年第 12 期。

张其学:《媒介帝国主义:文化霸权主义的当代形态》,《南京社会科学》2004 年第 10 期。

张绍荣:《论习近平构建网络空间命运共同体思想》,《思想理论教育导刊》2017 年第 6 期。

张文宏:《网络社群的组织特征及其社会影响》,《江苏行政学院学报》2011 年第 4 期。

张晓:《网络社会治理的四个维度》,《中国行政管理》2017 年第 9 期。

张晓琴:《论国家权力对公民权利的保障》,《宁夏大学学报(人文社会科学版)》2009 年第 2 期。

张新宝、许可:《网络空间主权的治理模式及其制度构建》,《中国社会科学》2016 年第 8 期。

张元:《网络虚拟社会的道德困境与规范建构》,《理论月刊》2017 年第 9 期。

张志安、汤敏:《网络技术、人工智能和舆论传播的机遇及挑战》,《传媒》2018 年第 13 期。

张志安、吴涛:《互联网治理与国家治理:关系、影响与对策》,载于张志安主编:《网络空间法治化——互联网与国家治理年度报告(2015)》,商务印书馆 2015 年版。

章忠民、张亚玲:《国家凝聚力的构成及其矛盾张力探源》,《马克思主义研究》2012 年第 1 期。

赵剑英:《加强对技术社会形态问题的研究》,《马克思主义与现实》2011 年第 1 期。

赵静蓉:《现代人归属感的缺失——以“公域”与“私域”的区隔为视角》,《江西社会科学》2014 年第 6 期。

赵丽涛:《我国主流意识形态网络话语权研究》,《马克思主义研究》2017 年第 10 期。

赵惜群、许婷、翟中杰:《国外网络文化建设的经验及其启示》,《当代世界与社会主义》2013 年第 1 期。

赵晓红、安维复:《网络社会:一种共享的交往模式》,《自然辩证法研究》2003 年第 10 期。

郑傲:《网络多元文化的形成及其整合机制》,《现代传播》2012 年第 12 期。

郑秉文、李妍花:《我国网络创业就业特征及其对社会保险可及性的挑战》,《辽宁大学学报(哲学社会科学版)》2018 年第 4 期。

周大鸣:《论中华民族凝聚力的核心——文化精神》,《学术研究》1992 年第 2 期。

周恩毅、胡金荣:《网络公民参与:政策网络理论的分析框架》,《中国行政管理》2014 年第 11 期。

周蜀秦、宋道雷:《现实空间与网络空间的政治生活与国家治理》,《南京师大学报(社会科学版)》2015 年第 6 期。

周甄武:《虚拟实践:人类新的实践形式》,《中国人民大学学报》2006 年第 2 期。

朱海龙:《网络社会“组织化”与政治参与》,《社会科学》2015 年第 3 期。

朱廷劭、李昂:《网络社会的行为规范》,《科学与社会》2013 年第 4 期。

朱耀先:《实现中国梦必须增强国家凝聚力》,《光明日报》2013 年 10 月 4 日。

朱耀先:《实现中国梦与增强国家凝聚力》,《中共中央党校学报》2013 年第 5 期。

左才:《网络社会与国家治理研究》,《南开学报(哲学社会科学版)》2018 年第 3 期。

四、中文译著及英文文献

[澳]约翰·特纳:《自我归类论》,杨宜音、王兵、林含章译,中国人民大学出版社 2011 年版。

[德]卡尔·雅斯贝斯:《时代的精神状况》,王德峰译,上海译文出版社 2008 年版。

[德]恩斯特·卡西尔:《人论》,甘阳译,上海译文出版社 2004 年版。

[德]斐迪南·滕尼斯:《共同体与社会》,林荣远译,商务印书馆 1999 年版。

[德]克劳斯·施瓦布:《第四次工业革命》,李菁译,中信出版社 2016 年版。

[德]尼克拉斯·卢曼:《信任》,瞿铁鹏译,世纪出版集团 2005 年版。

[德]伊曼努尔·康德:《道德形而上学原理》,苗力田译,世纪出版集团 2005 年版。

[法]埃里克·麦格雷:《传播理论史——一种社会学的视角》,李祖德译,中国传媒大学出版社 2009 年版。

[法]皮埃尔·布尔迪厄、[美]华康德:《反思社会学导引》,李猛、李康译, 商务印书馆 2015 年版。

[法]让-皮埃尔·戈丹:《何谓治理》,钟震宇译,社会科学文献出版社 2010 年版。

[法]让-伊夫·戈菲:《技术哲学》,董茂永译,商务印书馆 2000 年版。

[古罗马]西塞罗:《论共和国》,王焕生译,上海人民出版社 2006 年版。

[荷]简·梵·迪克等:《网络社会:新媒体的社会层面》,蔡静译,清华大学出版社 2014 年版。

[荷]西斯·J.哈姆林克等:《赛博空间伦理学》,李世新译,首都师范大学出版社 2010 年版。

[荷]约斯·德·穆尔:《赛博空间的奥德赛》,麦永雄译,广西师范大学出版社 2007 年版。

[加]埃里克·麦克卢汉、弗兰克·秦格龙编:《麦克卢汉精粹》,何道宽译,南京大学出版社 2000 年版。

[加]哈罗德·伊尼斯:《传播的偏向》,何道宽译,中国人民大学出版社 2003 年版。

[加]马歇尔·麦克卢汉:《理解媒介——论人的延伸》,何道宽译,商务印书馆 2000 年版。

[古希腊]亚里士多德:《政治学》,吴寿彭译,商务印书馆 1965 年版。

[美]阿尔文·托夫勒:《权力的转移》,吴迎春、傅凌译,中信出版社 2006 年版。

[美]戴维·伊斯顿:《政治生活的系统分析》,王浦劬译,华夏出版社 1999 年版。

[美]丹尼尔·贝尔:《后工业社会的来临》,高铦、王宏周、魏章玲译,新华出版社 1997 年版。

[美]菲利克斯·格罗斯:《公民与国家——民族、部族和族群身份》,王建娥、魏强译,新华出版社 2003 年版。

[美]哈里斯:《媒介心理学》,相德宝译,中国轻工业出版社 2007 年版。

[美]霍华德·莱茵戈德:《网络素养:数字公民、集体智慧和联网的力量》,张子凌、老卡译,电子工业出版社 2013 年版。

[美]凯斯·桑斯坦:《网络共和国:网络社会中的民主问题》,黄维明译,上海人民出版社 2003 年版。

[美]克里斯·安德森:《长尾理论》,乔江涛、石晓燕译,中信出版社 2009 年版。

[美]劳伦斯·格罗斯伯格:《媒介建构:流行文化中的大众媒介》,祁林译,南京大学出版社 2014 年版。

[美]劳伦斯·莱斯格:《代码 2.0:网络空间中的法律》,李旭、沈伟伟译,清华大学出版社 2009 年版。

[美]理查德·斯皮内洛:《铁笼,还是乌托邦——网络空间的道德与法律》,李伦等译,北京大学出版社 2007 年版。

[美]马克·波斯特:《第二媒介时代》,范静哗译,南京大学出版社 2001 年版。

[美]马克·波斯特:《信息方式——后结构主义与社会语境》,范静哗译,商务印书馆 2000 年版。

[美]迈克尔·海姆:《从界面到网络空间》,金吾伦、刘钢译,上海科技教育出版社 2000 年版。

[美]曼纽尔·卡斯特:《网络社会的崛起》,夏铸九、王志弘等译,社会科学文献出版社 2006 年版。

[美]曼纽尔·卡斯特:《认同的力量》,曹荣湘译,社会科学文献出版社 2006 年版。

[美]曼纽尔·卡斯特:《千年终结》,夏铸九、黄慧琦等译,社会科学文献出版社2006年版。

[美]弥尔顿·L.穆勒:《网络与国家:互联网治理的全球政治学》,周程等译,上海交通大学出版社2015年版。

[美]尼古拉斯·卡尔:《数字乌托邦》,姜忠伟译,中信出版社2018年版。

[美]乔尔·S.米格代尔:《社会中的国家:国家与社会如何相互改变与相互构成》,李杨、郭一聪译,江苏人民出版社2013年版。

[美]乔纳森·弗里德曼:《文化认同与全球性过程》,郭建如译,商务印书馆2003年版。

[美]乔治·萨拜因:《政治学说史》(第四版)(上)(下),邓正来译,上海人民出版社2010年版。

[美]塞缪尔·亨廷顿:《变化社会中的政治秩序》,王冠华、刘为等译,世纪出版集团2008年版。

[美]塞缪尔·亨廷顿:《我们是谁? 美国国家特性面临的挑战》,程克雄译,新华出版社2005年版。

[美]沃尔特·李普曼:《幻影公众》,林牧茵译,复旦大学出版社2013年版。

[美]沃尔特·李普曼:《舆论学》,林珊译,华夏出版社1989年版。

[美]约瑟夫·奈:《巧实力》,李达飞译,中信出版社2013年版。

[美]约瑟夫·奈:《软实力》,马娟娟译,中信出版社2013年版。

[英]安德鲁·查德威克:《互联网政治学:国家、公民与新传播技术》,任孟山译,华夏出版社2010年版。

[英]安东尼·吉登斯:《民族——国家与暴力》,胡宗泽、赵力涛、王铭铭译,生活·读书·新知三联书店1998年版。

[英]安东尼·吉登斯:《现代性的后果》,田禾译,译林出版社2000年版。

[英]戴维·莫利、凯文·罗宾斯:《认同的空间——全球媒介、电子世界景观与文化边界》,司艳译,南京大学出版社2003年版。

[英]弗兰克·韦伯斯特:《信息社会理论》(第三版),曹晋等译,北京大学出版社2011年版。

[英]迈克·费瑟斯通:《消解文化:全球化、后现代主义与认同》,杨渝东译,北京大学出版社2009年版。

[英]汤姆·斯托尼尔:《信息财富》,吴建民、刘钟仁译,中国对外翻译出版公司 1987 年版。

D.G.Johnson,*Computers and Ethics*,*National Forum*,Vol.71,No.3,1991.

N. Bingham, *The governance of cyberspace: politics, technology and global restructuring*, Transactions of the Institute of British Geographers, Vol. 24, no. 2,1999.

Harold Nicolson. *Diplomacy*. Washington DC: Georgetown University Press,1988.

Kevin A.Hill,John E.Hughes,*Cyber politics: Citizen Activism in the Age of the Internet*,Lanham: Rowman & Littlefield Publishers,Inc.,1998.

Marshall McLuhan, *Understanding Media: The Extensions of Man*, New York: Mentor Books,1964.

Tara Lynne Fikes.*Electronic Democracy and Citizen Participation:The Challenge of the Digital Divide*.Ann Arbor:ProQuest Information and Learning Company,2005.

Will Kymlicka,*Politics in the Vernacular:Nationalism,Multiculturalism and Citizenship*,Oxford:Oxford University Press,2001.

后　记

本书是国家社会科学基金项目“网络社会国家凝聚力的变化与重构研究”(13CKS013)研究成果,受教育部高校思想政治工作创新发展中心(网络舆情)、广州城市精神与城市形象研究基地以及广州市教育局重点学科资助。

在本书写作过程中,笔者先后在《马克思主义研究》《马克思主义与现实》《当代世界与社会主义》《中国特色社会主义研究》《红旗文稿》《宁夏社会科学》《甘肃社会科学》《学术论坛》《首都师范大学学报》《中共浙江省委党校学报》《思想政治教育研究》等权威、CSSCI核心期刊发表阶段性研究成果13篇,并被《新华文摘》《人大复印资料》、求是网、中国社会科学网、共青团中央等多家知名网站广泛转载,其中论文《警惕资本逻辑影响网络舆论导向》网络阅读量超过50万,产生良好的社会影响。本书部分内容先后多次在“全国思想政治教育学术研讨会”“中韩伦理学国际学术大会”“信息化时代马克思主义理论创新与传播学术研讨会”“变革·机遇·挑战:互联网时代的国家治理”中俄学术研讨会等相关学术会议发表研究观点,被《教学与研究》《国外社会科学》《道德与文明》等知名CSSCI期刊以及中国社会科学报(网)、中国高校人文社科信息网、哲学中国网等主流学术媒体报道,充分发挥了国家社科基金项目研究成果的学术影响力。

感谢国家社科基金项目匿名评审专家提出的宝贵意见！感谢暨南

大学马克思主义学院领导和同事的大力支持！感谢人民出版社编辑同志热情、细致的工作态度，使本书增色不少！由于本人水平有限，如有错误不妥之处，责任均由本人承担，欢迎广大同行专家批评指正！

陈联俊

2019 年 7 月 1 日

责任编辑:赵圣涛
封面设计:胡欣欣
责任校对:吕　飞

图书在版编目(CIP)数据

网络社会国家凝聚力的变化与建设研究/陈联俊 著. —北京:人民出版社,2019.7
ISBN 978－7－01－020938－8

Ⅰ.①网…　Ⅱ.①陈…　Ⅲ.①中华民族-民族精神-研究　Ⅳ.①C955.2

中国版本图书馆 CIP 数据核字(2019)第 114857 号

网络社会国家凝聚力的变化与建设研究
WANGLUO SHEHUI GUOJIA NINGJULI DE BIANHUA YU JIANSHE YANJIU

陈联俊　著

人民出版社 出版发行
(100706　北京市东城区隆福寺街 99 号)

北京中科印刷有限公司印刷　新华书店经销

2019 年 7 月第 1 版　2019 年 7 月北京第 1 次印刷
开本:710 毫米×1000 毫米 1/16　印张:19.25
字数:320 千字

ISBN 978－7－01－020938－8　定价:59.00 元

邮购地址 100706　北京市东城区隆福寺街 99 号
人民东方图书销售中心　电话 (010)65250042　65289539